普通高等教育"十一五"国家级规划教材

5th edition

人口社会学（第五版）

Sociology of Population

佟 新　李建新　著

北京大学出版社

PEKING UNIVERSITY PRESS

图书在版编目(CIP)数据

人口社会学 / 佟新，李建新著. -- 5 版. -- 北京：北京大学出版社，2024.8.
(21 世纪社会学规划教材). -- ISBN 978-7-301-35360-8

Ⅰ.C92-05

中国国家版本馆 CIP 数据核字第 2024BG3424 号

书　　　名	人口社会学(第五版)
	RENKOU SHEHUIXUE(DI-WU BAN)
著作责任者	佟　新　李建新　著
责 任 编 辑	武　岳
标 准 书 号	ISBN 978-7-301-35360-8
出 版 发 行	北京大学出版社
地　　　址	北京市海淀区成府路 205 号　100871
网　　　址	http://www.pup.cn
新 浪 微 博	@北京大学出版社　　@未名社科-北大图书
微信公众号	北京大学出版社　　北大出版社社科图书
电 子 邮 箱	编辑部 ss@pup.cn　　总编室 zpup@pup.cn
电　　　话	邮购部 010-62752015　　发行部 010-62750672
	编辑部 010-62753121
印　刷　者	北京鑫海金澳胶印有限公司
经　销　者	新华书店
	730 毫米×980 毫米　　16 开本　　18.25 印张　　304 千字
	2000 年 12 月第 1 版　　2003 年 9 月第 2 版
	2006 年 3 月第 3 版　　2010 年 8 月第 4 版
	2024 年 8 月第 5 版　　2025 年 7 月第 2 次印刷
定　　　价	59.00 元

未经许可，不得以任何方式复制或抄袭本书之部分或全部内容。
版权所有，侵权必究
举报电话：010-62752024　电子邮箱：fd@pup.cn
图书如有印装质量问题，请与出版部联系，电话：010-62756370

本书资源

读者资源

本书附有各章知识结构图,获取方法:

第一步,关注"博雅学与练"微信公众号。

第二步,扫描右侧二维码标签,获取上述资源。

一书一码,相关资源仅供一人使用。

读者在使用过程中如遇到技术问题,可发邮件至 ss@pup.cn。

教辅资源

本书配有教学课件,获取方法:

第一步,扫描右侧二维码,或直接微信搜索公众号"北大出版社社科图书",进行关注。

第二步,点击菜单栏"教辅资源"—"在线申请",填写相关信息后点击提交。

目 录

第一编 基础知识

第一章 人口社会学简介 ··· 3
    第一节 人口学和人口社会学 ·· 3
    第二节 人口社会学的理论和研究方法 ································· 8
    小 结 ·· 16

第二章 中西人口思想和人口社会学的发展 ····················· 18
    第一节 西方人口思想和人口社会学 ································· 18
    第二节 中国人口思想和人口社会学 ································· 26
    小 结 ·· 39

第二编 人口过程

第三章 生育制度 ·· 43
    第一节 生育模式与生育制度分析 ···································· 43
    第二节 中国生育制度研究 ··· 53
    小 结 ·· 58

第四章 死亡模式 ·· 59
    第一节 死亡模式与死亡率分析 ······································· 59
    第二节 中国人口死亡模式分析 ······································· 73
    小 结 ·· 77

第五章 人口迁移 ... 79
   第一节 人口迁移的概念和理论 ... 79
   第二节 中国的人口迁移及其研究 ... 88
   小 结 ... 95

第六章 人口转变 ... 96
   第一节 世界人口与人口转变理论 ... 96
   第二节 中国人口转变 ... 103
   小 结 ... 111

第三编 人口结构

第七章 人口年龄结构 ... 115
   第一节 人口年龄结构的基本概念和理论 ... 115
   第二节 中国人口年龄结构研究 ... 124
   小 结 ... 134

第八章 人口性别结构 ... 135
   第一节 人口性别结构的基本概念和理论 ... 135
   第二节 中国人口性别结构状况 ... 143
   小 结 ... 152

第九章 人口质量 ... 154
   第一节 人口质量的基本概念和理论 ... 154
   第二节 中国的人口质量 ... 164
   小 结 ... 172

第十章 婚姻家庭结构 ... 173
   第一节 婚姻家庭结构的基本概念和理论 ... 173
   第二节 中国的婚姻家庭结构 ... 182
   小 结 ... 195

第十一章　人口空间结构和城镇化 …… 196
第一节　人口分布和城镇化 …… 196
第二节　中国的人口分布和城镇化 …… 204
小　结 …… 209

第四编　人口变迁与社会变迁

第十二章　人口和社会变迁 …… 213
第一节　人口变迁的历史与动力 …… 213
第二节　中国人口与中国社会 …… 222
小　结 …… 240

第十三章　人口、环境和可持续发展 …… 241
第一节　人口和环境的基本概念和理论 …… 241
第二节　中国人口和生态系统 …… 255
小　结 …… 262

第十四章　人口政策和人口发展战略 …… 264
第一节　人口政策的基本概念和理论 …… 264
第二节　中国的人口政策 …… 270
小　结 …… 275

附　录　中国的人口普查 …… 277

后　记 …… 283

修订说明 …… 284

第四版后记 …… 285

第五版后记 …… 286

第一编 基础知识

人口社会学是用社会学的想象力和研究方法,认识和分析人口过程、人口结构和人口变迁及三者之间互动关系的学科。人口社会学汲取了中外人口思想的精华,建立在现代人口学理论和社会学理论的基础之上。本教材特别关注现实的中国人口问题。

第一章

人口社会学简介

本章从两个方面界定人口社会学:第一,人口学和人口社会学的研究对象及研究意义;第二,人口社会学的理论和研究方法。

第一节 人口学和人口社会学

一、人口学与人口的双重属性

人口(human population)是指生活在特定社会制度下、特定地域内,具有一定数量和质量的人的总称,是一个社会各种文化、经济和政治活动的基础。人口学(demography)是指对人口进行系统和科学研究的学科。[①] 人口学对人口规模、地域分布、人口构成、人口变迁以及影响这些变迁的要素如生育、死亡、迁移和社会流动进行研究。[②] 人口学可细分为形式人口学(formal demography)和人口研究(population studies)。形式人口学是狭义的人口学,是对人口规模、结构和人口要素以及各要素对人口变量自身的影响的研究。其鼻祖约翰·格朗特(John Graunt)在1662年系统地研究了生育、死亡、年龄结构、人口分布等现象,并建立

[①] 参见 Dudley L. Poston and Leon F. Bouvier, *Population and Society: An Introduction to Demography*, Cambridge University Press, 2010, p. 16。

[②] 参见 Philip M. Hauser and Otis D. Duncan, eds., *The Study of Population: An Inventory and Appraisal*, University of Chicago Press, 1959。

了简易生命表。人口研究是广义的人口学,是对人口变量和其他变量之间的关系进行研究,表现为既可以从人口角度关注其影响,也可以加入另一个学科的角度进行交叉研究,如从社会学、经济学、生物学、人类学等视角对人口数量、构成和变迁进行研究,如人口经济学、人口社会学、人口地理学、历史人口学等。人口社会学是人口研究,其用社会学的理论及方法分析人口结构、人口过程和人口变迁以及它们与各种社会力量——文化、经济和政治要素之间的互动关系。

人口社会学可以视为社会学的分支学科,是对人口事件进行社会学分析,并由此深入认识和理解人类行为和社会的学科。

人口具有生物属性和社会属性双重属性。人口的生物属性也称为人口的自然属性,是指人类个体的出生、成长、繁殖、衰老和死亡的生命历程,该历程受生物规律的支配,表现为人口的数量、质量、性别结构、年龄结构、人口再生产周期和生命周期等。

人类进化的历史表明:自人类产生以来,构成人口生物属性的各种生物学因素没有本质的变化;而人口的数量和质量、人类生活的物质水平和精神水平以及平均寿命都发生了巨变,这说明人口具有鲜明的社会属性。人是社会行动者,其生存和发展依赖社会、社区、家庭等社会组织、文化和制度等。

人口的社会属性表现为三个方面。第一,物质生产资料的发展水平(经济水平)决定着人口的生存和发展程度,有关商品、服务的生产和分配的制度影响并制约人口的生物属性。以平均寿命为例,原始社会人口的平均寿命估计不到20岁,能活到40岁以上的人寥寥无几。[①] 据科林·麦克伊韦迪(Colin McEvedy)和理查德·琼斯(Richard Jones)估计,从公元前1万年至公元前3000年,世界人口平均每千年增长约27%。[②] 这种几乎处于停滞状态的人口增长是由当时的物质生产力水平决定的;而工业革命至今,世界范围内的人口激增无疑是生产力迅猛发展的结果。第二,文化,特别是社会成员的生活方式,包括语言、习俗、知识、信仰和全部的人文环境影响人口的生物属性。以婚姻家庭制度为例,无论是原始社会还是后工业社会,每个社会都有一套相对完整的婚姻家庭制度,用以规范

[①] 邬沧萍主编:《世界人口》,中国人民大学出版社1983年版,第26页。
[②] 潘纪一、朱国宏:《世界人口通论》,中国人口出版社1991年版,第33页。

人类的生育行为和养育行为,只是不同地域的人分享不同的婚姻家庭制度,具有不同的生育行为规范。第三,维持社会秩序和社会稳定的规范及控制力量影响并制约人口的生物属性。以人口迁移为例,当今世界不同国家和地区的人口迁移政策各异,政策鼓励、协调或限制着人口的迁移活动。

二、人口社会学的研究内容和学科特点

(一)人口社会学的研究内容

人口社会学用社会学的理论和方法研究人口过程、人口结构和人口变迁及其与社会诸因素之间的关系。

第一,认识和分析人口过程。人口过程是人口的生育过程、死亡过程和迁移过程的总称。人们通过出生和迁入(包括国际迁入和国内迁入)进入某一社会,通过死亡和迁出离开某一社会,这些人口过程是重要的社会过程。社会行动者从出生到死亡的生命过程发生在某个特定的生命时段,产生特定的社会关系。人口过程在特定的社会经济、各项制度和文化条件下进行,并受到各种社会力量的影响和制约。

第二,认识和分析人口结构。人口结构是一个国家或地区总人口中自然和社会特征的分布状况,包括人口的自然结构、社会经济结构和空间结构。人口的自然结构涉及年龄、性别和身体素质等。在社会经济结构上,依人口的社会特征,可分为不同的婚姻、家庭、受教育程度、职业、行业、阶层(阶级)等结构。在空间结构上,可依人口的分散与集中程度进行划分,如城乡结构。人口结构具有自然属性和历史性,人口结构研究可以透视各种社会力量的变化和社会变迁。

第三,认识和分析人口变迁。人口变迁是人口过程和人口结构在时间向度上的变化,它是社会变迁的一部分,也深受社会变迁的影响。社会变迁有结构性变迁和突发性变迁,无论哪种变迁类型都与人口过程和人口结构形成双向影响的关系。人口变迁研究关注的核心问题有:第一,人口过程和人口结构的历史性研究。美国制度经济学家道格拉斯·诺思(Douglass C. North)认为,一个社会的政治和经济制度、技术、人口及意识形态是决定"实绩"(如生产多少、成本与收益的分配和生产的稳定性)的基本因素,是社会最基本的"结构"。解释历史中

的经济实绩需要人口变迁理论。① 第二,研究人口、资源和制度变迁的关系。人口与资源状况紧密相关,加之文化和制度变迁的作用,人口社会学需要回应:(1)人口与环境的关系,特别是代际"公平"和"可持续发展"的问题。(2)人口因素与其他促进社会变迁的因素之间的关系,以及在怎样的资源状态下存在"适度人口"。

(二) 人口社会学的学科特点

人口社会学具有以下学科特点:

第一,人口社会学具有跨学科性。

中国早期社会学家陈达在《人口问题》一书中指出:"人口学者因兴趣与观点的歧异,显示不同的研究途径。有些人注重人事登记,那就是统计的工作,大致属于统计学的范围;有些人注重人民的社会与经济幸福,那就是职业分配,生产技术与生活程度的研究,大致属于经济学的范围;有些人注重心理与社会的原(因)素,那就是遗传环境与文化的分析,大致属于社会学的范围。但社会学者往往采取综合的态度,与其他社会科学者相比,有较广的观点,因此社会学者大致可以利用前述二类学者的贡献,并容纳其观点。"② 这表明人口社会学可以分享、借鉴和吸收其他学科的观点、知识和研究成果。

人口经济学从供求关系的视角为人口研究提供了重要的模型分析。人口地理学关注人口发展与地球容量间的关系,研究生产地域组织与人口分布的关系,为城市化、人口迁移和民族分布等研究提供了重要的空间视角。历史人口学关注历史上的人口现象、人口思想和人口政策。一方面,用人类学的方法分析考古资料,研究有文字记载以前的人口;另一方面,通过各种地方志、婚姻登记资料、出生资料等相关资料分析某些特定历史时期的人口。法国历史人口学家埃马纽埃尔·勒华拉杜里(Emmanuel Le Roy Ladurie)1966 年出版的《朗格多克的农民》一书揭示了人口变动周期和粮食的关系,欧洲从中世纪到近代的过渡,人口

---

① 参见〔美〕道格拉斯·C.诺思:《经济史中的结构与变迁》,陈郁、罗华平等译,上海三联书店 1994 年版,第 3、7 页。

② 陈达:《人口问题》,商务印书馆 1934 年版,序,第 1—2 页。

生态环境起着决定作用。① 法国历史学家费尔南·布罗代尔（Fernand Braudel）用长时段——半个世纪、100年、200年等作为基本度量单位分析历史变迁。文化人类学关注生育观念、婚姻制度和代际关系的文化作用。总之，人口社会学吸收多学科交叉的研究成果。

第二，人口社会学具有实践性和应用性。

人口社会学的实践性在于其研究发现是在实践中得来的。20世纪70年代初，布莱恩·阿瑟（Brian Arthur）在斯坦福大学写博士论文，其间，生物学家保罗·埃利希（Paul Ehrlich）的《人口爆炸》正畅销。面对第三世界国家的独立和发展问题，当时主流经济学的观点认为，用经济方法可刺激人民减少生育。阿瑟在博士论文的最后一章题写了"动态规划在时间延宕控制理论中的应用"（dynamic programming as applied to time-delayed control theory），用数据分析了因出生率减少可能形成的10年后的学校规模、20年后的就业规模、30年后的下一代出生率和60年后的退休规模。此后，他到联合国人口委员会工作，第一项任务是到孟加拉国资助那里的避孕、计划生育和经济发展工作。在孟加拉国，他访谈了村里的族长和妇女们，想搞清楚孟加拉国农村社会是怎样运转的，为什么免费为村民们提供现代化的避孕措施后，每个家庭依然平均要生七个孩子，而且这些村民完全清楚国家因人口过多而出现经济停滞。阿瑟发现，孟加拉国的困境是村民的个人利益和国家利益之间的不一致造成的，孩子很小就可以为家庭干活，多生孩子意味着给家庭带来更大的好处。族长们的利益、要"拴住"丈夫的妻子们的利益和农业社会的现状纠葛在一起构成了多生孩子的原因。用经济手段刺激人们自觉减少生育的方案的效果极为有限。经济学是与政治和文化紧紧纠缠在一起的。这个道理也许是很浅显的，但阿瑟说："我却费了那么大的力气才懂得了它。"这使他不再幻想可以找到有关人类生育问题的普遍且具有决定性的理论，生育问题受到特定社会习俗、神话和道德的影响，具有自我连续性，所有的因素相互缠结在一起。②

---

① 〔法〕保罗·利科：《法国史学对史学理论的贡献》，王建华译，上海社会科学院出版社1992年版，第61—63页。

② 参见〔美〕米歇尔·沃尔德罗普：《复杂：诞生于秩序与混沌边缘的科学》，陈玲译，生活·读书·新知三联书店1997年版，第7—22页。

人口社会学的应用性在于其促成的人口政策会影响和作用于几代人。1957年,我国人口学家马寅初提出"新人口论",对中国的人口政策提出自己的主张。面对学术同行批判的压力,马寅初坚持自己的观点。在《我的哲学思想和经济理论》一文的"附带声明"中,他写下:

> 我虽年近八十,明知寡不敌众,自当单身匹马,出来应战,直至战死为止,决不向专以力压服不以理说服的那种批判者们投降。……在论战很激烈的时候,有几位朋友力劝退却,认一个错了事,不然的话,不免影响我的政治地位。他们的劝告,出于诚挚的友爱,使我感激不尽;但这不能实行。我认为这不是一个政治问题,(而)是一个纯粹的学术问题。学术问题贵乎争辩,愈辩愈明,不宜一遇袭击,就抱"明哲保身,退避三舍"的念头。相反,应知难而进,决不应向困难低头。我认为在研究工作中事前要有准备,没有把握,不要乱写文章。既写之后,要勇于更正错误,但要坚持真理,即于个人私利甚至于自己宝贵的性命,有所不利,亦应担当一切后果。我平日不教书,与学生没有直接的接触,总想以行动来教育学生,我总希望北大的一万零四百学生在他们求学的时候和将来在实际工作中要知难而进,不要一遇困难随便低头。……因为我对于我的理论有相当把握,不能不坚持,学术的尊严不能不维护,只得拒绝检讨。①

从这段话中可以体悟出马寅初坚持实事求是的治学立场。

第二节 人口社会学的理论和研究方法

一、人口社会学理论简介

人口研究常常会产生各种数据,这些数据需要运用一系列的逻辑进行阐述,这就需要进行理论分析,借助经验研究发展和检验理论,实现事实性的研究和说明性的理论的水乳交融。本书主要介绍人口研究的社会学理论。社会学是有关

---

① 马寅初:《我的哲学思想和经济理论》,《北京大学学报(人文科学)》1959年第5期,第93—94页。

人类行为、人类互动关系和人类社会生活各个方面之原则的研究。马克斯·韦伯(Max Weber)明确指出,社会学是力图理解和解释社会性行动的一门科学,目的是对社会性行动的过程和后果做出说明原因的解释。社会学作为一门综合性的社会科学,是从变动的社会系统出发,通过人们的社会关系和社会行为来研究社会的结构、功能、产生和发展规律的一门学科。人类的人口过程、人口结构、人口事件和人口变迁等诸多方面都是社会学研究的基本内容。

(一)用社会学的想象力理解人口现象

1959年,美国社会学家查尔斯·赖特·米尔斯(Charles Wright Mills)提出了一个重要概念——"社会学的想象力"。他认为,社会学的想象力就是掌握我们个人生活和更大的、作用于人们日常生活的社会力量之间关系的能力。人们日常生活的各个方面都由更大的、看不见的经济、政治和文化力量左右着。通过社会学的想象力可以理解个人生活中的种种问题和公共生活领域中的社会问题之间的关系,理解各种微观水平和宏观水平上的社会关系。应当"想象自己脱离了"日常生活中那些熟悉的惯例,从一种新的角度看待它们,实现一种社会学思考世界的方式。

> 具备社会学的想象力的人,就更有能力和在理解更大的历史景观时,思考它对于形形色色的个体的内在生命与外在生涯的意义。社会学的想象力有助于他考虑,个体陷于一团混沌的日常体验时,如何常常对自己的社会位置产生虚假的意识。在这一团混沌中,人们可以探寻现代社会的框架,进而从此框架中梳理出各色男女的心理状态。由此便可将个体的那些个人不安转为明确困扰;而公众也不再漠然,转而关注公共论题。[①]

各种人口现象的产生受到生物因素和不同社会力量——经济、文化和政治的作用,同时也反映出生物因素和社会力量的变化,进而影响社会的经济、文化和政治。(见图1-1)

---

① [美]C.赖特·米尔斯:《社会学的想象力》,李康译,北京师范大学出版社2017年版,第4页。

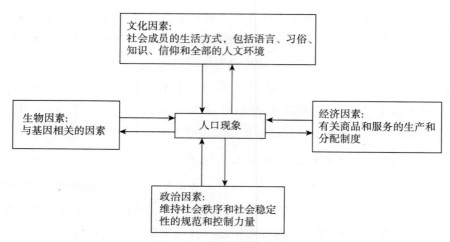

图 1-1 人口现象和社会力量之间的互动关系

（二）现代性理论及后现代理论发出的挑战

20世纪60年代美国科学史学家托马斯·库恩（Thomas S. Kuhn）首先提出范式革命的概念，指出了科学研究方法本身的问题。他认为科学的发展实际上是一种受范式制约的常规科学与突破旧范式的科学革命交替的过程。人口发展受到现代化进程的深刻影响，马克思、韦伯和涂尔干（Émile Durkheim）对现代化的解释形成了理解人口变迁的不同范式。

马克思的历史唯物主义强调阶级冲突是历史发展的推动力，唯物史观强调生产方式的变迁推动社会发展。物质资料的生产是人类社会存在和发展的基础，为人类的生存、繁衍和发展提供必要的物质条件；人类自身的生产是社会存在和发展的基本条件。马克思提出的"相对过剩人口"的概念是理解资本主义制度发展的核心要素。韦伯对资本主义精神的阐释强调了社会进程中理性及理性化的进程。涂尔干的功能主义理论强调社会有机团结和共识，社会为了共同体利益会对人们的行为进行约束。社会发展的动力来自劳动分工的日益精细化和高度整合，由此形成了人们在经济上的相互依赖和统合。这些理论为解释人口转变提供了重要的理论基础。

21世纪前后出现的各种后现代理论皆是对经典社会学理论的批判性继承。在全球化背景下，人口研究议题呈现出后现代特征，如婚姻解体、生育率下降和个体化社会来临,出现了理论理性向实用理性的转型。现代技术,如生物工程创造的奇迹应当是为了促进全人类的幸福,在全球范围内更公平地分配资源,以最终达到在一个有限的地球上维持人类的健康和保持互相依赖的人口的平衡。后现代的理论家们认为,"既然我们的出发点是一个人口过于拥挤的世界,我们就不能指望回到那种粗笨的、迟缓的前现代方法中去。我们需要精确性,需要指导我们发明的方法。但我们同时也应对理论性智慧进行彻底的改造"[1]。

解构主义或后现代意识对现有社会秩序的合理性提出挑战,力求重构后现代生活。后现代意识的一个重要方面是重新发现了如下事实:我们的宇宙观、世界观必然决定我们的伦理观和生活方式。按照后现代的观点,真理问题和行动问题是密不可分的。我们只有摒弃了现代世界观,才有可能克服目前各种建立在这种世界观之上的、用于指导个人和社区生活的灾难性的方法。并且,只有当我们拥有了新的看上去更可信的世界观,我们才有可能放弃这种旧的观点。只有当后现代范式开始出现的时候,现代范式才会消亡。后现代的力量本质是强调实现自己最深厚的创造性潜能,强调人与人之间的合作关系和彼此之间的相互依存;后现代主义是彻底的生态主义。后现代思想试图创造和推广对现实的一种新的理解,它将促使更加美好的伦理和道德的诞生。

(三)关注实践中的理论创新

在后现代理论的建构中,以法国为代表的社会学界出现了各种对于唯智主义的社会理论的批评,强调实践理论的重要性,实践逻辑的理解和理论建构对人口社会学具有重要的启发意义。法国社会学家皮埃尔·布迪厄(Pierre Bourdieu)认为,实践的原则应该从各种外在约束和各种性情倾向之间的关系中寻找,也就是通过结构和习俗的交织作用理解社会实践。[2]

在人口社会学的实践层面上,不同国家文化各异。发展中国家存在严重的城乡二元结构,其人口发展与社会发展呈现出自身特点。如发达国家为人口的负增长忧心忡忡的时候,一些发展中国家正陷入人口增长的巨大惯性。同时,一

---

[1] 〔美〕弗里德里克·费雷:《走向后现代科学与技术》,载〔美〕大卫·雷·格里芬编:《后现代精神》,王成兵译,中央编译出版社1998年版,第205页。

[2] 参见〔法〕皮埃尔·布迪厄:《实践感》,蒋梓骅译,译林出版社2009年版。

些国家因人口控制正出现明显的"少子老龄化"。因此,以各国的实践为基础寻找创新性的理论解释就显得格外重要。

总之,现代社会学和社会科学的理论越来越具有高度的相关性,借助社会科学最新的研究成果和相关理论将有助于开发人口社会学的理论潜能。

二、人口社会学的研究方法

人口社会学的研究方法是用科学的态度获得各种人口资料,并对其进行逻辑论证和理论分析。下面简要介绍五种研究方法:一是人口统计方法;二是人口比较研究方法;三是人口历史分析方法;四是人口的民族志研究方法;五是大数据分析方法。

(一)人口统计方法

人口普查是人口统计方法中的典型方法,是一个国家最大型的国情调查,它是由政府组织的,集中了一个国家的财力和人力来收集全国的人口数据,收集到的数据是最全面和权威的人口数据。一般每10年举行一次全国人口普查,其数据具有时间的连续性和可比性。(参见本书附录对中国人口普查的介绍。)为更好地了解人口变化情况,我国还会在10年间进行全国1%人口抽样调查。

人口普查数据对掌握一国人口的出生、死亡和迁移状况以及人口的年龄、性别、婚姻、城乡等结构状况有重要意义。下面通过一项具体研究了解人口普查数据的社会学应用。

吴愈晓和吴晓刚用1982年第三次全国人口普查1%的随机样本(样本量为10 020 985)、1990年第四次全国人口普查1%的随机样本(样本量为11 561 873)和2000年第五次全国人口普查0.1%的随机样本(样本量为1 311 872)对职业的性别隔离进行研究。职业的性别隔离(occupational gender segregation)是指在劳动力市场中劳动者因性别不同而被分配、集中到不同的职业类别,承担不同性质的工作。该研究用职业类别分析改革开放以来非农职业性别隔离的水平及其变化趋势,并讨论导致变化的主要因素。[①] 其研究方法有以下值得关注的方面。

---

① 吴愈晓、吴晓刚:《1982—2000:我国非农职业的性别隔离研究》,《社会》2008年第5期,第128—152页。

（1）尽可能地细分数据，以更好地为现实画像。职业类别越详细，估计出来的性别隔离程度越真实可靠。以"教师"职业为例，1990 年，大约有 46% 的"教师"是女性。但将"教师"职业进行细分后发现，"幼儿园老师"的女性比例超过 99%，"小学老师"的女性比例是 48%，"中学老师"的女性比例是 35%，而"高等教育老师"的女性比例只有 33%。"教师"的细分数据已经将性别与职业等级之间的内在关系显示出来。

（2）通过数据分析发展学术概念和理论。职业性别隔离产生了两个重要概念——职业性别隔离指数和"性别类型职业"（gender-typed occupations）。职业性别隔离指数是奥蒂斯·邓肯（Otis D. Duncan）等在 1955 年提出的，也称为"邓肯指数"，简称为 D，测量的是男女两个群体在不同职业类别中的不平均分布的程度。其值处于 0 和 1 之间：若为 0，则表明男女在不同职业种类中是绝对平均分布的，即根本没有性别隔离；若为 1，则表明男女是完全隔离的。如果直观地解释，那么 D 值体现了到底有多少比例的女性或男性需要改变他们的职业，以达到职业中的性别整合（integration），即完全消除隔离。举例来说，如果 D 的值为 0.4，则表明有 40% 的女性或男性要改变他们的职业，以消除职业的性别隔离。性别类型职业是根据各职业内部的女性比例对所有职业进行分类得到的不同类别。学界通用的标准是将女性比例超过 70% 的职业称为"女性职业"（female-dominated occupations），女性比例低于 30% 的职业称为"男性职业"（male-dominated occupations），而女性比例处于 30%—70% 之间的职业称为"中性职业"（gender-integrated occupations）。① 这种方法比较直观且能反映性别隔离程度变化的内在过程。吴愈晓和吴晓刚的研究报告了职业性别隔离指数并分析了"性别类型职业"的分布及其变化趋势。研究发现，20 世纪 80 年代我国非农职业的性别隔离呈上升趋势，20 世纪 90 年代则呈现下降趋势。

（3）建立因果解释。人口统计分析的重要内容是建立自变量和因变量，自变量是能够对另一个变量产生影响的变量，而受影响的变量就是因变量，这为分析因果过程提供了方便。吴愈晓和吴晓刚研究发现：第一，市场转型加剧了劳动

---

① Richard Anker, *Gender and Jobs: Sex Segregation of Occupations in the World*, International Labor Office, 1998.

力市场中性别角色的分化,使职业的性别隔离程度提高。市场化程度越高的地区,其职业性别隔离的程度也越高。第二,产业结构变化可能会引发劳动力市场职业性别隔离程度的上升,因为女性从第二产业流入第三产业,可能使以男性为主的职业更加男性化,或更多的女性集中在传统的"女性职业"中。因此女性比例下降最明显的职业基本属于第二产业。第三,社会性别观念的改变影响男女的职业选择和职业流动,并降低职业性别隔离程度。第四,教育获得使性别不平等缩小。高学历群体的职业性别隔离程度相对较低。在改革的不同阶段主导职业性别隔离的因素发生了变化,所以职业性别隔离呈现不同的状况。

人口普查数据和各类普查数据(住房普查、妇女地位调查等)是人口社会学研究的基础性数据。

(二)人口比较研究方法

比较研究在社会科学研究中起着重要作用。涂尔干非常强调比较方法,倡导两种比较法。一是同类比较方法,即比较结构基本相同的社会;二是比较结构基本不同的社会。人口研究有两个重要的比较框架:一是时间框架,用于做历史比较;二是空间框架,用于国家间或地区间的比较,力求发现社会的共性,在表面相似的现象中看出差异。

以生育政策对生育水平影响的研究为例。顾宝昌等人比较分析了"一对夫妇生育一个孩子"的政策和"一对夫妇可以选择生育两个孩子"的政策,以回应两种不同的观点。一种观点认为,生育水平取决于生育政策,生育政策越宽松,生育水平可能就越高,二者是水涨船高的关系。另一种观点认为,生育水平和生育政策有重要关系,但适度、宽松的生育政策并不会造成生育水平的反弹。从20世纪80年代中期开始,经上级部门批准,在甘肃省酒泉、山西省翼城、河北省承德、湖北省恩施等地,实施了"一对夫妇可以选择生育两个孩子"的政策。2005—2006年,课题组组织力量对这些地区陆续进行了调研,覆盖人口达840万左右。比较研究的结果表明:(1)尽管政策允许生育二孩,但这些地区的一孩比例不断上升,二孩比例不断下降,三孩生育"微乎其微"。(2)人们不想再生的原因是考虑到孩子的教育、经济负担和政府号召。这说明随着社会经济的发展,人们的生育意愿已经发生转变,生育行为趋于理性化,生育政策的约束作用已经不是主导人们生育行为的首要因素。(3)二孩政策更接近群众的生育意愿,更易为群众所接受,缓和了干群矛盾,降低了工作难度,推动了计生工作向以满足群众需求为导向的优质服务的转移。(4)较宽松的生育政策有助于促进出生性别比的正常化。① 由此,顾宝昌教授提炼了三个相互影响的重要变量说明二孩生育政策对当地生育水平的可能影响取决于:(1)当地人口中符合生育二孩条件的人群情况,即生育结构。(2)该人群生育二孩的愿望,即生育意愿。(3)该人群对于生育第二个孩子的具体计划,即生育计划。三个变量之间互为因果,互相制约。②

这一比较研究产生了明确的社会政策效果,对中国人口政策有重大影响。

(三) 人口历史分析方法

人口历史分析方法是用历史资料进行分析,给人们的生活赋予了时间性。相关研究涉及人类的食物史、饥荒史、儿童史、住房史等。

阿马蒂亚·森(Amartya Sen)以1940年以来发生在印度、孟加拉国和撒哈拉以南非洲等贫穷国家和地区的数起灾荒为研究线索,说明饥荒、贫困和死亡之间的关系。1943年孟加拉大饥荒造成了300万人死亡。那么真的是饥荒本身导致贫困和死亡吗?他否定了这种惯常的解释。他以1974年孟加拉国的饥荒为例,说明发生水灾的结果是食物价格的飞涨,农业工人就业机会急剧减少,收入大幅降低,其结果是农业工人无力购买粮食,陷入了饥饿状态。他强调,必须仔细分析在饥荒年代不同的社会经济因素对不同社会经济群体的影响,及其可能导致的灾难性后果,即底层社会群体无法获得最基本的社会福利。……在灾荒年代,受苦最深,乃至大量死亡,永远是那些在社会阶梯上处于底端地位的人,特别是底层农业劳动者。饥荒不仅源于食物的缺乏,更源于食物分配机制的不平等。因此,当饥荒出现时,正是政府积极发挥职能的时候,政府可通过适当的就业方案,如实施某些公共工程等,提高穷人的收入,使他们有能力购买食物,

---

① 顾宝昌、刘鸿雁:《关于几个实施二孩生育政策地区人口状况的调研报告》,载顾宝昌、王丰主编:《八百万人的实践——来自二孩生育政策地区的调研报告》,社会科学文献出版社2009年版,第11页。

② 顾宝昌:《生育政策究竟如何影响生育水平?》,载顾宝昌、王丰主编:《八百万人的实践——来自二孩生育政策地区的调研报告》,社会科学文献出版社2009年版,第405页。

同时严格平抑物价,使底层劳动者不致因饥饿而死亡。①

历史分析方法还有很多,口述史的方法也常常被使用,以展示普通人日常生活中的生老病死和流动变迁。

(四)人口的民族志研究方法

人类学的民族志研究方法也广泛地应用于人口社会学研究。它是使用参与观察等实地调查方法,参与到研究的群体、组织或社群中,通过共同生活和工作,了解、理解和阐释它们的生死、家庭、人口增长、生活方式等文化信息和具体的社会过程。费孝通的相关研究是民族志研究的经典文献,他的《江村经济》《禄村农田》《生育制度》等深入地描述、解释和分析了与生育相关联的中国人的社会经济生活。

(五)大数据分析方法

随着数字化社会的发展,大数据为人口社会学研究提供了更为翔实的研究资料,为解决传统人口分析面临的长周期及空间信息分离的技术瓶颈问题提供了新途径。我国人口大数据积累丰富,统计途径多元,特别是为城市化、人口流动与迁移、家庭变迁、人口与消费等议题提供了重要的基础数据,为实现实时人口监测、建立预警模型和数据挖掘提供了条件。随着大数据的不断应用,有关人们衣食住行等问题的人口社会学研究将不断增加。

小 结

人口具有生物属性和社会属性双重性质,人口社会学是用社会学的想象力和研究方法,认识和分析人口过程、人口结构和人口变迁以及三者之间互动关系的学科。在吸纳相关学科研究方法和理论的基础上,人口社会学注重实证研究和解释研究,并具有很强的实践性和应用性。

---

① 参见〔印度〕阿马蒂亚·森:《贫困与饥荒——论权利与剥夺》,王宇、王文玉译,商务印书馆2001年版。

◆ 思考题

1. 论述人口的双重属性。
2. 简述人口社会学的实践性和应用性。
3. 简述中国的七次全国人口普查。

◆ 推荐阅读

顾宝昌编:《社会人口学的视野——西方社会人口学要论选择》,商务印书馆1992年版。

〔英〕齐格蒙特·鲍曼、蒂姆·梅:《社会学之思(第3版)》,李康译,上海文艺出版社2020年版。

〔美〕C.赖特·米尔斯:《社会学的想象力》,李康译,北京师范大学出版社2017年版。

第二章

中西人口思想和人口社会学的发展

第一节　西方人口思想和人口社会学

托马斯·马尔萨斯(Thomas Malthus)在他的第二版《人口原理》的序言中提到了柏拉图(Plato)和亚里士多德(Aristotle)这两位思想家对近现代人口理论产生的影响,展示了西方人口社会学思想形成和发展的脉络。

一、早期西方人口思想

(一)古希腊的人口思想

古希腊的哲学家和思想家柏拉图提出适度人口的思想。他在《法律篇》中强调稳定的人口是社会存在和发展的关键因素。柏拉图关注的核心问题是如何建立理想的城邦国家。那个年代此起彼伏的战争使他不是从经济角度,而是从防御和管理的角度提出了"小国寡民"的城邦政策。对理想国的设想使柏拉图成为最早把社会、城邦发展与人口数量联系起来思考的思想家之一。他认为,理想的人口状态是城邦国家的人口潜能得到充分发挥的状态,理想的城邦国家有必要设计最令人满意的、适度的市民人数。

古希腊哲学家和思想家亚里士多德在讨论理想城邦的规模时提出了他的人口思想。他认为,城邦由两部分组成:一是具备中等数量和高质量的人口,二是要有适中的国土面积。亚里士多德认为土地和财富的增长速度不可能像人口增长那样快,因此一国的适宜人口就是能满足生活目标且彼此相见互相认识的人口规模。他主张在维持财产平等的前提下限制人口数量,认为在财产共有的国家,没有人口的稳定就没有财产的安定。为实现适度人口规模,国家应干预人们的婚姻和生育、限制人口,以维持人们自给自足的生活。亚里士多德首次把人口与政治的关系上升到了治国高度,认为评价政府好坏的标准是一个国家是否规定了人口发展的规模。他指出,只有当中等阶层的人数最多时,一国才具有稳定和巩固国家的最主要力量,并能够产生最优良的政体。亚里士多德强调人口质量,主张优生、优育和优教。新生儿要经过严格的身体检查以减少有缺陷的孩子。为了生育健壮的后代,他认为国家应把最优秀的女子配给最优秀的男子,并负责培养这些子女,以保证后代有良好的素质。

(二) 宗教人口思想

早期的基督教人口思想从基督教教义出发,认为宗教信仰和规范控制着人们的生死观。奥古斯丁(Augustine of Hippo)强调上帝有权支配人类的生死,人口及一切世间事物的支配权归属上帝,一个地区或国家的人口是否增长并不重要,重要的是已婚人口不能进行避孕、终止妊娠或离婚。

13世纪,经济发展、连年战争和瘟疫流行导致社会对人口增长的需求,增殖人口的呼声日盛。一些教会思想家开始把基督教教义与增加人口的现实要求结合起来,其代表人物是托马斯·阿奎那和马丁·路德。托马斯·阿奎那(Thomas Aquinas)反对亚里士多德限制人口的思想,认为人口不应维持在一个固定的规模,因为两性结合和生儿育女是人类的自然本性,是人与生俱来的自然权利,应受到尊重和理解。他一方面维护宗教的禁欲主义和独身主义,另一方面又维护人类繁衍的权利,肯定世俗婚姻和生育行为。他强调自然法则,相信人类是理性动物,具有自然赋予的一切动物的本能,赞扬人口的增殖。马丁·路德(Martin Luther)是16世纪初欧洲宗教改革领袖。他认为结婚是正当的,天主教宣传的独身主义违背了这一正当权利,往往会引发罪恶;两性应在合适的年龄结合,男子不应迟于20岁结婚,女子应在15—18岁出嫁。

总之,早期的西方人口思想是伴随城邦理想和宗教规范产生的。

二、资本主义发展初期的西方人口思想

资本主义的发展极大地刺激了人口发展,并产生了对人口增长不同的理念与思想。

(一)重商主义、重农主义和古典政治经济学的人口思想

16—18世纪的重商主义(mercantilism)学者多主张增加人口,以增强国家经济和军事力量。其代表人物有意大利的乔瓦尼·博特罗(Giovanni Botero)、法国的让-巴普蒂斯特·科尔贝(Jean-Baptiste Colbert)、英国的托马斯·孟(Thomas Mun)与詹姆斯·斯图亚特(James D. Steuart)等普遍认为,国家的财富积累是十分重要的事,人口增长是增加财富和强化军事力量的基础,丰富的廉价劳动力可降低生产成本、增加国家财富和增强国际竞争力。他们认可移民,因为他们认为移民带来了劳动力、资本、新事业和先进的生产方法等。这些人口思想通过重商主义政策得以落实,加速了广大工人及农民的贫困和国家及工商业者的致富,为资本主义发展奠定了基础。

18世纪中叶后,以弗朗索瓦·魁奈(Francois Quesnay)为代表的重农主义(physiocrat)认为,农业的发展在国家建设中最具战略意义,只有农业发展才能增加国家的财富;而人口的过度增长则会引发生活资料不足,导致人民生活水平下降。重农主义并非单纯反对人口增长,而是强调只有扩大农业生产,人口才可能增长。

1776年,亚当·斯密(Adam Smith)的《国富论》问世。他把经济学和人口学统一起来,其人口思想主要有:(1)人口增长与专业分工之间是相互促进式发展的。人口增长能扩大市场规模,促进收入增长和储蓄增加,最终刺激劳动分工和技术发展,提高劳动生产率。人口增长既是经济进步的结果,又是经济进步的原因。(2)乐观的人口思想。他认为存在着一种循环式发展:劳动分工的先决条件是资本积累和从事生产的工人数量的增加,即人口的增加;增加的人口又提高了劳动分工水平以及工资增长和资本积累。(3)发展并非无止境的。[①]

[①] 以上内容参考倪跃峰编著:《西方人口思想史纲要》,中国人民大学出版社1995年版。

(二) 马尔萨斯的《人口原理》

马尔萨斯的人口理论在当代仍具有重要影响力。马尔萨斯生活的时代正是英国工业革命、法国资产阶级革命和美国殖民地独立运动的时代,处于资本主义的上升期。英国经济迅速发展之时,人口也迅速增长,人民的生活日益贫困,阶级冲突越来越激烈。这种状况引发了思想界的全面讨论。1793年,英国空想社会主义者威廉·葛德文(William Godwin)出版了《政治正义论》,从抽象的人类理性出发,认为普遍幸福的原则是人类活动的最高原则,而财产私有制违反了正义的原则,是人类贫困和罪恶的根源。为了消除贫困,他主张重组社会,建立乌托邦社会。马尔萨斯的父亲是葛德文的追随者,而马尔萨斯却有不同的看法,并常常与父亲进行争论。在与父亲争论的过程中,1798年,他出版了《人口原理》一书,第一版的全名是《人口原理:人口对社会未来进步的影响——兼评葛德文、孔多塞及其他著作者的理论》,该书有强烈的论战色彩。

此书一经问世即掀起了轩然大波,引发了广泛的争论。在不断充实和修改之后,1803年马尔萨斯出版了《论人口原理对于人类幸福的过去和现在的考察。附考察将来关于除去或缓和由人口所生的弊害之研究》(即《人口原理》第二版)。此后又出过四版。

据第六版《人口原理》,马尔萨斯的人口理论可以归纳为两个前提(两个公理)、两个级数、三个命题和两种抑制的理论。

"两个前提"是指:第一,食物为人类生存所必需;第二,两性间的性欲为必然,且几乎保持恒状。这两个前提也称为建构人口理论的"两个公理"或"自然法则"。马尔萨斯认为,依照人口增殖的"本能",在没有制约的情况下,人口必然会无限制地增长下去。

"两个级数"是指:在不加限制的情况下,人口是以几何级数增长,其增殖力是无限的;而生活资料只能以算术级数增长,且存在"土壤肥力递减规律"。因此,人类不可能改变人口增长快于生活资料增长的状况,人口过剩和食物匮乏便成为必然。

"三个命题"是指:第一,人口增加,必然要受到生活资料的限制;第二,只要生活资料增长,人口一定会确定不移地增长,除非受到某种有力的抑制;第三,这些抑制使得现实的人口与生活资料相平衡,而这些抑制可以归纳为道德的节制、罪恶和贫困。

"两种抑制"是指:存在着两种制约人口增长的力量,一种是"积极性抑制"(positive checks),也称为"现实性抑制",是指贫困、饥饿、瘟疫、罪恶、灾荒、战争等原因使人口死亡率升高,由此人口增长得到抑制。另一种是"预防性抑制"(preventive checks),是指通过禁欲(不婚)、晚婚、不育等预先控制生育的手段来抑制人口的增加。

因此,根据马尔萨斯的人口理论,在现实生活中,当人口增长到接近食物供给的极限时,所有预防性和积极性抑制人口的力量就会发挥作用,直到人口降到食物所能供养的水平以下;然后,食物再度丰富起来,于是又产生了更多的人口;经过一定时期,更多的人口又因同样的原因受到抑制。这种循环往复的人口发展与倒退的运动也被称作"人口波动理论"。

马尔萨斯的《人口原理》出版200多年来,对其评价毁誉参半。不可否认的是,马尔萨斯首次系统地论述了人口发展的核心问题,并将其理论化。但如今人类科学技术的发展正不断提高人类食物供给的能力;避孕技术亦将人类的性生活与生殖相分离;更为重要的是,社会经济发展带来了生育观念的根本性改变。这些现实都对马尔萨斯的人口理论发出了挑战。

(三) 马克思和恩格斯的人口思想

1834年马尔萨斯去世时,马克思和恩格斯还是十几岁的德国青少年,在他们成长的过程中,马尔萨斯的思想无疑对他们产生了影响。马克思和恩格斯的人口思想是透过分析资本主义发展的一般规律揭示资本主义社会特有的人口发展规律。

第一,马克思和恩格斯认为根本不存在普遍的人口规律,过剩人口的根源是资本主义的生产方式。这种生产方式创造了资本主义的"相对过剩人口",或者说是失业后备军。所谓相对过剩人口是指经济与人口不相适应,充足的劳动力不能与物质资料生产条件相结合。相对过剩人口是一个历史范畴,是资本主义存在的必要条件,资本主义的工业化生产需要丰富、廉价和易于得到的劳动力。相对过剩人口的根源是资本主义的政治经济体制。

第二,"两种生产"的原理。恩格斯在《家庭、私有制和国家的起源》1884年第一版序言中指出:"根据唯物主义观点,历史中的决定性因素,归根结蒂是直接生活的生产和再生产。但是,生产本身又有两种。一方面是生活资料即食物、衣服、住房以及为此所必需的工具的生产;另一方面是人自身的生产,即种的蕃衍。"①1845年,马克思和恩格斯在《德意志意识形态》中写道:"我们首先应当确定一切人类生存的第一个前提,也就是一切历史的第一个前提,这个前提是:人们为了能够'创造历史',必须能够生活。但是为了生活,首先就需要吃喝住穿以及其他一些东西。因此第一个历史活动就是生产满足这些需要的资料,即生产物质生活本身……第二个事实是,已经得到满足的第一个需要本身、满足需要的活动和已经获得的为满足需要而用的工具又引起新的需要,而这种新的需要的产生是第一个历史活动。……一开始就进入历史发展过程的第三种关系是:每日都在重新生产自己生命的人们开始生产另外一些人,即繁殖。""生命的生产,无论是通过劳动而达到的自己生命的生产,或是通过生育而达到的他人生命的生产,就立即表现为双重关系:一方面是自然关系,另一方面是社会关系;社会关系的含义在这里是指许多个人的共同活动,至于这些活动在什么条件下、用什么方式和为了什么目的而进行,则是无关紧要的。"②在两种生产中,物质生产是根本性的,它决定人的生产。

第三,人口的阶级观。马克思认为,如果抛开构成人口的阶级,人口就是一个抽象。人口的本质属性是社会性和阶级性。

三、西方人口社会学

(一) 早期西方人口社会学思想

社会学的早期代表人物赫伯特·斯宾塞(Herbert Spencer)、阿尔塞纳·迪蒙(Arsène Dumont)和涂尔干等的社会学思想都内含人口社会学思想。

英国社会学家斯宾塞深受达尔文"物竞天择,适者生存"的生物学思想影响,认为人类因相互间的生存竞争,个人和团体的技能、智力及其自治力才得

---

① 《马克思恩格斯选集》第4卷,人民出版社1995年版,第2页。
② 《马克思恩格斯选集》第1卷,人民出版社1995年版,第78—80页。

到发展。

法国人口学家迪蒙是人口社会学思想的主要奠基人。他认为,分析人口变化有三种途径:一是社会学方法,是在生理、心理和经济的基础上加入社会学的视角来分析人口变化。二是变迁的方法,强调在社会变迁过程中认识人口问题。三是文化的方法。出生率的变化与文化相关,文化的发展使人们加强了节制生育的自觉性。个人发展与种的延续之需要成反比,个人为了更好地发展自己、提高自己的社会地位,就必须控制生育。他用"社会毛细管"的概念说明现代社会每个人都具有不断向上发展的渴望和机遇,这些向上发展的渴望就像油灯中的油,会顺着燃烧的灯芯自然地向上。现代文明建立在个人主义的基础上,社会给予人们上升的机遇越多,个人追求升迁的欲望就越大。为轻装向上发展,人们会自觉减少人口。这一思想对认识生育率转变有重要启发。

法国社会学家涂尔干在建构其社会理论时把人口增长视为社会发展的重要动因,考察了人口增长带来的各种后果。他在《社会分工论》一书中指出,人口增长是社会分工发展的根源,它导致了大规模的专门化和生存竞争,提高了社会的集约化程度,使社会复杂性增加。人口密度的增加和争夺稀有资源的竞争是工业化和社会分工发展的重要前提。社会分工不仅减少了人口对资源的直接竞争,还提高了社会对人口规模扩大的适应能力,为人口的继续增长提供了可能。

(二)西方人口社会学的形成和发展

西方人口社会学的形成和发展分为三个阶段。第一阶段是人口变量进入社会学研究;第二阶段是系统地使用社会学视角论述人口问题;第三阶段是第二次世界大战后欧美各国人口社会学专题研究的蓬勃发展。

美国社会学家富兰克林·吉丁斯(Franklin H. Giddings)在20世纪初把人口研究置于社会构造论的中心。20世纪三四十年代,美国人口学家沃伦·汤普森(Warren S. Thompson)开创了社会学研究的人口学派,其研究:第一,继承了斯宾塞的生物主义的社会学传统,认为人口理论应分为"自然学说"和"社会学说",但正确的研究方向应是视人口增长为社会规律。第二,从综合视角探讨人口增长规律,这些综合的因素包括:(1)生物因素,包括种族、民族等;(2)技术因素,如医疗卫生技术等;(3)心理因素,如生育意愿等;(4)社会和经济因素。第三,强调人类福利水平和人口规模具有内在联系。第四,强调人口和资源的比例关系会形成不同的人口压力,提出人类赖以生存的物质条件与人口的关系即"人口问题",故他的理论也被称为"人口压力论"。

第二次世界大战后,西方人口社会学开始用社会学理论解释人口现象,具有如下特点。

第一,结构功能主义理论的解释。1963 年,美国社会学家和人口学家金斯利·戴维斯提出了"社会人口学"(social demography)一词,强调研究影响人口变化的条件、人口行为以及它们与人口趋势之间的有机联系。① 戴维斯还首先使用了"人口爆炸"和"人口零增长"的概念,对人口转变理论做出了重要贡献。② 美国社会学家威尔伯特·摩尔用功能主义理论建构人口分析框架,其基本观点是:(1)人类社会对性关系的恰当安排是社会得以延续的首要条件,其功能是满足人类再生产的需要。(2)人类社会的延续有赖于其他的基本功能,如社会化、语言沟通、经济生产、社会稳定以及社会的价值体系等。(3)决定人口增减的生育和死亡现象不仅仅是生物现象,更是社会现象,社会分层体系等对此有深刻影响。③

美国社会学家卡尔文·戈德沙伊德使用"社会学的人口学"(sociological demography)一词,强调系统地认识、阐述和分析社会与人口过程之间的联系,以增强对社会的理解。④

第二,文化理论的应用。强调文化差异形成了人口各异的情感、价值观和信仰,人们赋予生育、流动以及死亡以文化符号意义。

第三,人口专题研究。随着人口流动的增加、发达国家的老龄化、发展中国

---

① Kingsley Davis, "Social Demography," in Bernard Berelson, ed., *The Behavioral Sciences Today*, Basic Books, 1963, pp. 204-221.
② Kingsley Davis, "Reproductive Institutions and the Pressure for Population," *Population and Development Review*, Vol. 23, No. 3, 1997, pp. 611-624; Kingsley Davis, "The World Demographic Transition," *Annals of the American Academy of Political and Social Science*, No. 237, 1945, pp. 1-11.
③ Wilbert Moore, "Sociology and Demography," in Philip M. Hauser and Otis D. Duncan, eds., *The Study of Population: An Inventory and Appraisal*, University of Chicago Press, 1959, pp. 832-849.
④ Calvin Goldscheider, *Population, Modernization, and Social Structure*, Little, Brown and Company, 1971, pp. 4-5.

家的人口爆炸,相关专题研究得以发展,如法国人口学家阿尔弗雷德·索维(Alfred Sauvy)在《人口通论》中对各种人口政策问题的讨论。还有学者提出人口转变理论,深入地解析了生育率和死亡率等的相互关系和人口变化的动力机制。

第四,后现代理论的发展。后现代理论从传统理论的宏大叙事转向了关注人和人们的日常生活,其中的身体社会学、社会性别研究和可持续发展理论对人口社会学有重要启发。身体社会学讨论身体体现的伦理学及身体的社会性和实践性。人类作为向死而生的存在具有本体性的脆弱性,现代技术和生物医学的发展拓展了人口社会学的学术关怀。在近几十年的时间里,社会性别研究将同性恋、母职、生育技术等话题引入分析,对两性差异的生物属性与社会属性的研究发展出不同的理论流派。近年来,低生育率社会激发了学者对人口增长与公共政策的研究。环境与可持续发展议题将人口问题与经济增长、消除贫困和环境保护等联系起来,旨在实现人的全面发展。

第二节 中国人口思想和人口社会学

一、中国传统人口思想

中国作为人口大国,人口思想中贯穿各种哲学、政治和文化思想,从主张人口增殖的孔子、孟子到主张适度人口的商鞅、韩非,再到主张限制人口增长的杜佑、洪亮吉等,各种思想丰富多彩,但增殖人口思想一直是社会主流,并深入人民的日常生活。

(一) 增殖人口观

这一思想的代表人物是古代哲学家和思想家孔子、孟子、管仲和墨子。

孔子作为儒家思想的创始人,其思想经弟子和后代学人的继承和发扬而流传下来,对中国封建社会的发展产生了深刻影响。孔子生活的时代正值春秋末期,诸侯割据,战争不绝,人口死亡率上升、出生率下降,各国统治者渴望增殖人口,以广兵源、税源和役源,这促成了孔子及儒家学派的"增殖人口"思想。第一,将生育上升为"孝"的文化。子孙繁庶、多子多福成为传统社会中一些人的生命追求。第二,将人口众多、人民安居乐业塑造为统治者治理国家的重要目标。第三,重视男婚女配,规定男子20岁应娶妻,女子15岁即可嫁人。孟子进一步提出了"不孝有三,无后为大"(《孟子·离娄上》)的说法,强调繁衍后代是人生使命。

齐国的管仲提出"地大国富,人众兵强,此霸王之本也"(《管子·重令》),他把"人众"和"地大"并列为称霸天下的根本,鼓励增加人口。

墨子所处的时代比孔子所处时期稍晚,正是春秋战国之交。当时黄河流域地广人稀,使墨子产生了增加人口的思想。他提出四条具体的主张。(1)鼓励早婚。"昔者圣王为法曰:'丈夫年二十,毋敢不处家;女子年十五,毋敢不事人'。"(《墨子·节用上》)(2)反对蓄妾。"当今之君,其蓄私也,大国拘女累千,小国累百,是以天下之男多寡无妻,女多拘无夫。男女失时,故民少。君实欲民之众而恶其寡,当蓄私不可不节。"(《墨子·辞过》)他认为王公贵族的"蓄私"导致了很多男女难以婚嫁。(3)反对战争。战争使人口大批死亡,减少了夫妇生育子女的数量。(4)反对久丧。"上士操丧也,必扶而能起,杖而能行,以此共三年。若法若言,行若道,苟其饥约又若此矣。是故百姓冬不仞寒,夏不仞暑,作疾病死者不可胜计也。此其为败男女之交多矣。以此求众,譬犹使人负剑而求其寿也。"(《墨子·节葬下》)长时间守丧,会损害男女之间的交媾,使人口减少。墨子增殖人口的思想基础是农业经济的文化逻辑,有了人就有了劳动力,就可以增加赋税,增加兵源和国力。

(二)适度人口思想

适度人口思想的代表人物是古代思想家商鞅和韩非。

商鞅是战国中期著名政治家和法家思想的代表人物。商鞅认为,人口与土地的数量应保持平衡,人多地少时要大力开垦土地,人少地多时就要增加人口。他还计算出要容纳五万生产人口需要方圆百里的土地。他认为人口的增长快于财货的增长,人口可以在短短几十年里增长几倍、几十倍。

韩非是战国末期的政治家和哲学家。当时由于长期推行增殖人口的政策,人口数量有所增加,社会财富不足,人民生活贫困,他提出"是以人民众而货财寡,事力劳而供养薄,故民争;虽倍赏累罚而不免于乱"(《韩非子·五蠹》),因此提倡适度的人口。韩非针对地少人多的矛盾提出了发展生产、增加财富、减少人口的"适度人口"思想。

（三）限制人口增长的思想

随着历史的发展，中国人口逐渐增多，唐朝的杜佑以及清朝的洪亮吉等人提出了限制人口增长的思想。

唐朝的杜佑根据汇总的历代人口资料，写出《通典》，力劝朝廷吸取晋隋的经验，不可盲目增加人口。他指出："版图可增其倍，征缮自减其半。赋既均一，人知税轻，免流离之患，益农桑之业。""昔贤云：'仓廪实，知礼节，衣食足，知荣辱。'夫子适卫，冉子仆，曰：'美哉庶矣！既庶矣，又何加焉？'曰：'富之！''既富矣，又何加焉？'曰：'教之！'固知国足则政康，家足则教从，反是而理者，未之有也。夫家足不在于逃税，国足不在于重敛。若逃税则不土著而人贫，重敛则多养赢而国贫，不其然矣？"开明的统治者应该扶植人民的经济实力，不可横征暴敛。

清朝的洪亮吉明确提出要注意人口增殖。洪亮吉生活在清朝人口飞速增长的时代，他注意到人口增殖太快会给土地、粮食造成紧缺状态。第一，他提出天下太平，人口具有增长的巨大潜能。"人未有不乐为治平之民者也，人未有不乐为治平既久之民者也。治平至百余年，可谓久矣。然言其户口，则视三十年以前增五倍焉，视六十年以前增十倍焉，视百年百数十年以前不啻增二十倍焉。"[①]第二，他指出，人口增长和土地、商品等资源之间存在着紧密的联系。"为农者十倍于前而田不加增，为商贾者十倍于前而货不加增，为士者十倍于前而佣书授徒之馆不加增，且昔之以升计者，钱又须三四十矣；昔之以丈计者，钱又须一二百矣。所入者愈微，所出者益广，于是士农工贾各减其值以求售，布帛粟米又各昂其价以出市，此即终岁勤动，毕生皇皇，而自好者居然有沟壑之忧，不肖者遂至生攘夺之患矣。然吾尚计其勤力有业者耳，何况户口既十倍于前，则游手好闲者更数十倍于前，此数十倍之游手好闲者遇有水旱疾疫，其不能束手以待毙也明矣，是又甚可虑者也。"[②]洪亮吉提出的人口增长快于土地增长的思想比马尔

---

① （清）洪亮吉：《洪亮吉集（卷第一）：治平篇》，中华书局 2001 年版，第 14 页。
② （清）洪亮吉：《洪亮吉集（卷第一）：生计篇》，中华书局 2001 年版，第 15 页。

萨斯还要早。但小农经济对人口增长的内在需求使得人们很难出现自觉控制人口的行为。

中国古代的人口思想与政治有着密切联系,多强调人口为立国之本,人口众寡是君主是否施行德政和国家是否繁荣的标志。

二、近代人口思想

1840年鸦片战争后,西方列强不断入侵,中国的封建经济结构逐步瓦解。以梁启超、严复为代表的具有资产阶级维新色彩的思想家主张仿效西方,将人口问题与走工业化道路救中国联系在一起。

梁启超的人口思想是:(1)把人口问题与帝国主义的殖民侵略联系起来。他认为正是西方的人满为患,导致了帝国主义的殖民政策。他在《论民族竞争之大势》中说:"欧洲区区之地,断不能容此孳生蕃衍之民族,使之各得其所。……于是乎殖民政略,遂为维持内治之第一要著。此近世帝国主义发生之原因也。"(2)认为中国人口有增加的余地,提出应当迅速发展农业,吸收西方农业的新法。(3)从提高人口质量的角度出发反对早婚。

严复是最早把社会学思想引入中国的人之一。他翻译并系统地介绍了达尔文进化论和马尔萨斯的人口思想。严复认为,人口消长是国家治乱之源。人类是按照人种优劣的规律不断进化的,中国人口数量多、质量差的现状十分堪忧。中国人口不是依靠自然条件和社会条件增长的,因此形成了人口质量低下的恶性循环。他在《保种余义》中说道:"积数百年,地不足养,循至大乱,积骸如莽,流血成渠。时暂者十余年,久者几百年,直杀至人数大减,其乱渐定。乃并百人之产以养一人;衣食既足,自然不为盗贼,而天下粗安。生于民满之日而遭乱者,号为暴君污吏,生于民少之日获安者,号为圣群贤相。二十四史之兴亡治乱,以此券矣!"严复认为应该扭转早婚习俗,开发民智,提高人口素质。

马尔萨斯人口论在中国的系统传播和继承者,当推中国学者陈长蘅。1918年,陈长蘅出版了《中国人口论》,这是最早研究中国人口问题的专著。1930年,许仕廉出版《中国人口问题》。1934年,陈达出版《人口问题》。他们都认为中国人口过剩,积极主张节育。陈长蘅更是认为,中国的乱原最终在于人多,因此,要解决中国社会问题,首先就要解决人口问题,而解决人口问题,不能靠革命,只能靠节育。陈长蘅是民国早期积极主张以马尔萨斯主义为武器解决中国一切社会问题的代表人物。

1924 年,陈达在清华大学讲授"社会学原理"课程时,就注重讲授人口理论;1926 年起,将"人口问题"单独开课。他每年搜集材料,编印讲义;经多次修改,终于在 1934 年出版《人口问题》一书。陈达认为:

> 社会学者既有较广的观点,所以对于人口问题亦有较深的兴趣,其兴趣可分两个相辅而行的方向,即理论与实际。社会学者对于人事登记的各方面是有兴趣的,对于人事登记的意义是有兴趣的,今举例以明之:人口的地理分布,是一个事实问题,但形成人口密度的元素,即有理论的基础;生育率与死亡率的记载是事实问题,但关于高(或低)生育率与高(或低)死亡率的解释,即理论的探讨;……社会学者研究每种重要的人口事实,以便得到适当的解释;并研究相关的人口事实,以期了解人类的整个行为或其重要部分。①

《人口问题》一书共分四编。第一编是人口理论,以马尔萨斯的理论为时间点,进行了前后对比。第二编是人口数量,对人口的清查、登记、估计、生育率、死亡率和自然增加率进行了分析。第三编为人口品质,分析了人的遗传、环境、文化、自然选择和社会选择机制,提出了生存竞争与成绩竞争的概念。第四编为人口与国际关系,讨论世界人口的趋势、世界移民的现况,讨论世界人口与农业、世界人口与工商业的关系,以及人口政策。其主要观点是:(1)提出"社会选择"的理论。生育是有选择的过程,这种选择性通过自然与社会来实现。(2)提出生存竞争和成绩竞争的分类。认为要控制人口数量,以求生存竞争的胜利;通过提高人口质量,改变中国贫穷落后的状况,实现国家富强。生存竞争和成绩竞争之间是互相影响的辩证关系。只有取得生存竞争的胜利,才能争取成绩竞争的胜利;反之,如能取得成绩竞争的胜利,也更容易求得生存竞争的胜利。(3)提倡优生优育,以提高整个社会的经济文化水平。(4)重视环境与人口发展的关系,

---

① 陈达:《人口问题》,商务印书馆 1934 年版,序,第 2 页。

用专门的章节论述灾荒和环境问题。

中国社会学的初创时期,社会学家们十分重视人口研究,重视社会调查,将理论和实际相结合。如费孝通的《生育制度》通过乡土的生育文化分析了中国人口再生产的社会意义,为人口社会学研究提供了经典范例。

三、当代人口思想

新中国成立以后,以毛泽东、马寅初的人口思想最具代表性。党的十八大以来,中国特色社会主义进入新时代,习近平总书记关于人口工作也有诸多重要论述。

(一) 毛泽东的人口思想

全面回顾和把握新中国成立以后我国的人口政策及人口转变历史,必须先从完整地了解毛泽东关于人口的论述及思想开始,因为这深刻地影响了我国的人口政策和人口转变过程。而要准确理解毛泽东关于人口的论述及思想,则首先要回到发生历史巨变的情境之中。毛泽东第一次较为系统地论述人口问题是在1949年新中国成立前夕。1949年正是中国共产党带领中国人民以摧枯拉朽之势打倒旧政权建立新世界之时,而美国所支持的国民党政权岌岌可危,这时美国国务卿艾奇逊发声断言:"中国人口在十八、十九两个世纪里增加了一倍,因此使土地受到不堪负担的压力。人民的吃饭问题是每个中国政府必然碰到的第一个问题。一直到现在没有一个政府使这个问题得到了解决。"[①]言下之意,中国共产党领导的新中国也不例外地会面临人口吃饭问题,也会因为解决不了人口过多的问题而不断爆发革命。针对美国国务卿艾奇逊以马尔萨斯人口论为依据提出的质疑,1949年9月毛泽东发表《唯心历史观的破产》一文。在这篇文章中,针对艾奇逊这种马尔萨斯人口决定论的悲观论调,毛泽东以解放区的事实进行了有力的批判:"'一直到现在没有一个政府使这个问题得到了解决'吗?西北、华北、东北、华东各个解决了土地问题的老解放区,难道还有如同艾奇逊所说的那种'吃饭问题'存在吗?……在人民政府下,只消几年工夫,就可以和华北、

---

① 《毛泽东选集》第4卷,人民出版社1991年版,第1510页。

东北等处一样完全地解决失业即吃饭的问题。"①毛泽东继续说:"中国人口众多是一件极大的好事。再增加多少倍人口也完全有办法,这办法就是生产。西方资产阶级经济学家如像马尔萨斯者流所谓食物增加赶不上人口增加的一套谬论,不但被马克思主义者早已从理论上驳斥得干干净净,而且已被革命后的苏联和中国解放区的事实所完全驳倒。""世间一切事物中,人是第一个可宝贵的。在共产党领导下,只要有了人,什么人间奇迹也可以造出来。我们是艾奇逊反革命理论的驳斥者,我们相信革命能改变一切,一个人口众多、物产丰富、生活优裕、文化昌盛的新中国,不要很久就可以到来,一切悲观论调是完全没有根据的。"②对于中国的人口问题,毛泽东在这篇文章里不仅充分体现了以人为本的思想,而且提出了著名的"革命加生产"论断,也就是说,要解决旧中国的人口问题,要改变旧中国贫困落后的面貌,首要的是打破半殖民地半封建的旧制度,建立社会主义新中国,然后积极发展经济、发展生产。可以说这是一篇针对性很强且比较能反映毛泽东人口观和人口思想的重要文章。

毛泽东第二次重要的人口论述出现在新中国成立之后,社会主义事业蓬勃发展的1957年。一方面,我国社会主义建设取得了巨大成就,超额完成了第一个五年计划,人民安居乐业,生活水平日益提高;另一方面,1953年我国开展了第一次全国人口普查,随着普查数据陆续公布,人口统计的相关事实,如总量超过6亿,大大超乎以往对新中国成立之初的人口估计,同时我国人口死亡水平迅速下降,人口呈快速增长态势,预计每年要增加1200万至1500万的人口。1956年国内外还发生了许多重大事件。1956年下半年,国内经济出现生产资料和生活资料供应紧张的状况,一些社会矛盾比较突出;国际方面,先是1956年上半年苏共二十大召开,后是下半年的波兰和匈牙利事件。"经过长时间的观察和思考,在总结一年来国际国内发生的重要事件的经验教训基础上,毛泽东关于正确处理人民内部矛盾的思想逐渐成熟。在他看来,这是在新的历史条件下,指导全局工作,解决国内政治的、经济的、思想文化等领域的一切问题的总方针。"③

---

① 《毛泽东选集》第4卷,人民出版社1991年版,第1511页。
② 同上书,第1511—1512页。
③ 逄先知、金冲及主编:《毛泽东传(1949—1976)》上,中央文献出版社2003年版,第619页。

第二章　中西人口思想和人口社会学的发展

1957年2月27日至3月1日,在北京中南海怀仁堂召开了最高国务会议第11次扩大会议,会议规模空前,出席会议的各方面人士共计1800多人。2月27日下午的会议上,毛泽东做了题为"如何正确处理人民内部矛盾"的重要讲话,讲话内容丰富,涉及面广,共有十二个问题,其中第七个"统筹兼顾、适当安排"一节涉及人口计划生育。他说道:"我们这个国家有这么多的人,这一点是世界各国都没有的。它有这么多的人,六亿人口!这里头要提倡节育,少生一点就好了。要有计划地生产。我看人类自己最不会管理自己。对于工厂的生产,生产布匹,生产桌椅板凳,生产钢铁,他有计划。对于生产人类自己就是没有计划,就是无政府主义,无政府,无组织,无纪律。(毛泽东这个话引起全场大笑。)这个政府可能要设一个部门,设一个计划生育部好不好?(又是一阵大笑)或者设一个委员会吧,节育委员会,作为政府的机关。人民团体也可以组织一个,组织个人民团体来提倡。因为要解决一些技术问题,要拨一笔经费,要想办法,要做宣传。"①在这里,毛泽东首次提出了"计划生育"的想法,也提出了建立计划生育部门的设想。事实上,这些讲话也成为后来我国启动和全面推行计划生育工作的重要依据。不过,毛泽东这篇著名的讲话在经过充分听取各方面意见和多次修改后,最终于1957年6月19日在《人民日报》上以《关于正确处理人民内部矛盾的问题》为题全文发表的时候,此前"统筹兼顾、适当安排"一节中明确提倡计划生育的部分被删去了,变为较为中性的表述。

毛泽东第三次有影响的人口论述发生在1958年。1957年11月,毛泽东第二次访问苏联,也就是在那次访问中,形成了"超英赶美"的想法。1958年新年伊始,回顾新中国走过的八年多历程,毛泽东乐观地展望今后的发展:"现在要来一个技术革命,以便在十五年或者更多一点的时间内赶上和超过英国。"②这是一个社会主义建设"大跃进"到来的年代。1958年4月,毛泽东收到了河南省封丘县委写给他的一封信,这封信介绍了该县"应举农业生产合作社"依靠集体力量,苦战两年,战胜自然灾害,改变落后面貌的事迹。他因此写了《介绍一个合作社》的短文,该文作为《红旗》杂志创刊号的首篇文章全文发表。毛泽东写

---

① 逄先知、金冲及主编:《毛泽东传(1949—1976)》上,中央文献出版社2003年版,第625页。
② 转引自上书,第762页。

道:"《一个苦战二年改变了面貌的合作社》,这篇文章值得一读。共产主义精神在全国蓬勃发展。广大群众的政治觉悟迅速提高。群众中的落后阶层奋发起来努力赶上先进阶层,这个事实标志着我国社会主义的经济革命(生产关系方面尚未完成改造的部分)、政治革命、思想革命、技术革命、文化革命正在向前奋进。由此看来,我国在工农业生产方面赶上资本主义大国,可能不需要从前所想的那样长的时间了。除了党的领导之外,六亿人口是一个决定的因素。人多议论多,热气高,干劲大。从来也没有看见人民群众象现在这样精神振奋、斗志昂扬,意气风发。……中国六亿人口的显著特点是一穷二白。这些看起来是坏事,其实是好事。穷则思变,要干,要革命。一张白纸,没有负担,好写最新最美的文字,好画最新最美的画图。"①在全国人民大干快上、超英赶美的背景下,毛泽东发表这段"人多力量大"鼓舞人心的讲话是必然的,这是毛泽东以人为本、相信群众、依靠群众思想的体现。但正是这一"人多力量大"的观点成为后来社会上一些人士批判马寅初"新人口论"的有力武器。

这三次重要讲话代表了毛泽东主要的人口论述和思想。毛泽东在《唯心历史观的破产》一文中比较系统地阐述了其人口观。这篇文章不仅体现了其充分尊重人的价值,而且给出两种认识和解决中国人口与发展问题的思想和方法:一是制度革命(即推翻旧制度建立新制度),二是发展经济。站在当时特定的历史语境中,去理解毛泽东上述充满革命激情的、针对艾奇逊人口悲观论的论断,其无疑是合理的,这极大地鼓舞了中国人民革命和建设的热情。中国革命成功本身就用事实证明了马克思主义在中国革命实践的胜利。

(二) 马寅初的《新人口论》

中国学术界一直关心人口的增长。著名经济学家和人口学家马寅初高度重视我国人口问题。作为人大常委会委员,他进行了大量的座谈和调查。1954年和1955年,他先后三次去浙江省,详细地调查了农村人口和粮食增长的情况。1955年他将调查得到的材料写成《控制人口与科学研究》的发言稿,准备提交全国人民代表大会。在正式提交之前,他先将发言稿拿到浙江小组讨论,不料遭到

---

① 《毛泽东著作选读(甲种本)》,人民出版社1965年版,第381页。

一些同志的反对,说他仍是马尔萨斯的一套。马寅初虽然不接受这种说法,但看到意见均出自善意,便主动撤回了发言稿,准备时机成熟再提出。

1957年2月,毛泽东同志在最高国务会议第十一次扩大会议上作了"如何正确处理人民内部矛盾"的讲演,其中谈到"我国人多,是好事,当然也有困难"的观点。同年7月3日,马寅初在第一届全国人民代表大会第四次会议上宣读了他在1955年准备的发言(经过重大修订),受到党和国家领导人的高度评价和重视。1957年7月5日,以《新人口论》为题在《人民日报》全文发表。《新人口论》鲜明地阐述了他的基本思想:中国人口增殖太快,人口多,资金少,影响工业化的进程,影响人民生活水平的提高,应该控制人口。该文明确地把中国的人口增长与工业化进程联系在一起,并在此基础上提出了控制人口增长的思想。《新人口论》的主要观点是:

第一,掌握人口数据是制定政策的关键。《新人口论》的出发点和立足点是客观地估计中国人口的增长情况。1953年第一次全国人口普查表明,中国总人口超过60 193万,增殖率达到20‰。马寅初认为,"这是一个静态的记录",应有"动态的人口记录","拿20‰来解释以后四年的情况(自1953—1957年),恐怕有出入"。多种原因使得"近四年来人口增殖率很可能在20‰以上"。①

第二,人口增长与社会发展之间存在矛盾。对于人口数量超过6亿的国家来说,人口增殖率超过20‰会带来各种问题,这将导致一系列的人口与国民经济发展之间的矛盾。人口与国民经济发展之间的矛盾表现在五个方面。一是人口与加速资金积累之间的矛盾。他认为,中国最大的矛盾是人口增加得太快而资金积累得似乎太慢。人口多而资金少是一个很突出的矛盾。二是人口与提高劳动生产率之间的矛盾。他认为,要提高工业劳动生产率,就要大力积累资金,加强每个工人的技术装备,同时还要控制人口,因为如果人口增殖任其自流,资金很难迅速地积累。在农业方面,我国地少人多,由于人口的增长,人均耕地正在减少。三是人口与工业原料方面的矛盾。他认为,由于人口增殖,粮食必须增产,经济作物的面积就要缩小,直接影响到轻工业,间接影响到重工业。因此,人口的增殖,就是积累的减少,也就是工业化的推迟。四是人口与提高人民生活水

---

① 马寅初:《新人口论》,中国人口出版社2002年版,第2—5页。

平之间的矛盾。他指出,当时粮食紧张,猪肉紧张,布票对折使用,煤也不够烧,这一切都牵连人口众多的问题。五是人口与科学事业发展之间的矛盾。科学技术的发展要求所有生产部门能按平衡原则进行生产,这依赖于更多的资金积累和严格的人口控制。

第三,提出解决中国人口问题的建议。一是要进行新的人口普查,以了解在五年或十年内人口增长的实际情况;在人口动态统计的基础上确定人口政策。人口增长的数字应纳入第二个、第三个五年计划,使计划的准确性逐步提高。二是大力宣传,破除"不孝有三,无后为大"和"五世其昌"等封建传统观念;等到宣传工作收到一定效果后,再行修改婚姻法,实行晚婚,大概男子25岁、女子23岁结婚比较适当。施行生两个孩子有奖,生三个孩子要征税,生四个孩子要征重税的办法。征得来的税金作为奖金,国家预算不支出也不收入。三是主张避孕,反对人工流产,认为人工流产对母亲身体伤害很大,且侵害胎儿生命权,同时会冲淡避孕的意义。

1958年,马寅初的新人口论被冠以"马尔萨斯的人口论"之名遭到批判。批判者指出,他只看到人是消费者,没有看到人首先是生产者,是"只见口不见手"。马寅初谈到的社会主义制度下的吃饭、穿衣、住房、就业、教育等人口问题是"诋毁社会主义制度"。由此,人口研究逐渐寥落,直到70年代才开始逐渐恢复。

(三)习近平关于人口工作的重要论述

中国特色社会主义新时代,习近平总书记高度重视人口问题,形成了关于人口工作的重要论述。

第一,强调人口问题始终是我国面临的全局性、长期性、战略性问题。

2020年11月2日,习近平在参加第七次全国人口普查登记时指出:"我国是世界上人口最多的国家,人口问题始终是一个全局性、战略性问题。……近年来,我国人口发展出现了一些显著变化,既面临人口众多的压力,又面临人口结构转变带来的挑战。要通过这次人口普查查清我国人口数量、结构、分布等方面情况,把握人口变化趋势性特征,为完善人口发展战略和政策体系、制定经济社会发展规划、推动经济高质量发展提供准确统计信息支持。"

2022年10月16日,习近平在党的二十大报告中指出:"中国式现代化是人口规模巨大的现代化。我国十四亿多人口整体迈进现代化社会,规模超过现有发达国家人口的总和,艰巨性和复杂性前所未有,发展途径和推进方式也必然具有自己的特点。我们始终从国情出发想问题、作决策、办事情,既不好高骛远,也不因循守旧,保持历史耐心,坚持稳中求进、循序渐进、持续推进。"

第二,促进人口长期均衡发展。

2020年8月24日,习近平在中南海主持召开经济社会领域专家座谈会并发表重要讲话。他强调:"'十四五'时期如何适应社会结构、社会关系、社会行为方式、社会心理等深刻变化,实现更加充分、更高质量的就业,健全全覆盖、可持续的社保体系,强化公共卫生和疾控体系,促进人口长期均衡发展,加强社会治理,化解社会矛盾,维护社会稳定,都需要认真研究并作出工作部署。"

第三,优化人口发展战略,妥善解决人口老龄化带来的社会问题。

2021年10月13日,在中国传统节日重阳节来临之际,习近平对老龄工作作出重要指示:"各级党委和政府要高度重视并切实做好老龄工作,贯彻落实积极应对人口老龄化国家战略,把积极老龄观、健康老龄化理念融入经济社会发展全过程,加大制度创新、政策供给、财政投入力度,健全完善老龄工作体系,强化基层力量配备,加快健全社会保障体系、养老服务体系、健康支撑体系。"

2022年10月16日,习近平在党的二十大报告中指出:"优化人口发展战略,建立生育支持政策体系,降低生育、养育、教育成本。""实施积极应对人口老龄化国家战略,发展养老事业和养老产业,优化孤寡老人服务,推动实现全体老年人享有基本养老服务。"

第四,以人口高质量发展支撑中国式现代化。

2023年5月5日,习近平在二十届中央财经委员会第一次会议上讲话:"人口发展是关系中华民族伟大复兴的大事,必须着力提高人口整体素质,以人口高质量发展支撑中国式现代化。"会议进一步指出,当前我国人口发展呈现少子化、老龄化、区域人口增减分化的趋势性特征,必须全面认识、正确看待我国人口发展新形势。要建立健全生育支持政策体系,促进人口长期均衡发展。要加强人力资源开发利用,稳定劳动参与率,提高人力资源利用效率。要实施积极应对人口老龄化国家战略,努力实现老有所养、老有所为、老有所乐。要更好统筹人口与经济社会、资源环境的关系,优化区域经济布局和国土空间体系,优化人口结构,维护人口安全,促进人口高质量发展。

2023年7月4日,习近平在上海合作组织成员国元首理事会第二十三次会议上讲话:"当前,中国人民正在中国共产党领导下推进中国式现代化建设。中国式现代化主要特征是人口规模巨大、全体人民共同富裕、物质文明和精神文明相协调、人与自然和谐共生、走和平发展道路,创造了人类文明新形态。我们愿以中国式现代化新成就,为包括上海合作组织国家在内的世界各国提供新的发展机遇,推动建设更加美好的世界。"

四、中国人口社会学的发展

中国的人口社会学是指用社会学的观点对影响人口再生产过程的社会因素进行研究的学科。近代以来,其发展主要经历了三个阶段。

第一阶段是20世纪的20—30年代。当时中国的人口状况引起了学者们对国家命运的关注和对西方人口学思想进行的本土化探索。其中,陈达、陈长蘅、许仕廉、吴景超和李景汉等较为系统地研究了人口问题,并留下了一批有价值的研究成果。中国第一代社会学家在社会调查的基础上,为研究中国人口的实践做出了开创性的尝试。

在中国社会学的初创时期,第一代社会学家十分重视中国人口研究,重视社会调查,理论和实际相结合地研究社会和人口问题,这种学风成为我国社会学的优良传统。

第二阶段是20世纪50年代。这次人口研究的兴起源于1953年第一次全国人口普查后党和国家领导人及人口学家、社会学家对中国人口问题的广泛关注。以马寅初为代表的一批学者,包括陈长蘅、陈达、孙本文、吴景超、赵承信、戴世光、费孝通、全慰天、袁方等人以马克思列宁主义、毛泽东思想为指导,对中国的人口问题进行研究。如全慰天在《社会主义经济规律与中国人口问题》一文中分析了人口问题与经济有计划按比例发展的规律,他提出:社会主义生产的目的就是保证最大限度地发展整个社会经常增长的物质和文化需要;社会主义基本经济规律不但要求我们提高劳动生产率,从而提高生活水平,而且要求我们以

第二章 中西人口思想和人口社会学的发展

最快速度提高劳动生产率,从而也以最快速度提高生活水平。为此,有必要适当约制人口的增加。此类观点在当时引起了一些争议。

第三阶段是20世纪70年代至今。20世纪70年代后,随着人口计划生育政策的实施,人口研究渐渐恢复。人口学日益专业化,人口普查数据为人口学研究和人口社会学研究提供了重要的基础数据材料。人口社会学研究呈现出以下特点:(1)研究人口的社会结构性特征,对年龄、性别、教育、城乡、就业等结构性问题展开深入讨论,如出生性别比失衡、少子化、老龄化、人口阶层分化。(2)关注人口迁移和人口流动的规律,尤其关注人口大规模向城市流动,即农业人口的迁移和城镇化。(3)关注在政策作用下的人口转变,对人口生育率、死亡率和自然增长率的变化进行研究,分析社会制度、社会政策、组织、文化与传统、受教育水平、婚姻家庭、社会心理因素等对生育率的影响。(4)展开了一系列人口和社会可持续发展的研究,尤其关注人口、资源与环境的可持续发展问题。(5)进行专题研究,如婚姻与家庭研究、老龄化和养老方式研究、独生子女问题研究、城市化发展道路研究、反贫困研究等。(6)进行比较研究,特别是对中国与发达国家和其他亚洲国家进行比较研究,从人口变迁与国家实力关系的比较视角展开分析。

21世纪以来,中国人口社会学研究已经走向世界。中国作为人口大国,政府、地方组织和学术团体都十分重视人口问题,这促进了人口社会学的迅猛发展,表现为:(1)团队研究成果显著,专注于研究与中国社会变迁相关的人口生育水平的变化、人口迁移与城镇化、人口老龄化以及家庭结构变迁等,专题研究成果达国际水平。(2)在全国人口普查和有关专项抽样调查的数据基础上,定量研究成果卓越,为国际学术平台贡献了中国经验和智慧。(3)研究服务于公共政策。特别是优化生育政策、积极应对老龄化、人口与资源、环境可持续发展等议题,深刻地影响相关公共政策的制定。总之,围绕人口高质量发展,人口政策与国家发展战略不断调整和完善。

小 结

人口社会学汲取了中外人口思想的精华,是在马尔萨斯的人口理论、马克思的人口思想、早期社会学家的人口思想的基础上发展起来的。新中国的领袖毛泽东和人口学家马寅初的人口思想对中国社会发展有深刻影响。党的十八大以来,习近平总书记高度重视人口工作,提出要以人口高质量发展支撑中国式现代化。近年来,中国人口社会学关心现实的人口问题,致力于发展理论和政策研究。

◆ 思考题

1. 简述并评价马尔萨斯的人口理论。
2. 简述毛泽东的人口思想。
3. 论述马寅初人口理论的基本观点。

◆ 推荐阅读

〔英〕马尔萨斯:《人口原理》,朱泱、胡企林、朱和中译,商务印书馆1992年版。

马寅初:《新人口论》,中国人口出版社2002年版。

杨中新:《西方人口思想史》,暨南大学出版社1996年版。

第二编 人口过程

人口过程(population processes)是指人口的生育过程、死亡过程和迁移过程,三者相互作用构成了当今世界人口的基本形态。人口过程受到人口结构与经济、文化和政治变迁的影响,也影响着人口结构与经济、文化和政治变迁。下面四章将对每一人口过程和相关人口转变理论进行介绍和分析,建立理解人类生育制度、死亡模式、人口迁移和人口转变的分析框架。

第三章

生 育 制 度

人类的生育是生理现象也是社会人口现象。人类历史上最重要的和最具有革命性的社会变迁之一就是人类对生育的自我控制。面对人口的生育过程,人口社会学关注的是:人类生育行为的社会性特征、生育模式类型以及影响生育率的社会因素等。

第一节 生育模式与生育制度分析

一、生育概念与测量

(一) 生育力和生育率

生育有两重含义:一是生物学上的生育力,是人类再生产的能力;二是社会学上的生育率,是指人类现实的生育水平。

生育力(fecundity)是指妇女的生育能力和潜能。20 世纪 50 年代初,艾伦·古特马赫(Alan F. Guttmacher)根据研究推断:亲自哺乳的妇女每 24 个月可生一胎,不亲自哺乳的妇女每 19 个月可生一胎。如果对生育不加限制且所生婴儿都由自己哺乳,则一名妇女在 30 年的育龄期(15—44 岁)中最多可生 15 胎,在更为通用的 35 年的育龄期(15—49 岁)中最多可生 17 胎。生育率(fertility rate)是指不同时期、不同地区妇女或育龄妇女的实际生育水平或生育子女数。2020 年,世界人口的总和生育率为 2.47,发达地区的为 1.64,而中国的总和生育率为 1.30。

（二）生育测量

生育率是生育测量的主要指标，其目的是描述一个地区或一个国家的整体生育水平。生育率测量的两个前提是：(1)视生育行为只与妇女有关。(2)以活产数为生育的基数，因为每次生育（分娩）不一定生育一个孩子，因此生育率指标不以分娩数而以活产数为基数。世界卫生组织规定的活产是：妊娠的产物完全从母体排出时，具有呼吸、心跳、脐带动脉搏动、明确的骨骼肌的运动这四种生命现象之一（不管这种生命现象持续多长时间）。人口学测量的生育是指妇女的每一次活产，不包括流产和死胎。

1. 粗出生率（crude birth rate, CBR）

粗出生率是基本的出生强度测量指标，反映人口出生水平，表示某地一定时期（通常为一年）内出生人口数与同期平均人口数之比。公式是：

$$粗出生率 = \frac{年出生人口数}{年平均人口数} \times 1000‰$$

2. 一般生育率（general fertility rate, GFR）

一般生育率也称为总生育率，是指一定时期（通常为一年）内出生人口数与同期育龄妇女（15—49岁女性）的人数之比。该指标反映了育龄妇女的综合生育水平。公式是：

$$一般生育率 = \frac{年出生人口数}{年平均育龄妇女数} \times 1000‰$$

3. 年龄别生育率（age specific fertility rate, ASFR）

年龄别生育率反映了育龄妇女各年龄组的生育水平，是一定时期（通常为一年）内某个年龄组的育龄妇女所生育的活产婴儿数与相应年龄组的育龄妇女总人数之比。一般以五岁为一组进行计算，不同年龄组妇女的生育率有明显差异。年龄别生育率可进行国别和时间别的比较研究。公式是：

$$年龄别生育率 = \frac{某年龄组妇女年生育的活产婴儿数}{年内该年龄组育龄妇女数} \times 1000‰$$

4. 总和生育率（total fertility rate, TFR）

总和生育率是在一定时期（通常为一年）内年龄别生育率之和，是指假定有

第三章 生育制度

一批同时出生的妇女按照某一时期的年龄别生育率度过育龄期,平均每名妇女一生生育的活产子女数。公式是:

$$总和生育率 = 年龄别生育率之和(单岁组)$$

或

$$总和生育率 = 年龄别生育率之和 \times 5(五岁组)$$

该指标较好地反映了现有的生育水平,避免了育龄妇女年龄构成的影响,是可比较的、便捷的测量生育水平的指标。

5. 终身生育率(completed fertility rate,CFR)

终身生育率是指一批已经经历整个生育期的同龄妇女,平均每人一生生育的子女数,又称完全生育率。公式是:

$$终身生育率 = \frac{某批妇女育龄期内生育的子女数}{经历了整个生育期的该批同龄妇女数}$$

上述不同生育率指标各有优点和局限,经常使用的是:(1)粗出生率。其优点是资料容易得到,计算简单,是国际上通用的能简单和直接计算出生状况的指标;但是粗出生率的高低受到人口年龄构成和性别构成的影响,不能很准确地反映生育水平,难以进行比较研究。(2)总和生育率。它计算简单、表达直观、含义明确,消除了育龄妇女年龄结构的影响,尤其适合比较研究,现已被广泛使用。但需要注意的是,它反映的仅仅是某一时期的生育水平,是一个时期指标,非常容易受到一些时期因素的影响,比如政策调整、年轻人生育年龄的推迟等。

二、生育模式

生育模式是指不同历史时期和社会文化经济条件下存在的、具有明显差异的生育类型,主要的生育模式有高生育率模式、更替水平生育模式和低生育率模式。

(一)高生育率模式

高生育率模式是指在没有避孕的情况下,女性生育年龄开始得早、结束得迟、生育高峰长而分散,每个年龄组的妇女的生育率都较高的生育状况。这种高生育率模式是人类抵御高死亡率的一种集体行为。传统农业社会多以高生育率模式为生育模式。农业社会的生产组织方式是以家庭为单位的,自给自足的小农经济和组织生产的方式深刻地影响着人们的生育观念和生育行为。家庭对男性劳动力的需求决定了人们的男孩偏好；女儿出嫁意味着嫁入别人家，因此多以索取礼金的婚俗来实现婚姻方式的劳动力转让。在人类没有办法选择子代性别且卫生条件差、食品资源紧张的条件下，策略性的生育行为就是早婚、早育和多生(生育间隔短)。高生育率模式是高死亡率导向下的生育模式，它以育龄妇女高频率的生育替代人口高死亡率，甚至为了保障男性劳动力的生存，经常有弃女婴或不善待女婴的状况发生。随着卫生条件的改善和经济增长，这种生育模式已成为历史。

(二) 更替水平生育模式

更替水平生育模式是指人口维持世代更新、未来人口不增不减的生育模式。在卫生条件改善、食物供给充足的条件下，人类有了自觉控制生育的观念，避孕药具普及化，形成了人口死亡率较低条件下的总和生育率维持在 2.1 左右的更替水平生育模式。

19 世纪末，发达国家的粗出生率降到 30‰ 左右，进入 20 世纪其出生率继续下降。发达国家的总和生育率从 20 世纪 50 年代前半期的 2.84 逐渐减少到 20 世纪 80 年代后半期的 1.90 左右，下降了 33.1%。[①] 科学技术的发展促使人类的生育模式从自然型走向了人为控制型。

(三) 低生育率模式

在全球消费社会来临之际，人类的生育模式向着总和生育率在更替水平之下的低生育率转变。20 世纪 70 年代末以来，欧洲出现了持续的低生育率和极低生育率。西欧的总和生育率从 1970—1975 年的 1.96 下降到 1975—1980 年的 1.65，1990—1995 年进一步下滑到 1.49；同期，南欧的总和生育率则从 2.27 跌至 1.42。[②] 在东亚地区，日本率先出现生育率下降，到 2000 年前后，韩国和日本呈

[①] 魏津生：《现代人口学》，重庆出版社 1992 年版，第 69 页。
[②] 吴帆：《欧洲家庭政策与生育率变化——兼论中国低生育率陷阱的风险》，《社会学研究》2016 年第 1 期，第 49 页。

第三章 生育制度

现低生育率模式,并逐渐积累负增长惯性,日本甚至被称为低欲望社会①。在性别平等的视野下,学术界开始更多地讨论支持女性生育的公共政策。

三、生育制度分析

影响人类生育行为的并不仅有生物性因素,还有制度因素[包括与生育有关的物质设备(技术因素)、作用于生育率的中间变量和生育观念]和政治因素。文化人类学家马林诺夫斯基(B. Malinowski)认为,生殖作用在人类社会中已成为一种文化体系。种族的延续并不是靠单纯的生理行动及生理作用来实现,而是一套传统的规则和一套相关的物质文化的设备活动的结果。这种生殖作用的文化体系是由各种制度组织成的。由此,费孝通指出:"我们到处可以看见男女们互相结合成夫妇,生出孩子来,共同把孩子抚育成人。这一套活动我将称之为生育制度。"②虽然文化与观念因素是影响生育率的核心要素,但物质设备是前提条件。

(一) 与生育有关的物质设备(技术因素)

影响生育的物质设备(技术因素)包括与生育相关的医疗卫生条件、各种避孕药具和辅助生殖技术。

人类在缺少有效的避孕条件下,为减少非预期的生育出现过溺杀女婴的行为。陈达谈道:"我国的杀婴,或以为起源于周始祖后稷或以为起源于战国,但北齐时《颜氏家训(治家篇)》始有比较翔实的记载。现在有些区域,大致因经济压迫,还不能废除杀婴的恶习。我国人口报告中的性(别)比例大致男多于女,其主因之一或是由于杀婴(特别是女婴)。"③避孕工具的发明革命性地改变了人类的日常生活,人类已能自觉和自主地掌握自己的命运。

人工流产是孕妇出于各种原因,自愿利用手术或药物等人工方法终止妊娠。各种人工流产的方法——无论是合法的或非法的、传统的或现代医学的,

---

① 参见〔日〕大前研一:《低欲望社会:"丧失大志时代"的新·国富论》,姜建强译,上海译文出版社 2018 年版。
② 费孝通:《乡土中国 生育制度》,北京大学出版社 2020 年版,第 129 页。
③ 参见陈达:《人口问题》,商务印书馆 1934 年版,第 3 页。

从 19 世纪起成为普遍存在的事实。人工流产的广泛合法化是生育率下降的重要影响因素。[1] 但人工流产的广泛存在意味着避孕技术中需要考察性别问题。

目前,辅助生殖技术正成为全球关注的热点问题。但无论是避孕、流产还是辅助生殖技术的应用,都突显出生育中的性别权力关系。我国自 2001 年 8 月 1 日起施行的《人类辅助生殖技术管理办法》第十七条明确规定:"实施人类辅助生殖技术的医疗机构不得进行性别选择。"相关生殖伦理问题日益受到社会关注。

(二)作用于生育率的中间变量

影响生育率的中介变量或称中间变量(intermediate variables)理论是 20 世纪 50 年代由金斯利·戴维斯和朱迪思·布莱克提出的。该理论认为社会经济因素对生育过程和生育率的影响不是直接的,而是通过中间变量起作用的。这些中间变量包括三个直接因素,即性交、受孕和分娩。他们通过细致分析发现共有 11 个变量影响这三个因素。其中,影响性交的变量有六个:开始性行为的年龄、妇女永久独身的比例、生育期内不在婚姻的状况、自愿节欲、不自愿节欲、性行为频率;影响受孕的变量有三个:非自愿原因导致的不孕、避孕、绝育;影响分娩的变量有两个:非自愿原因造成的终止妊娠和自愿的终止妊娠。这些中介变量对生育率的影响因社会经济状况有所不同,较高的生育率往往取决于开始性行为的年龄较早、妇女永久独身的比例较低、避孕和绝育的状况较少。[2]

1978 年,约翰·邦加茨简化了影响生育率的因素,用四个中间变量——婚姻系数、避孕系数、人工流产系数和哺乳不育期系数解释生育率差异。[3]

邦加茨对 41 个国家和地区(包括发展中国家和地区及发达国家和地区)的生育率和相关历史资料进行了考察,他认为这四个变量说明了样本国家和地区总和生育率差异的 96%。发达国家和地区总和生育率的下降主要归结于避孕知

---

[1] Stanley K. Henshaw, "Induced Abortion: A World Review, 1990", *Family Planning Perspectives*, Vol. 22, No. 2, 1990, pp. 76-89.

[2] Kingsley K. Davis and Judith Blake, "Social Structure and Fertility: An Analytic Framework," *Economic Development and Cultural Change*, Vol. 4, No. 3, 1956, pp. 211-212.

[3] John Bongaarts, "A Framework for Analyzing the Proximate Determinants of Fertility," *Population and Development Review*, Vol. 4, No. 1, 1978, pp. 105-132.

识和避孕技术的普及、大规模的晚婚、婚姻解体和人工流产。①

(三)生育观念是影响人们生育行为的核心要素

生育观念即生育意愿,指人们对于生育的态度和看法,包括要不要结婚、何时结婚、要不要孩子、何时要孩子、要几个孩子以及对孩子性别的态度等。

人类的生育意愿至少可以分为两大类。一是与传统农业社会相关的"多子多孙多福"的观念。其特点是:认为生得越多越好;男孩偏好;重视数量、轻视质量。这些特点与农业社会的生产方式密切相关,特别是在有着悠久农业文明的国家表现极为突出。二是与现代工业社会相关的"注重自我发展"的生育观念。现代社会的生育意愿主要表现为:倾向少生;没有性别偏好;重视自我发展和子女质量。生育率的下降在很大程度上是由于人们生育意愿从传统向现代的转变。

人们生育观念的变化受到社会经济和文化的影响。加里·贝克尔的《生育率的经济学分析》将消费者选择理论应用于生育行为研究。他提出,家庭内影响生育率的决定性因素是父母对孩子量与质的选择。夫妇决定生育子女是一种合理行为,孩子可以成为直接的效用资源,类似于耐用消费资料。当收入增加时,人们通常愿意多生孩子,即收入对生育存在正效应。但现实却与此相反,随着经济收入的提高,欧洲人的生育率并没有提高而是下降了。贝克尔用"孩子的质量"的概念说明收入、生育数量和养育质量之间的选择关系。②

1965年,贝克尔发表《时间分配理论》一文,将家庭生产函数引入家庭决策。研究将生育的选择权给予女性,育龄妇女在就业与生育之间可以进行抉择。母亲的时间价格越高,生育的机会成本就越高。生育率与家庭收入之间存在逆相关,决定生育的内在机制不是"孩子的质量",而是母亲受教育水平和挣钱能力。③ 理查德·伊斯特林则认为人们偏好的形成与改变是社会化的结果。收入

---

① John Bongaarts, "The Fertility-Inhibiting Effects of the Intermediate Fertility Variables," *Studies in Family Planning*, Vol. 13, No. 6/7, 1982, pp. 179-189.

② 参见 Gary S. Becker, "An Economic Analysis of Fertility," in National Bureau of Committee for Economic Research, *Demographic and Economic Change in Developed Countries*, Princeton University Press, 1960。

③ Gary S. Becker, "A Theory of the Allocation of Time," *The Economic Journal*, Vol. 75, No. 299, 1965, pp. 493-517.

对生育率的影响不仅在于孩子的质量和母亲的机会成本,更在于偏好的变化。20世纪60年代的经济衰退使处于育龄期的一代人的就业机会和实际收入不能与其父母一代相比,但他们为了维持在父母那里形成的消费偏好和消费习惯只好减少生育,出现了60年代中期以后的生育率迅速下降,形成了以30年左右为一个周期的人口变动的长波。[①] 社会经济的发展促成了个人生育决策的最优成本模式(benefit-cost models)[②],生育观念的变化影响了生育决策。

（四）影响生育率的政治因素

从政治学的立场出发,至少有三方面的因素作用于生育率。(1)资源分配的不公和社会不平等影响生育。从性别平等的视角看,妇女参加社会劳动改变了传统的妇女依附丈夫的状况,她们开始理性地权衡个人发展与生育成本—效益之间的关系,甚至做出不育或少育的决策。[③] (2)政府公共政策的作用。与生育相关的公共政策包括鼓励生育的税收政策、生殖健康政策、生育补贴政策和住房政策等。(3)意识形态和关于生育的人权争议。当承认生育权的时候,存在着男性生育权、未婚女性的生育权、已婚女性的不生育权等一系列问题。1968年,联合国在德黑兰召开国际人权大会,会上首次提出生育权是一项人权。当将生育看作人的一项基本权利时,一系列的政治议题就会对生育率产生影响。

四、生育率转变理论

生育率转变理论是分析生育率下降的动力机制的理论,特别是针对解释第二次世界大战结束后人口生育率从高向低的转变,存在不同的理论取向。

（一）人口变迁与回应理论

人口变迁与回应理论(the theory of demographic change and response)认为,因为婴幼儿死亡率的下降,生育给家庭资源施加了很大压力。对此,人们可能有

[①] 参见 Richard A. Easterlin, *Population, Labor Force, and Long Swings in Economic Growth: The American Experience*, National Bureau of Economic Research, 1968。

[②] Richard A. Easterlin,"The Economics and Sociology of Fertility: A Synthesis," in Charles Tilly, ed., *Historical Studies of Changing Fertility*, Princeton University Press, 1978, pp. 57–113.

[③] Jacques J. Siegers, Jenny de Jong-Gierveld and Evert van Imhoff, eds., *Female Labour Market Behavior and Fertility: A Rational-Choice Approach*, Springer-Verlag, 1991, pp. 101–129.

第三章　生育制度

两种回应模式：一是非人口型的回应，即更努力工作以获得报酬，如增加工作时间或兼职等；二是人口型的回应，即减少家庭人口，要么家庭成员外移，要么减少生育。死亡率下降后的第二代人体验到社会经济改善的种种好处，他们有更多的机会和动力避免父辈经历的大家庭的压力，自觉减少生育。① 这一理论将宏观的人口变迁与微观的个人日常生活联系在一起，说明传统社会抗衡高死亡率的多育生活方式发生了代际转变。

（二）子女价值理论

子女价值理论（the theory of the value of children）提出，死亡率的下降改变了人们对子女价值的看法。传统农业社会的高死亡率导致人类为了确保生存而采取高出生率的人口再生产模式。随着死亡率的降低，工业社会养育子女的成本提高，经济回报下降，人们便减少生育。② "子女价值"的概念植根于社会基本价值系统，发达国家与发展中国家有关"子女价值"的差异导致了生育率的差异。③

（三）代际财富流理论

代际财富流理论（the theory of intergenerational wealth flows）认为，家庭内代际存在财富的流动关系，且这种关系会产生相应影响。传统社会中，父权家长制产生的是幼辈的劳动成果向长辈流动。子女从幼年起就成为财富的创造者和家庭经济收入的重要来源。养儿防老的文化视子女为长辈晚年生活的保障。在这种父权制的人口再生产模式下，生育的决策权掌握在男性家长手中，并形成了强有力的社会控制。随着资本主义社会化大生产的发展，生产单位从家庭转变为工厂，子女已不再具有以往的经济价值。相反，在资本主义全民教育理念的作用下，养育高质量的子女成为家庭的责任和沉重的经济负担。长辈失去了对家庭成员生产和消费的控制权，代际的财富流向发生逆转，出现了财富的向下流动，继承产生的财产分散和家庭矛盾使多生多育成为不理性的行为。家庭规模小型

---

① K. Davis, "The Theory of Change and Response in Modern Demographic History," *Population Index*, Vol. 29, No. 4, 1963, pp. 345-366.

② Frank Notestein, "Economic Problems of Population Change," in *Proceedings of the Eighth International Conference of Agricultural Economists*, Oxford University Press, 1953, pp. 13-31.

③ Ronald Freedman, "Application of the Behavioral Sciences to Family Planning Programs," *Studies in Family Planning*, Vol. 1, No. 23, 1967, pp. 5-9.

化和家庭关系民主化是财富流向逆转的两个必要条件。减少生育既能减轻经济负担,也能减少感情负担。① 这减少了人们生育的内在动力。

（四）社会网络与社会互动理论

社会互动理论认为,生育率的下降是一个人们相互影响、相互学习的过程。一项针对1870—1960年欧洲各国省级人口数据所做的"欧洲出生率研究"发现:(1)生育率下降始于经济发展带来的广泛改变;(2)一个国家或地区的生育率下降会很快波及那些有着相同语言和文化的相邻地区。② 由此形成参照效应,即在个人网络间社会互动、语言相通的社区间互动和全球化进程中的国家间的联结(如贸易和国际组织)这三个水平上产生效应。近50年里,几乎所有的国家都经历了不同程度的生育率下降。当代的大众传播和网络传播对生育观念的转变起重要作用。

（五）第二次人口转变理论

人口转变就是人口再生产类型的转变。在现代,一般指以"高死亡率、高生育率、低人口自然增长率"为特征的传统人口再生产模式,转变为以"低死亡率、低生育率、低人口自然增长率"为特征的现代人口再生产模式。第一次人口转变的社会基础主要是工业化与现代化,经济的发展、医疗技术的进步使得死亡率下降,婴儿的存活率显著提高。

第二次人口转变理论(the theory of second demographic transition)认为,现代的个体化社会促使个体自愿晚婚、不婚,从而导致生育率下降。在现代个体化社会中,"自我"变得无比重要,自我实现、个人选择自由、个人发展以及个性解放等获得了前所未有的合法性。同时,高等教育的普及提高了女性人力资本的投入,女性主体选择晚生或少生,这种状况被称为"第二现代性"或"第二次人口转变"。第二次人口转变的基本特征以生育率下降为体现,表现为:(1)人们的初婚年龄不断提高,婚姻稳定性下降,离婚率逐渐上升;(2)女性初育年龄不断提

---

① J. C. Caldwell, "The Mechanisms of Demographic Change in Historical Perspective," *Population Studies*, Vol. 35, No. 1. pp. 5–27.

② 参见 Ansley J. Coale and Susan C. Watkins, eds., *The Decline of Fertility in Europe*, Princeton University Press, 1986。

高,非意愿受孕减少,婚外生育、同居生育和自愿不生育情况增加;(3)家庭关系的重心从"亲子关系至上"转向"夫妻关系至上"。生育率下降的主因是现代人生活观念和生活方式的变化,人们淡化婚姻家庭,注重个人发展和个人满足。(关于人口转变的详细介绍,请参见本书第六章。)

邦加茨用"进度效应"(指妇女生育年龄的普遍推迟)的概念解释总和生育率的下降。他认为,超低生育率现象只是暂时的,是生育的推迟。① 而后人口转变(post demographic transition)理论提出"低生育率陷阱"的概念,强调低生育率有三个"自我强化机制"(self-reinforcing mechanisms)会最终导致生育率下降。(1)人口机制,人口负增长具有惯性,潜在母亲数量的减少将导致出生人数的减少。(2)社会机制,年轻一代人受父辈低生育率的影响存在降低生育意愿的可能性。(3)经济机制,相对收入的减少会限制生育。在消费社会,年轻人的消费欲望增加及预期收入因老龄化而降低,最终会减少年轻人的生育行为。这三个机制的恶性循环会使生育率出现"螺旋式"下降。② 这促使一些低生育率国家出台各种有利于生育和养育的家庭政策,努力确保儿童成长、降低生育成本和实现性别平等。

第二节　中国生育制度研究

一、农耕文明和儒家文化作用下的传统高生育率模式

中国是一个传统农业国,有着浓厚的鼓励早婚多育的生育文化。社会学家陈达根据各方收集到的资料指出,1929—1932 年中国的生育率大约为 38‰。③ 1932—1934 年的生育率调查发现,中国各地区的生育率相当接近,已婚妇女的总和生育率约为 6.32。④ 这种状况在新中国成立后发生了阶段性的变化。

---

① John Bongaarts, "The End of the Fertility Transition in the Developed World," *Population and Development Review*, Vol. 28, No. 3, 2002, pp. 419-443.
② Wolfgang Lutz and Vegard Skirbekk, "Policies Addressing the Tempo Effect in Low-Fertility Countries," *Population and Development Review*, Vol. 31, No. 4, 2005, pp. 699-720.
③ 陈达:《人口问题》,商务印书馆 1934 年版,第 141、191 页。
④ 蒋正华、张羚广:《中国人口报告》,辽宁人民出版社 1997 年版,第 139 页。

农耕文明的生育观是鼓励生育。中国有个成语叫"华封三祝",是说华州人对尧的三个祝福(多福、多寿、多男子),这"三多"代表了几千年来传统中国社会美满生活的主要内容。"多男子"成为中国人口增长的内在机制。以家庭为单位的小农经济具有"多男子"的内在需求,农业经济决定了男性劳动力是国家、家族和家庭的重要财富。

首先,儒家传统文化宣扬的人口多多益善既是人生规范,也是治国理想。黎民百姓个人的生育行为上升为国家大事,成为统治者的责任。《礼记·杂记下》有云:"地有余而民不足,君子耻之。"人口众多、人气旺盛成为历代统治者的治国理想。历代封建王朝在其统治的鼎盛时期都会出现人口的急速增长,并被视为国泰民安、经济繁荣的标志。其次,中国社会的家本位或家族本位的文化思想影响人们的生育行为与观念。"国"与"家"的相通使君权和父权相互为用。在其他条件相当的情况下,家族力量的强弱直接与人口数量的多少成正相关。在解决各种争端时,人多势众的家族必然处于优势地位,并占有较多的资源;而人丁稀少的家族,则只能处于劣势。这种生存竞争的需要使封建家族产生了无限扩张人口的内在冲动,且这种人口扩张的需要体现为男孩偏好。最后,在中国传统文化中追求种的延续已成为几乎所有人的人生目标,"不孝有三,无后为大",意味着没有男孩后代就是最大的不孝。这种将生育上升为人生幸福的文化促成了长期带有男孩偏好的高生育率模式。

费孝通出版于1947年的《生育制度》一书,使用社会学结构主义和功能主义的方法分析了中国人如何通过制度实现了种的繁衍。他从三个方面将个人、家庭与社会联系到了一起。第一,在中国人的眼中,婚姻关系的建立是为了生养后代。当孩子出生,一个家庭就得以确立。从结构功能主义的视角看,这肯定了生育在婚姻和家庭制度中的作用,正是婚姻家庭制度确保了代际的抚育关系。第二,婚姻家庭制度是为了确立父母与子女的家庭三角结构,这是为了整个社会的继替和世代延续。第三,生育在中国人的自我形成中有特殊作用。父母总把孩子看成是自我的一部分,社会用各种方法使父母在心理上将子女看作与自己是一体的,更使他们觉得子女的成就比自己的更为重要。这样新成员的成长既能够解决父母个人的内心矛盾,还能够在抚育过程中完成个人的社会化过程。

同时,因生育建立起种种亲属关系并由这些亲属关系形成了差序格局。

二、新中国生育率转变的历史

1949年新中国成立以后,我国的生育率水平大致经历了七个阶段。(1)1949—1957年是第一个生育高峰期,平均总和生育率达到6.20;最高年份的1952年总和生育率曾达到6.47;1957年又达到次高峰,总和生育率为6.41。这表明此阶段延续了中国传统农业社会的高生育率。(2)1958—1961年出现生育低谷,三年困难时期平均总和生育率为3.86。(3)1962—1970年总和生育率再次升高,最高年份的1963年总和生育率达到7.50。出现这种异常高水平的生育率有两个原因:一是困难时期推迟结婚的人开始结婚生育;二是生育人群的补偿性生育行为。这种补偿性生育行为被称为人口报复性的生育率反弹,以补偿前期的低水平生育。这意味着即使有灾荒等导致生育率下降的因素,但几乎难以改变人口长期增长的趋势。(4)1971—1980年是生育率迅速下降期,这一时期我国开始实施"晚、稀、少"的人口计划生育政策,总和生育率从5.00以上的高水平逐年稳定地下降到1980年的2.31。(5)1981—1990年生育率保持较低水平,平均总和生育率为2.46,基本维持在更替水平。(6)1991年后,进入了生育率转变时期,生育率开始向更替水平以下发展。(7)2000年前后,中国进入低生育率阶段。2000年总和生育率为1.22,2022年总和生育率跌至1.1以下。

从表3-1可以看出,总和生育率从1949年的6.14到2020年的1.30,中国已实现生育转变,人口生育模式从新中国成立初期的早婚多育的传统模式转向20世纪90年代后的晚婚少育的现代模式。虽然生育模式的转变还有城乡间、地区间和民族间的差别,但全国平均生育水平基本维持在人口更替水平或更替水平之下。

表3-1 中国人口出生率和总和生育率的变化

年份	出生率/‰	总和生育率	年份	出生率/‰	总和生育率
1949	36.00	6.14	1985	21.04	2.20
1950	37.00	5.81	1990	21.06	2.31

（续表）

年份	出生率/‰	总和生育率	年份	出生率/‰	总和生育率
1955	32.60	6.26	1995	17.12	1.86
1960	20.86	4.02	2000	14.03	1.22
1965	37.88	6.08	2005	12.40	1.74
1970	33.43	5.81	2010	11.90	1.18
1975	23.01	3.58	2015	12.07	1.05
1980	18.21	2.31	2020	8.52	1.30

资料来源：国家卫生计生委计划生育基层指导司、中国人口与发展研究中心编：《人口与计划生育常用数据手册（2015）》，中国人口出版社2016年版，第119—120页；国家统计局编：《中国统计年鉴2023》，中国统计出版社2023年版，第32页。

总结中国人口生育率的转变，发现有以下特点。

第一，1949年新中国成立后，中国人口进入快速增长时期。1953年，新中国进行第一次全国人口普查，全国总人口约为6亿；2000年进行第五次人口普查，全国人口为12.95亿，比47年前翻了一番还多。除三年困难时期外，新中国成立后到70年代初，我国的人口出生率一直保持在30‰以上，人民公社和广大农村赤脚医生制度的建立，使我国人口死亡率较之一般发展中国家下降得更为迅速，总和生育率也保持在5—6孩的高水平。直到20世纪70年代初，控制人口的思想逐渐受到重视。

第二，20世纪70年代末确立改革开放政策和以经济建设为中心的指导方针后，"人均概念"使人口基数成为值得关注的要事，计划生育政策深刻地影响了人们的生育行为。1973年提出的"晚、稀、少"政策和1980年提出的"一孩政策"对控制人口的作用极为明显。有研究认为，政府的计划生育工作有力地缩小了经济差异导致的避孕率和生育率差异。[①] 这种生育率转变具有"压缩"特征。人口生育率转变的压缩表现为生育率水平从高到低的转变过程被大大缩短。

第三，调整生育政策后，生育动力机制发生变化。2010年，中国总和生育率

---

① 郑真真：《生育转变的多重推动力：从亚洲看中国》，《中国社会科学》2021年第3期，第65—85页。

已然达到低水平,严格的独生子女政策开始松动。2013年,党的十八届三中全会上通过的《中共中央关于全面深化改革若干重大问题的决定》提出"单独二孩"政策,即一方为独生子女的夫妻就可以生育两个孩子,这标志着我国开始调整完善生育政策。2015年,党的十八届五中全会提出"促进人口均衡发展,坚持计划生育的基本国策,完善人口发展战略,全面实施一对夫妇可生育两个孩子政策"。2016年1月1日开始全面实施"二孩"生育政策,实施了三十多年的独生子女政策终结。2021年5月31日,中央政治局会议决定实施一对夫妻可以生育三个子女政策。2021年6月26日,中共中央、国务院出台了《关于优化生育政策促进人口长期均衡发展的决定》,要求发展普惠托育服务体系;将婴幼儿照护服务纳入经济社会发展规划,强化政策引导,通过完善土地、住房、财政、金融、人才等支持政策,引导社会力量积极参与;完善生育休假与生育保险制度;严格落实产假、哺乳假等制度;支持有条件的地方开展父母育儿假试点,健全假期用工成本分担机制。

学者们把生育政策放开后的低生育率状况称为中国生育率的"第二次人口转变",这一人口转变已经和发达国家的生育率转型同步。

总之,中国生育率的变化受到社会经济、政策法规(计划生育政策)和生育文化观念三大因素的影响,不同时期三大因素的影响作用有所不同。[①] 文化传播说强调全球化和互联网等加速了现代文化的传播,导致人们生育观念和生育行为的变化。成本—收益理性说认为市场化加剧了养育成本,生活开支急剧上升,人们面临的经济压力越来越大,开始自主且理性地选择生育数量和时间。还有学者提出妇女独立自主说,强调生育中女性的决定作用。随着妇女受教育水平、劳动参与率和职业发展可能性的提升,妇女的自主性增强,出现了普遍的晚婚和晚育现象。

现当代中国低生育率的事实受多种因素影响,其中比较重要的是妇女未婚比例的不断提高和一孩生育水平的不断走低。[②] 年轻一代的女性不婚、晚婚或不

---

① 李建新:《中西部农村地区人口计划生育调查之分析》,《人口学刊》2006年第5期,第53—58页。
② 郭志刚:《中国低生育进程的主要特征——2015年1%人口抽样调查结果的启示》,《中国人口科学》2017年第4期,第2—14页。

想生孩子的比例越来越高,而女性受教育水平的提升也深刻地影响了女性的生育观念和生育选择。①

小　结

　　人类的生育行为受到生物因素和制度因素的影响,不同的历史、社会、文化、经济、政治因素决定了人们的生育模式,形成了高生育率模式、更替水平生育模式和低生育率模式。全球范围内生育率正呈现从高生育率向自主和自觉的低生育率转变。影响生育行为的因素除了生物性因素外,主要有与生育有关的物质设备、中间变量、人们的生育观念、政治因素。与生育率转变相关的理论主要有人口变迁与回应理论、子女价值理论、代际财富流理论、社会网络与社会互动理论等,这些理论关注上述影响生育行为的因素作用于人们的生育观念,即低生育率的产生机制;而第二次人口转变理论则更多地关注女性主体性的作用。中国生育率亦经历了从高生育率模式向低生育率模式的变迁,受到社会经济、政策法规(计划生育政策)和生育文化观念三大因素的影响。

1. 何为总和生育率?
2. 何为生育意愿?分析中国人生育意愿的不同类型。
3. 简述作用于现当代中国社会生育率转变的可能因素。

◆ **推荐阅读**

郑真真、张春延等:《生育意愿与生育行为——江苏的现实》,社会科学文献出版社 2017年版。
郭志刚、王丰、蔡泳:《中国的低生育率与人口可持续发展》,中国社会科学出版社 2014 年版。
李建新:《误读的中国人口》,社会科学文献出版社 2021 年版。

---

① 田思钰:《女性教育结构与终身生育率——基于率分解法的结构效应分析》,《人口与社会》2018年第 2 期,第 60—70 页。

第四章

死亡模式

第一节 死亡模式与死亡率分析

一、死亡和死亡统计

德国哲学家马丁·海德格尔（Martin Heidegger）说过，人的存在是"向死而生"的。① 当今学术界对死亡问题的研究有跨学科的专门领域——死亡学（thanatology）。人口社会学从社会学的角度关心死亡问题。费孝通在讨论乡村婴儿死亡时谈道：

> 疏忽也可以提高婴孩的死亡率。当我写这一节的时候，我隔壁那家太太会在孩子高温重病时，撒手入城，把孩子交给不太懂事的小丫头去招呼。若是这孩子死了，我除了把他归入被杀的孩子一类之外，实在没有其他更恰当的说法。在禄村调查时，我就知道我的房东太太有一个刚能单独行走的孩子，因为没有人看管，溺死在水沟里。像这类的事，乡村里是司空见惯的。②

---

① 参见〔德〕马丁·海德格尔：《存在与时间（中文修订第二版）》，陈嘉映、王庆节译，商务印书馆2015年版。

② 费孝通：《乡土中国 生育制度》，北京大学出版社2020年版，第137—138页。

最早把死亡率视为一种社会现象和社会事实的学者当推英国人约翰·格朗特。1662年,他出版了《关于死亡率表的自然与政治观察》一书,把死亡现象与社会结构联系到了一起,讨论了伦敦市的死亡率状况与政治、宗教、商业和市政发展状况之间的关系。每个民族、社会、文化都存在一整套与死亡相关的相对稳定的观念信仰和行为规范。死亡模式受死因结构和死亡率结构影响。

（一）死亡统计

1. 死亡人数统计

死亡人数统计的基础是获取准确的死亡资料,这有赖于死亡申报制度。有两种普遍的死亡申报原则。一是属地原则,凡在某一行政地区管辖范围内死亡的人均计为该地的死亡人口,即死亡事件的申报登记地必须是这一事件的实际发生地。欧美国家多采用属地原则。二是属人(或属籍)原则,即一个人不管死在何地,均计为此人常住地(或户籍所在地)的死亡人口,即死亡事件的申报登记地应是死亡当事人的常住地(或户籍所在地)。我国采用的是属人原则,当某人死亡后由医生开出死亡报告,家属到公安部门注销户口。但无论采取哪种原则,死亡人数统计都容易出现漏报。漏报的主要原因有两个:一是死亡报告制度有缺陷,二是存在有意隐瞒不报的情况。如有学者对1990年中国第四次全国人口普查死亡人口漏报的估计表明,1989年死亡人口的漏报率为11.94%,其中男性为9.73%,女性为14.60%。漏报主要发生在婴儿、幼年人口和老年人口中。①

2. 粗死亡率

粗死亡率(crude death rate, CDR)也称为总死亡率,简称死亡率,反映了某地一定时期(通常为一年)内每千人中的死亡人口数,是衡量人口死亡水平的指标。它是指一年内的死亡人口数与该地年平均人口数或年中人口数之比,常用千分数表示。公式是:

$$粗死亡率 = \frac{年死亡人口数}{年平均人口数(年中人口数)} \times 1000‰$$

---

① 查瑞传、曾毅、郭志刚主编:《中国第四次全国人口普查资料分析》上,高等教育出版社1996年版,第96页。

死亡率是反映人口死亡水平的简单指标,其值大小受人口年龄结构、性别结构的影响,所以有时不能反映真正的死亡水平。

3. 死因死亡率

死因死亡率(cause-specific death rate)是指某地在一年内每10万人中由于某种或某组原因所致的死亡率,常用十万分率表示。公式是:

$$死因死亡率 = \frac{年内由于某种原因死亡的人数}{年平均人口数} \times 100\,000/10\,万$$

死因顺序是对各种导致死亡的因素的构成比由大至小的排序,由此分析人群的死因以及卫生保健、疾病预防状况等。

在死因分析中,孕产妇死亡率、婴儿死亡率和新生儿死亡率是衡量医疗保健水平和卫生条件的重要指标。

孕产妇死亡率(maternal mortality rate)是指某地一定时期(通常为一年)内每10万名孕产妇的死亡人数。公式是:

$$孕产妇死亡率 = \frac{年孕产妇死亡人数}{年孕产妇总数} \times 100\,000/10\,万$$

婴儿死亡率(infant mortality rate)是指某地一年内未满周岁的婴儿死亡人数与活产婴儿数之比,常以千分数表示。公式是:

$$婴儿死亡率 = \frac{年未满周岁的婴儿死亡人数}{年活产婴儿数} \times 1000‰$$

新生儿死亡率(neo-natal mortality rate)是某地在一定时期(通常是一年)内出生后28天以内死亡的婴儿数占同期活产婴儿数的比例,一般用千分数表示。公式是:

$$新生儿死亡率 = \frac{年内产后28天内死亡的婴儿数}{该地该年活产婴儿数} \times 1000‰$$

4. 标准化死亡率

标准化死亡率(standardized mortality rate)也称按年龄调整的死亡率,是用同一标准年龄构成作为权数来计算不同地区、不同时期的人口死亡率。这一指标有效地消除了人口年龄结构差异所产生的死亡率差异。公式是:

$$\text{标准化死亡率} = \sum (\text{年龄别死亡率}^{①} \times \text{标准年龄构成})$$

如果想比较老年人口死亡率,应选择一个高龄的人口结构作为标准年龄结构,以便给老年死亡率以较大的权数,加大老年死亡率在总死亡率中的影响;如果想重点比较婴幼儿组死亡率,则应选择一个年轻的人口结构作为标准年龄结构,以便给婴幼年龄组死亡率以较大的权数。标准年龄构成也可参照最新一次的全国普查数据中各年龄组人口占总人口的比重。标准化死亡率可以用来进行地区和时期的死亡率比较研究。

5. 生命表和平均预期寿命

生命表是通过一定时期的年龄别死亡率反映出的同期出生的一批人自出生后陆续死亡的全部过程。编制生命表的基础是年龄别死亡概率,它是从实际年龄别死亡率推算出来的(生命表的制作可参考统计学等相关教科书)。根据生命表计算的平均预期寿命摆脱了实际人口年龄构成的影响,综合反映了人口的死亡水平。

平均预期寿命(average life expectancy)表示同期出生的一批人出生后平均每人一生可存活的年数。经常使用的指标是 0 岁组的出生预期寿命,并可用来进行比较研究。

(二) 极限寿命

极限寿命的概念是指人类能够存活的最大年龄,目前没有定论。随着科技和医疗水平的进步,人类寿命有不断延长的趋势。从全世界人口的平均预期寿命来看,20 世纪 50 年代上半期为 46 岁,80 年代上半期上升到 62 岁,2020 年约为 72 岁。

影响人类寿命的因素有生物的和社会的。除生物上的遗传因素外,社会因素主要有两方面:一是社会经济基础和政治条件,它标志着人类对于自然和社会的控制能力;二是人类的生活方式,代表着人类对自己行为的控制能力。前者意味着社会能够给人类提供什么样的生活资料、资源状况以及资源和社会财富的

---

① 年龄别死亡率(age-specific death rate, ASDR)是指某地一定时期(通常为一年)内某一年龄组的死亡人数与相应年龄组平均人口数之比。

分配;后者涉及人类的起居、饮食和运动等生活方式。2023年,北京大学公共卫生学院吕筠教授等通过对近50万中国人进行的长期随访研究发现,不抽烟(或已戒烟)、不过度饮酒、运动锻炼、健康的饮食习惯和健康的体脂率是有益于人长寿的五种健康生活方式。①

二、死亡模式分析

死亡模式分析是对生命模式的分析。一个人的年龄、性别、职业、阶层、居住环境等都可能引发死亡风险,即在生物性因素作用的背景下,不同人群拥有的卫生和医疗条件、健康理念等影响其寿命的长短。

(一)死亡率分析

死亡率分析是分析何种因素会引发人们在年龄、阶层、性别等方面的死亡率差异。

1. 死亡率的年龄差异

人体细胞和组织会随着时间的推移而衰老和死亡。除了低年龄组外,年龄越大,死亡率越高,这一规律被称为死亡率生物性年龄格局,表现为以下四个彼此联结的死亡率变化阶段,其图形类似于J形(见图4-1):(1)出生至大约10岁的婴幼儿死亡率由高向低迅速下降的阶段;(2)10—34岁死亡率处于低水平的阶段;(3)35—59岁死亡率缓慢上升阶段;(4)60岁以后死亡率迅速上升的阶段。当一个社会的死亡率年龄格局与死亡率生物性年龄格局出现差异时,可能存在战争、自然灾害、流行病等异常事件。

工业革命前,人口的死亡模式呈现"两头高、中间低"的态势,年龄别死亡率为近似U形曲线,即低年龄组(婴幼儿)死亡率极高,成年组人口的死亡率较低,高年龄组人口的死亡率高,人口的平均寿命比较短,也就是人口的高死亡模式。例如,如果预期寿命仅为40岁的话,表明婴幼儿死亡率较高且人口死亡率会在35—39岁时上升,形成U形。随着社会经济的发展,人民生活水平的提高,医疗

---

① Jun Lv et al., "Healthy Lifestyle and Life Expectancy Free of Major Chronic Diseases at Age 40 in China," *Nature Human Behaviour*, July 10, 2023.

保健卫生条件的改善,死亡率大幅降低,出现了低死亡模式。低死亡模式表现为婴幼儿死亡率大幅下降、高年龄组死亡年龄后移,人口的平均寿命延长,年龄别死亡率曲线呈现出放平的J形曲线,经济发达的国家和地区呈现出人口低死亡模式。

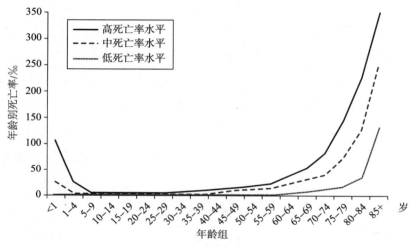

图4-1　不同年龄组的死亡率水平

婴儿死亡率分析是一个重要的研究领域。因为婴儿期机体抵抗力较差,婴儿的生存在极大程度上依赖社会。回顾人类历史,许多社会存在过弃婴现象。日本直到近代还有弃婴方面的记载,女婴死亡率高于男婴死亡率的事实体现了社会的性别不平等。2015—2020年婴儿死亡率在发达国家和发展中国家存在巨大差异(见表4-1),说明个人生存与社会生活水平之间的整合关系。一些发展中国家还无力提高收入和教育水平,也无力花更多的钱改善人口的生存环境,如饮用水质量等,由此婴儿死亡率难以下降。婴儿死亡率最高的国家是中非共和国,其婴儿死亡率是日本的40倍以上。

表4-1　2015—2020年婴儿死亡率最低和最高的国家　　　　　单位:‰

婴儿死亡率最低的国家	婴儿死亡率	婴儿死亡率最高的国家	婴儿死亡率
日　本	2.0	中非共和国	81.0
德　国	2.0	索马里	69.0

单位:‰(续表)

婴儿死亡率最低的国家	婴儿死亡率	婴儿死亡率最高的国家	婴儿死亡率
挪 威	2.0	巴基斯坦	64.0
瑞 士	3.0	阿富汗	52.0

资料来源:John R. Weeks, *Population:An Introduction to Concepts and Issues*, 13th ed., Cengage, 2021, p. 154.

2. 死亡率的性别差异

研究表明,死亡率的性别格局是女性有存活优势,具有较强的存活能力,其存活时间有延长的趋势。因此,一旦这种优势没有在现实中体现出来,就值得深入研究。

国家间死亡率的性别差异表明:女性的生存优势随死亡率降低而增大;同时,地区或国家间死亡率的性别差异与性别文化相关。(见表4-2)(1)从20世纪初开始,发达国家女性的预期寿命均高于男性,女性存活优势随时间推移而增大。一个地区人口死亡率越低,性别差异就越大。(2)发展中国家女性的存活优势不及发达国家明显。

表4-2 1950年、1970年、2000年和2020年一些国家平均预期寿命的性别差异

国家	1950			1970			2000			2020		
	男	女	女性多于男性的岁数	男	女	女性多于男性的岁数	男	女	女性多于男性的岁数	男	女	女性多于男性的岁数
澳大利亚	66.51	71.72	5.21	67.43	74.18	6.75	76.95	82.28	5.33	82.89	85.72	2.83
英国	66.24	70.92	4.68	68.70	74.99	6.29	75.38	80.19	4.81	78.43	82.45	4.02
法国	63.44	69.19	5.75	68.37	75.81	7.44	75.23	82.80	7.57	79.17	85.17	6.00
智利	51.79	54.65	2.86	59.90	65.22	5.32	73.71	79.98	6.27	76.75	82.04	5.29
印度	42.60	40.80	-1.80	48.85	47.59	-1.26	61.75	63.64	1.89	68.62	71.82	3.20

资料来源:UNDESA, *World Population Prospects 2022*, https://population.un.org/wpp/Download/Standard/MostUsed/,2023年12月10日访问。

3. 社会经济和文化因素影响死亡率

首先,死亡率呈现一定的阶层差异。按照马克斯·韦伯的社会分层标准,可

测量的阶层指标包括职业、文化水平和收入状况。研究表明,社会地位较低的人群具有较高的死亡率,或者说社会地位越高的人寿命可能较长。这种差异显示出在经济条件、营养水平、卫生条件和医疗水平上的社会不平等状况。

死亡率的职业差别是由某一职业在劳动分工中的重要性、劳动力市场的供求关系和职业环境的差异所致。对 1960 年美国死亡率的收入差异的研究表明,随着收入的增加,死亡率会下降。收入状况与受教育程度有较高的相关性,那些既有高学历又有高收入的人死亡率最低。[1] 受教育程度较高的人,有较好的营养条件和医疗卫生保健能力,其健康意识较强,平均寿命较高。美国的老年男性中,收入的差异比其他因素更多地解释了社会地位导致的死亡率差异。[2]

总之,多种社会经济和文化因素作用于一国或一个地区人口的人均寿命,健康和卫生条件、医疗水平、社会公共卫生和医疗政策的公平性及可及性对死亡率产生重要影响。人均寿命与人均收入呈正相关关系,身体健康和财富是人类福祉的两大重要组成部分。经受物资匮乏之苦的人,如撒哈拉以南非洲的大部分人,一般也在承受健康之困;相对而言,他们的人均寿命更短。在任何收入水平上,战争、流行病以及极端的不平等都会让健康问题恶化。[3]

4. 死亡率的地区差异

死亡率的地区差异反映了地区间经济发展水平、政治制度和医疗保健服务条件的差异;同时,受到传染病的传播途径、医疗服务组织和国家公共健康政策的影响。一般来说,发达国家与发展中国家、城市人口与农村人口之间的死亡率存在差异。

（二）死因分析

死因分析（cause-of-death analyses）是指引起死亡的原因分析。研究表明,两种原因导致的死亡大约占了三分之一;三种原因导致的死亡约占四分之一;四种

---

[1] 参见 Evelyn M. Kitagawa and Philip M. Hauser, *Differential Mortality in the United States: A Study in Socioeconomic Epidemiology*, Harvard University Press, 1973.

[2] Paul L. Menchik, "Economic Status as a Determinant of Mortality among Black and White Older Men: Does Poverty Kill?" *Population Studies*, Vol. 47, No. 3, 1993, pp. 427-436.

[3] 参见〔美〕安格斯·迪顿:《逃离不平等:健康、财富及不平等的起源》,崔传刚译,中信出版社 2014 年版。

及以上原因导致的死亡约占16%。① 死因分析关心死因顺序的结构性差异。

依照《国际疾病分类第十一次修订本（ICD-11）》，医学意义上的死亡和发病率分类超过20类：某些感染性疾病或寄生虫病；肿瘤；血液或造血器官疾病；免疫系统疾病；内分泌、营养或代谢疾病；精神、行为或神经发育障碍；睡眠-觉醒障碍；神经系统疾病；视觉系统疾病；耳或乳突疾病；循环系统疾病；呼吸系统疾病；消化系统疾病；皮肤疾病；肌肉骨骼系统或结缔组织疾病；泌尿生殖系统疾病；性健康相关情况；妊娠、分娩或产褥期并发症；起源于围生（产）期的某些情况；发育异常；症状、体征或临床所见，不可归类在他处者；损伤、中毒或外因的某些其他后果；疾病或死亡的外因（意外、故意自害、加害、意图不确定、暴露于极端的自然力量、虐待、依法处置、武装冲突、医疗相关伤害或损伤等）；影响健康状态或与保健机构接触的因素；等等。

随着经济社会发展，由退行性疾病引发的死亡将居于首位，发展中国家传染性疾病致死的比重将下降，人类寿命普遍延长。

三、死亡模式的转变：死亡率转变理论

从人类的发展历史看，人类的死亡率从集中于低龄人口向高龄人口转变，死因从传染性疾病向退行性疾病转变。自工业革命以来，特别是进入20世纪，人类战胜死亡的力量不断增强，预期寿命不断延长。（见表4-3）

表4-3 人类预期寿命的演变

时代	女性预期寿命/岁	活到某一年龄的可能性/%				不同年龄组死亡率/%	
		1	5	25	65	<5	65+
前现代社会	20	63	47	34	8	53	8
	30	74	61	50	17	39	17
18世纪末19世纪初的欧美国家	40	82	73	63	29	27	29

---

① Paul E. Zopf, Jr., *Mortality Patterns and Trends in the United States*, Greenwood Press, 1992, p. 123.

(续表)

时代	女性预期寿命/岁	活到某一年龄的可能性/%				不同年龄组死亡率/%	
		1	5	25	65	<5	65+
2020年撒哈拉以南非洲（最低）	53	89	87	82	35	13	35
2020年世界平均水平	74	97	96	94	80	3	80

资料来源：John R. Weeks, *Population: An Introduction to Concepts and Issues*, 13th ed., Cengage, 2021, p. 141。

人类社会的死亡模式至少可分为两种：一是前现代社会的死亡模式，以高死亡率和低预期寿命为特点；二是现代工业社会的死亡模式，以低死亡率和较高的预期寿命为特点。

"前现代社会"是个相对宽泛的概念，它泛指工业革命之前的整个历史时期，是人类依靠自然的赋予和农业劳动生存及发展的时期。人类学和考古学的研究表明，人类在恶劣条件下的生存面临各种各样的风险，死亡模式表现在三个方面：(1)新生儿和婴儿死亡率非常高，出生婴儿能活到成年的比例不足一半。对罗马时期墓碑的分析表明，当时婴儿死亡率很高，估计1岁内的婴儿死亡率达150‰—200‰，总死亡率估计在30‰以上。(2)过高的婴幼儿死亡率导致了极低的预期寿命。人口出生时的预期寿命多在20—30岁左右，平均寿命为22岁。随着农业生产的发展，营养状况的改善提高了人们的生存率，到中世纪，世界人口的预期寿命为26.5岁，最好的年代能达到30岁。但到18世纪中叶前，世界各地的人口平均预期寿命一般不超过35岁，死亡率仍在30‰以上。(3)死亡率变化很大。国泰民安、风调雨顺时人口死亡率较低；一遇饥荒、战争或瘟疫等天灾人祸，死亡率会迅速上升。以欧洲为例，公元200—600年欧洲南部气候变冷，各国农业生产面临危机，其间，法国和南欧人口由2400万下降至1515万，减少了三分之一多。1346年以后，欧洲经历了一次影响巨大的鼠疫流行，仅1348—1350年，欧洲人口就减少约1/5到1/4。气候的变化还常常引发各种疾病，如恶性疟疾。有人推断，这种既损害体质又容易传播的疾病是让地中海国家趋于衰落的重要原因。① 前现代社会死亡模式的特征是:由自然力控制的婴幼儿高死亡率、低预期寿命和死亡率的大幅波动。

18世纪中叶后,随着工业革命的成果逐渐普及,欧美资本主义国家的死亡率陆续下降,特别是19世纪中叶后,出现了明显的死亡率下降过程。工业文明带来了住房、营养和卫生条件的改善。19世纪早期,欧美国家的人口预期寿命估计达到了40岁。传染病对人类的威胁仍然存在,但其杀伤力有所降低。20世纪中叶,发达国家人口的死亡率降到10‰左右,人口平均预期寿命达到65岁,基本形成了死亡率多集中于高龄人口的死亡模式,完成了死亡率由高向低的转变。

死亡率下降的速度存在发展中国家和发达国家的差异。发展中国家死亡率下降是20世纪后半期的事。直到20世纪50年代,发展中国家的人口平均预期寿命还只有41岁,死亡率高达24‰以上。20世纪50年代后,发展中国家真正出现了人口死亡率的显著降低,其下降速度远远快于发达国家人口死亡率的下降速度。50年代后,全球的死亡模式基本趋于一致,虽然发达国家与发展中国家的死亡率仍存在差异,但差异在不断缩小。(见表4-4)

表4-4 1950—2020年间世界各地区人口死亡率   单位:‰

年份	地区						
	世界	发达国家	发展中国家	非洲	拉丁美洲	东非	南亚
1950—1954	18.47	10.71	22.09	25.89	16.49	25.05	23.29
1955—1959	16.73	9.60	19.88	24.15	14.39	23.68	21.28
1960—1964	15.67	9.25	18.37	22.33	12.61	21.11	19.48
1965—1969	13.84	9.36	15.58	21.06	11.18	20.22	18.40
1970—1974	12.55	9.50	13.65	19.51	10.00	19.62	16.90
1975—1979	11.17	9.49	11.73	17.61	8.95	18.68	14.61
1980—1984	10.36	9.64	10.58	16.29	8.10	18.25	13.08

---

① 参见潘纪一、朱国宏:《世界人口通论》,中国人口出版社1991年版,第54—59页。

单位:‰(续表)

年份	地区						
	世界	发达国家	发展中国家	非洲	拉丁美洲	东非	南亚
1985—1989	9.69	9.58	9.71	15.34	7.21	17.73	11.52
1990—1994	9.19	9.97	8.98	14.60	6.63	17.41	10.16
1995—1999	8.74	10.22	8.37	13.71	6.24	15.59	9.03
2000—2004	8.32	10.28	7.86	12.51	6.03	13.40	8.11
2005—2009	7.96	10.06	7.49	11.03	5.99	10.83	7.50
2010—2014	7.65	9.93	7.16	9.53	6.17	8.63	6.96
2015—2020	7.58	10.27	7.05	8.46	6.68	7.21	6.61

资料来源:UNDESA,*World Population Prospects 2022*, https://population.un.org/wpp/Download/Standard/MostUsed/,2023年12月10日访问。

死亡率转变理论致力于理论化引发死亡率下降和预期寿命延长的诸多社会因素,这一理论的主要观点如下。

第一,婴儿死亡率下降是导致人口死亡率下降和预期寿命延长的重要转折点。

第二,人类疾病类型的变化直接作用于死亡率的下降。1971年,阿卜杜勒·奥姆兰提出了流行病转变理论,强调人类疾病类型的变化直接作用于死亡率的下降。他提出了五个基本命题:(1)死亡率是影响人口再生产的基本要素。(2)死亡率变化通过死因变化发生作用,是一个从恶性传染病猖獗到退行性疾病增加的转变过程。流行病转变分三个阶段:第一阶段是流行病猖獗阶段,各种传染病与各类饥荒一起导致高死亡率和人口大幅波动,人均寿命只有20—40岁;第二阶段是流行病逐渐减少,死亡率下降阶段,人均寿命达到30—50岁;第三阶段是流行病大幅减少,慢性非传染性疾病和生理机能退行性疾病成为死亡主因,人均预期寿命达50岁以上。(3)流行病的转变作用于不同群体。流行病的转变更有利于儿童和女性。(4)发达国家流行病转变的主要动因是生活水平和营养水平的提高;发展中国家流行病转变的主要动因是医疗水平的提高。(5)根据死亡率和生育率开始显著下降的时间、变化的速度及流行病转变的决定因素等方面的不同,流行病转变存在三种不同的转变模式,即古典或西方模式、以日本为代表的加速转变模式和大多数发展中国家的当代或延迟模式。①

根据社会经济发展状况,有研究提出了流行病发生的两个转变——癌症死亡率的下降与衰老的延缓,这两个转变很大程度上依赖医疗技术水平的进步与发展。②

第三,死亡率下降和社会经济发展与民主化进程相关。社会发展带来了对食物短缺、饥荒、疾病(包括流行病)等问题的改善。社会生产力的发展提高了人民的生活水平,医学手段和技术的进步直接作用于死亡率的下降,是死亡率下降的首要原因。有研究认为,发展中国家,如拉美国家,死亡率的下降约有一半可归功于公共保健计划的实施。公共保健计划、经济发展、各种政治社会条件以及人民生活水平的提高对死亡率的下降都起作用。政府干预,如稳定的国内政局、减少战乱和冲突、改善人们的工作条件、规定工时和保障最低生活标准等都有力地降低了死亡率。③ 社会民主化程度的提高使较高的生活水平和医学进步能够相对平等地触及每个人,使更多的人享有医疗服务等社会民主化的措施。

四、现代性与死亡风险

现代社会是风险社会,现代社会的死亡风险与传统社会不同。各种新的威胁人类安全的风险伴随着现代性出现,如核战争、交通事故、麻醉剂、吸烟、饮酒和环境污染等风险变量。杀虫剂曾是把人类从饥饿和疾病中拯救出来的救世主,但今天或明天就可以成为潜伏在我们所有食物中的一种有害物质,威胁人类的健康。制度化的结构性风险环境把个体与集体的风险联结起来,可以说这种制度化的结构性风险是具有"高后果"的风险。④

第一,嵌入人类日常生活的各种与现代经济活动相关的风险因素影响着每个人。以汽车为例,当人类的汽车拥有量不断增加时,交通事故死亡率也在增

---

① Abdel R. Omran,"The Epidemiologic Transition:A Theory of the Epidemiology of Population Change," *The Milbank Memorial Fund Quarterly*, Vol. 49, No. 4, 1971, pp. 509-538.

② 宋新明:《流行病学转变——人口变化的流行病学理论的形成和发展》,《人口研究》2003年第6期,第52—58页。

③ Samuel H. Preston, *Mortality Patterns in National Populations:With Special References to Recorded Causes of Death*, Academic Press, 1976, pp. ix-x.

④ John Urquhart and Klaus Heilmann, *Risk Watch:The Odds of Life*, Facts on File, 1984, p. 12.

加。据估计,发达国家交通事故引发的死亡占全部事故致死人数的40%以上。①

第二,急功近利的发展方式引发环境灾难,并最终威胁人类的存亡。

第三,全球化进程中,国家间的利益冲突及不同种族、宗教引起的各种争端和恐怖活动都威胁人类的生命,其威胁程度因武器杀伤能力的成倍增长而更加严重。

第四,现代性与死亡。英国社会学家鲍曼在《现代性与大屠杀》中表明,大屠杀不只是犹太人历史上的一个悲惨事件,也并非德意志民族的一次反常行为,而是现代性本身的固有可能。大屠杀是现代文明和它所代表的一切事物的对立面,现代社会存在正反两面却可能很好地协调在同一实体之内。它们不仅是一枚硬币的两面,而且每一面都不能离开另一面而单独存在。思考道德冷漠和道德盲视的生产机制,科学的理性计算精神,技术的道德中立地位,社会管理的工程化趋势,正是现代性的这些本质要素,使得像大屠杀这样灭绝人性的惨剧成为设计者、执行者和受害者密切合作的社会集体行动。② 当代各种文明的冲突依然存在,潜存巨大风险。

第五,艾滋病(AIDS)等带来的新挑战。1981年,美国首次发现艾滋病。根据联合国公布的数据,截至2022年,全球共有3900万艾滋病病毒感染者。与2004年艾滋病相关死亡人数(200万左右)的高峰比,2022年艾滋病相关死亡人数(63万左右)减少了约69%,与2010年(130万左右)比减少了52%。撒哈拉以南非洲地区是艾滋病病毒感染者最多的地区,这与当地的饮食习惯、生活方式和医疗水平有很大关系。

第六,剧烈的社会变动影响人类的生存状况。社会变迁所引发的贫穷和社会不稳定可能导致人口健康水平的下降和死亡率的上升。

第七,老龄化与临终关怀。从生命周期的角度看,生物性老年化过程和最终死亡是不可避免的。随着人们变老,老年人面临生理、情感和物质等方面诸多难以协调的问题,以及退休、丧偶、失智、失能等一系列社会问题。20世纪90年代

---

① John R. Weeks, *Population: An Introduction to Concepts and Issues*, 6th ed., Wadsworth Publishing Company, 1996, p. 181.

② 刘苏里主编:《思想照亮旅程:得到名家大课》下册,上海三联书店2022年版,第1021页;参见〔英〕齐格蒙·鲍曼:《现代性与大屠杀》,杨渝东、史建华译,译林出版社2011年版。

以来,死亡、临终与哀悼成为社会学研究的新兴领域。英国社会学家托尼·沃尔特聚焦于研究社会通过哪些方式来安排死亡、临终与哀悼。① 与传统社会相比,人们的死亡不再发生在家里,而通常发生在医院和疗养院,这些远离了社会生活主流的、相对非个人化的情景使个体临终时面临很多情感问题。欧美一些国家在 90 年代后建立起临终关怀机构,这些机构的基本准则是:死亡和临终都是生命的自然组成部分,应该尽可能地积极维持临终之人的生活质量;鼓励亲朋好友在病人的生命中,甚至在生命的最后阶段持续发挥一定的作用,以此来减少临终体验的非人性化味道。

"安乐死"(euthanasia)一词原意为无痛苦死亡,现在通常是指对于无治愈可能的脑死亡或陷入不可逆昏迷的病人,终止维持其生命的特殊措施或以某种无痛苦方式加速其死亡。安乐死以及安乐死立法是一个全球性的问题,它关系到人类主动参与自身生命的选择过程的道德问题,涉及死亡的权利问题。时至今日,有关安乐死的争议仍在继续,争议的主要内容是人们为什么要实施安乐死。对荷兰和美国的研究结果表明,逃避疼痛并不是促使患者要求医生协助自杀或安乐死的主要动机,而是丧失尊严的感觉以及担心成为负担和不能独立生活。

安乐死的实施状况在不同国家存在很大差别,每个国家内部都存在激烈的争议。这些争议反映了人类对生存境况的反思和对传统价值观念的挑战。人是否有权利在患病和衰老的境况下自主地、从容地和有尊严地死去的问题值得深入讨论。

第二节　中国人口死亡模式分析

一、中国人口死亡模式演变的历史

历代统治者多关心人口总数,很少关注人口的死亡状况,对中国人口死亡率进行较全面掌握是 20 世纪以后的事。

新中国成立前,我国传统农业社会的死亡模式有以下特点:(1)高死亡率。

---

① 参见 Tony Walter, *The Revival of Death*, Routledge, 1994。

1949年新中国成立之初,中国人口死亡率高达20‰,婴儿死亡率超过200‰。(2)人口平均预期寿命低。1949年,我国人口的平均预期寿命大约为35岁。(3)死亡率的高低与社会动荡高度相关。以改朝换代为主的任何一次政治动荡都会带来人口锐减。西汉末年,王莽建新朝。《汉书·食货志》记载:"及莽未诛,而天下户口减半矣。"这种人口数量随朝代更替的波浪式增减状况是中国社会几千年发展史上的一大特征。同时,自然灾害(如饥荒、水灾、旱灾等)又加重了政治动荡产生的灾难,使人口锐减。

1949年新中国成立后,社会经济发展、医疗卫生事业进步和人民生活水平提高使人口死亡率明显下降,中国成为世界上死亡率下降速度最快的国家之一。70多年来,中国人口死亡率的下降经历了一个复杂的过程。1949—1973年,死亡率断崖式下降。死亡率从1950年的18‰下降至1957年的10.80‰。除三年困难时期有所波动,死亡率保持下降趋势,并于1973年降至7.04‰。1974—1997年,死亡率在波动中微降,整体呈现下降趋势。1998年之后的五年时间里,死亡率由6.5‰降至2003年的6.4‰,而在2003年之后,死亡率则因年龄结构的变化而出现了一定幅度的反弹,逐步增至2010年7.11‰,这与我国于2000年迈入人口老龄化的国家行列息息相关。[①] 2023年,我国人口死亡率为7.87‰。改革开放后,我国人口的婴儿死亡率逐年减少,平均预期寿命延长,表4-5有充分的显示。

表4-5 中国婴儿死亡率与人口平均预期寿命(1981—2020年)

年份	婴儿死亡率/‰	平均预期寿命/岁		
		女	男	全人口
1981	34.70	69.27	66.28	67.77
1990	32.90	70.47	66.84	68.55
1996	36.00	—	—	70.80
2000	32.20	73.33	69.63	71.40
2005	19.00	75.25	70.83	72.95

---

① 尹德挺、孙萍、张锋:《新中国七十年我国人口规模变迁》,《人口与健康》2019年第6期,第16—22页。

(续表)

年份	婴儿死亡率/‰	平均预期寿命/岁		
		女	男	全人口
2010	13.10	77.37	72.38	74.83
2015	8.10	79.43	73.64	76.34
2020	5.40	80.88	75.37	77.93

资料来源：根据国家统计局发布的历年中国统计年鉴和中国人口普查年鉴数据整理。

二、中国基本完成了人口死亡率转变

随着社会经济发展、人民文化水平的提高和医疗卫生条件的改善，我国人口死亡率完成转型，主要表现在以下几个方面。

（一）妇幼健康水平大幅提升

婴幼儿死亡率是衡量一个国家或地区经济、文化、医疗保障水平的重要指标之一。目前，我国适龄儿童免疫规划疫苗接种率保持在90%以上。婴儿死亡率从1981年的34.70‰下降到2020年的5.40‰。孕产妇死亡率大幅下降，从1991年的80/10万下降到2001年的50.2/10万，再降到2020年的16.9/10万，孕产妇死亡率远低于全球53/10万的中位数水平和中高收入国家43/10万的中位数水平。妇幼健康核心指标位居全球中高收入国家前列。从表4-5可以看出，女性平均预期寿命大幅提升。2000年，女性平均预期寿命比1981年增加了4.06岁；2020年，女性平均预期寿命比2000年又增加了7.55岁；女性平均预期寿命的增长幅度明显大于男性。

（二）人口死亡水平存在区域差异

2000年的人口数据表明，上海、北京、天津和台湾是我国死亡水平最低的地区，各省份之间自然资源、地理环境、社会经济和文化发展的差异等都在人口特性上有所反映。按照2000年各省份的平均预期寿命，可将其分为四类地区。第一类是平均预期寿命男性在74岁以上、女性在77岁以上的地区，已达到发达国家水平，包括上海、北京和天津。第二类是平均预期寿命男性在70—72岁之间、女性在73—76岁之间的地区，包括10个省份。第三类是平均预期寿命男性在

68—70 岁之间、女性在 70—73 岁之间的地区,包括 13 个省份。第四类是平均预期寿命男性在 62—68 岁之间、女性在 64—70 岁之间的地区,包括贵州、云南和西藏三个省份。另外,重庆和青海按照男性平均预期寿命属于第四类地区,按照女性平均寿命属于第三类地区;台湾按照男性平均预期寿命属于第二类地区,按照女性平均预期寿命属于第一类地区。① 2020 年,我国人均预期寿命有大幅增长。全国 31 个省份中有 17 个的人均预期寿命超过全国人均预期寿命值 77.9 岁。此外,上海、北京、天津及浙江的人均预期寿命大于 80 岁,上海以 82.6 岁居于首位。

(三)人口负增长背景下的少子老龄化加剧

1990 年,我国人口为 11.43 亿,到 2000 年人口为 12.66 亿,年均增长率维持在约 1%。2000 年之后,人口增长速度明显放缓,2010 年为 13.4 亿,年均增长率仅为 0.5% 左右。2020 年第七次全国人口普查数据显示,我国人口达 14.12 亿;60 岁及以上老年人口规模和比例首次超过了少年儿童(0—14 岁)人口规模和比例。2022 年我国人口出现负增长。到 2050 年,65 岁及以上的老年人口规模预计将达到 3.86 亿人,老年人口比例接近 30%,未来少子老龄化趋势异常严峻。这将对环境、经济、技术、地区发展和文化等产生重要影响。人口负增长阶段,人口总量减少与老年人口增加相随,老龄化和高龄化并存,高龄化严峻趋势将会进一步加重我国老龄化形势,应对老龄化的挑战将成为人口负增长时期的重中之重。②

(四)死因结构转变

从 20 世纪 50 年代开始,中国人口的死因结构出现了转变,中国人口死亡模式已由高死亡率类型转变为低死亡率类型。1957 年,城市人口最主要的五种死因分别为呼吸系统疾病、传染性疾病、消化系统疾病、心脏病以及脑血管病。改革开放以来,随着经济发展和人民生活方式的改变,慢性病导致的死亡比例上升,到 1985 年,城市人口的死因模式有了很大改变,死因前五位为心脏病、脑血

---

① 任强等:《20 世纪 80 年代以来中国人口死亡的水平、模式及区域差异》,《中国人口科学》2004 年第 3 期,第 19—29 页。
② 陆杰华、刘瑞平:《新时代我国人口负增长中长期变化特征、原因与影响探究》,《中共福建省委党校(福建行政学院)学报》2020 年第 1 期,第 19—28 页。

管病、恶性肿瘤、呼吸系统疾病以及消化系统疾病。人口的死因模式基本上已转变为以慢性退行性疾病为主。根据《中国卫生健康统计年鉴2021》，中国城乡居民主要疾病死亡率及构成是：城市居民主要疾病死亡率排序前五为恶性肿瘤、心脏病、脑血管病、呼吸系统疾病、损伤和中毒外部原因，农村居民主要疾病死亡率排序前五为心脏病、脑血管病、恶性肿瘤、呼吸系统疾病、损伤和中毒外部原因。分城乡比较，各疾病死亡率农村均高于城市；分性别比较，各疾病男性死亡率均高于女性。①

分年龄的死因也有差异。以深圳2013年的统计为例，4岁及以下婴幼儿的死因主要是先天性缺陷和呼吸系统疾病。5—15岁人口的死因主要为意外伤害、肿瘤、神经系统疾病等；15—45岁人口的死因为意外伤害、事故、肿瘤等；45—65岁人口的死因主要为人体循环系统损伤、恶性肿瘤、意外伤害等；65岁以上人口的死因主要为肺功能衰竭、恶性肿瘤、人体循环系统损伤等。②

此外，值得关注的社会问题有：第一，1993年以来我国每五年在全国范围内开展一次"国家卫生服务调查"。调查发现，慢性病患病率不断提升，这对家庭和社会造成了一定的经济和照料负担，社会各界需要关注慢性病照顾者的需求。第二，死因中"损伤和中毒"类，如交通事故、自杀、摔倒、溺水、暴力事件等，这些非正常死亡现象需要社会学者展开相关研究。

小　结

死亡率、平均预期寿命和婴儿死亡率等指标是人口社会学中重要的统计内容，是衡量社会发展程度的重要指标。人口社会学关心死亡率在不同群体间的分布状况，以分析社会中因性别、年龄、阶层、职业等存在的不平等。通过死因分析可以了解社会医疗卫生事业的发展水平。我国已实现死亡率转变，退行性疾病超过传染性疾病成为主要的死因。

---

① 陆杰华、夏晓琪：《中国居民死亡模式及其政策性探究》，《人口与健康》2022年第7期，第24—28页。
② 李山山等：《2013年深圳市居民死因分析》，《中华疾病控制杂志》2015年第4期，第415—417页。

◆ 思考题

1. 试述流行病转变理论。
2. 试分析死亡率存在阶层差异的原因。

◆ 推荐阅读

游允中、郑晓瑛主编:《中国人口的死亡和健康——20世纪80年代以来人口死亡水平、类型、原因和发展趋势》,北京大学出版社2005年版。

[美]安格斯·迪顿:《逃离不平等:健康、财富及不平等的起源》,崔传刚译,中信出版社2014年版。

人口迁移

第一节 人口迁移的概念和理论

一、人口迁移

人口迁移(migration)是指人口居住地(空间位置)永久性(半年或一年以上)的改变,包括国际人口迁移和国内人口迁移。

测量人口迁移的指标有迁移人口数量、迁移方向和迁移距离三个方面。本书侧重介绍人口迁移的数量指标,即迁入率、迁出率、总迁移率和净迁移率等。

迁入率(in-migration rate)是指某地一年内迁入人口数占同时期平均人口数的比重。它反映了人口向该地区迁入的强度。公式是:

$$迁入率 = \frac{年迁入人口数}{年平均人口数} \times 1000‰$$

迁出率(out-migration rate)是指某地一年内迁出人口数与同时期平均人口数之比。它反映了人口由该地区迁出的强度。公式是:

$$迁出率 = \frac{年迁出人口数}{年平均人口数} \times 1000‰$$

总迁移率是指某地一定时期内(通常为一年)迁入率与迁出率之和。净迁移率(net migration rate)是指某地年内每1000人口中迁入与迁出人口数之差,它反映的是该地区人口的迁入与迁出这两类同时发生的事件对这一地区人口变动的综合作用的强度。

迁移率高低取决于迁移人数与总人口之比。迁移规模既取决于人口地区间迁移的数量，也取决于地区划分的范围，区域划分得越细，迁移规模就会越大。比较不同国家、地区和不同时间的人口迁移率指标时应考虑这些因素。

人口迁移有带动地区发展、影响劳动力分布、促进文化交流与传播等社会功能，但人口迁移也可能导致过度竞争、过度的土地开发和环境问题。

二、世界人口迁移史

人口迁移是社会变迁的一部分。马克思和恩格斯明确肯定了移民对社会变迁和革命的作用。"正是欧洲移民，使北美的农业生产能够大大发展，这种发展通过竞争震撼着欧洲大小土地所有制的根基。此外，这种移民还使美国能够以巨大的力量和规模开发其丰富的工业资源，以至于很快就会摧毁西欧的工业垄断地位。这两种情况反过来对美国本身也起着革命作用。"[①]

世界人口最初分布于亚、非、欧三大洲的热带、亚热带地区，后来随着人类适应能力的增强和地球气候与地理的变迁，人口从亚洲、非洲东部和欧洲南部逐渐向亚、非、欧三大洲腹部地带移动与扩散。大约距今4万年，人类迁移的足迹已遍及亚、非、欧三大洲的大部分土地。

人口迁移有两大类型：一是生存型人口迁移，二是发展型人口迁移。生存型人口迁移主要存在于人类历史发展的早期，是人类为了生存进行的迁移活动。发展型人口迁移主要存在于工业革命之后，人口的迁移动力是更好地发展。

（一）早期人口迁移

距今3.5万—4万年间，出现了人类历史上最有意义的人口迁移。当时由于气候变化，全球变冷，冰川活动强烈，海平面下降（下降了100—150米），浅海大陆架几乎全部露出海平面以上，除了南极洲外，其他各大洲的陆地基本都有陆桥连接，从而为人类向美洲、大洋洲的迁移提供了条件。加之人类经过几百万年的发展，已学会了用火，会使用兽类毛皮保暖，石器等生产工具也有所改进，此时的

[①] 〔德〕马克思、恩格斯：《共产党宣言》，人民出版社1997年版，第15—16页。

人类有必要也有可能开辟新的生存空间。

工业革命前,人类生产力水平长期徘徊不前。传统农业将人类束缚在彼此分割的一块块狭小的土地上,人们在世代居住的土地上日复一日、年复一年地耕种,完成生命的延续,形成了故土难离的居住格局。只有在战争、饥荒和瘟疫等严重破坏了人类最基本的生存条件时,才会有部分人口离开故土,远走他乡。人口的迁移活动呈现出局部性特征。

(二)近代人口迁移

资本主义的发展完全改变了世界经济的运行方式,国际人口迁移的动机发生了根本的改变,从生存型的人口迁移模式向发展型的人口迁移模式转变。资本主义初期发展型的国际人口迁移主要由五大迁移流组成。(1)从17世纪开始,到19世纪末20世纪初达到高潮,以后逐渐减退下去的欧洲近4500万人向北美(主要是美国)的迁移;(2)从16世纪开始的主要来自欧洲和日本的大约2000万人向拉丁美洲的迁移;(3)从19世纪开始的大约1700万欧洲人向南非、澳大利亚和其他南太平洋地区的迁移;(4)从16世纪开始,在17、18世纪达到高潮,最后结束于19世纪的大约1500万非洲人作为奴隶被贩运到美洲的迁移;(5)从17世纪开始的主要从中国和印度向邻近国家的迁移,总数约有1300万人。[①]

(三)现当代人口迁移

第二次世界大战结束后的全球人口迁移大致有五种模式。

一是发达国家吸引优秀人才的政策性迁移,也称为经典模式(classic model)。如美国、加拿大和澳大利亚等"移民国家",政府出台各种鼓励外来移民的政策,特别是对优秀人才给予特别的优惠政策,承诺给予外来移民以公民权等。越来越多的商人和专业人员为了获得更高的报酬和更好的发展到国际市场上寻找机会。亚洲已成为一个主要的人才产地,受过高等教育的人才纷纷迁移到发达国家。劳动力市场分割理论认为,全球化过程使发展中国家成为一个巨大的人力资源提供地。发达国家的劳动力市场与海外劳动力市场联系在一起,当发达国

---

① 参见魏津生:《现代人口学》,重庆出版社1992年版,第192—197页。

家的劳动力出现短缺时就会转向使用移民资源,由此开启了发展中国家人口向发达国家的迁移流。高素质移民满足了资本主义生产的特殊要求。

有关劳动力迁移的新经济社会学理论认为,国家间的工资差异并不足以促成大规模的人口迁移,重要的是与劳动力市场和收入相关的其他要素市场。人们的生活是嵌入现实社会结构和社会制度中的,正是其他要素市场的失效,尤其是制度性要素市场的失效导致个人难以发展,家庭物质生活水平难以提高,因此人们通过国际人口迁移改变所处的制度结构,避免经济转型带来的各种潜在风险。

二是殖民模式(colonial model),指传统的殖民国家,如法国、英国等,更多地接纳前殖民地国家的移民。中心—边缘理论和世界体系理论等对此有重要的回应。中心—边缘理论指出,历史上与中心国家有过接触或遭受过它们殖民的边缘国家往往会有大规模的移民迁往中心国家。边缘国家不断经历被融入中心经济或世界经济的过程,为其人口向中心国家迁移提供了动力和可能。全球化过程体现了中心国家对边缘国家经济、文化和政治的重塑。

三是外籍劳工模式(guest workers model),即外来移民只被允许短期进入该移民国家,以弥补该国劳动力的短缺,这些劳动力有些已经长期在迁入国工作,但是很难得到公民权利。外籍劳工多从事繁重的劳动,以男性为主。他们一般在迁入国工作三五年甚至几十年,然后返回迁出国。外籍劳工的流向深受国际劳动力市场的影响。在经济一体化、信息化和交通运输不断完善的条件下,各国劳动力越来越被组织在统一的国际劳动力市场中,某国劳动力一旦出现短缺,很快会吸引大批劳动力进入。进入20世纪90年代中后期,出现了以女性为主体的外籍劳工。当时,亚太地区国家约有150万女性移民从事"典型的女性职业",如家政、娱乐或性服务、餐饮、旅馆、服装和电器组装等。这类工作收入微薄,工作条件恶劣,地位低下,与男权社会要求的顺从谦恭相适应。① 外籍劳工的女性化反映了全球经济不平等和私人生活外包的状况。

---

① Lin L. Lim and Nana Oishi,"International Labor Migration of Asian Women: Distinctive Characteristics and Policy Concerns," *Asian and Pacific Migration Journal*, Vol. 5, No. 1, 1996, pp. 85-116.

四是政治性移民模式(political immigrants model)。政治性国际人口迁移的类型有:(1)交换战俘式的人口迁移。如第二次世界大战后,东欧、东南欧和原法国占领区有 1200 万德国人被遣返回德国;另有 150 万被德国俘虏和服苦役的人返回原住国;约有几千万被迫从战区迁居后方和国外的人,战后陆续返回家园。日本也有将近 600 万人从原占领区回国。(2)疆界调整式的人口迁移。如苏联与东欧各国之间、意大利与南斯拉夫之间战后疆域的调整导致大批人口往来迁移。印巴分治导致两国交换不同信仰的教徒,到 1948 年底共交换约 1500 万人。(3)新国家的建立和一些殖民地的独立产生的国际人口迁移。一些殖民地国家的独立使殖民者迁回原居住国。(4)苏联解体后欧洲内部出现的"东—西"人口的国际迁移。

五是难民和非法移民模式(refugees and illegal immigrants model)。这是指在一些发达国家,其较高的工资水平吸引移民的进入,但是随着其移民法规的日益严格,一些不具有移民资格的人口以秘密的方式生活在迁入国,即以非法身份滞留。非法移民是指未获 A、B 两国中一方或双方准许,非法从 A 国迁往 B 国的迁移者。难民是指由于战争、自然灾害、种族冲突或政治等原因,离开祖国到其他国家避难的迁移者。联合国 1951 年颁布的《关于难民地位的国际公约》中对"难民"的定义是:"由于一九五一年一月一日以前发生的事情并因有正当理由畏惧由于种族、宗教、国籍、属于其一社会团体或具有某种政治见解的原因留在其本国之外,并且由于此项畏惧而不能或不愿受该国保护的人;或者不具有国籍并由于上述事情留在他以前经常居住国家以外而现在不能或者由于上述畏惧不愿返回该国的人。"① 当今世界,难民的状况十分复杂。一是环境与生存的压力导致出现大批生存型难民;二是长期的种族和宗教冲突产生了大量政治难民。

(四) 全球人口迁移的新趋势

斯蒂芬·卡斯尔斯和马克·米勒通过考察全球迁移的状况,分析出全球化时代人口迁移的新趋势。其特点是:第一,加速化。越界迁移的数量将比以往任何时候都多。第二,多样化。移民有多种类型,不仅是劳工移民或难民。第三,

---

① 1967 年,联合国颁布《关于难民地位的议定书》,将关于难民定义中的"由于一九五一年一月一日以前发生的事情并⋯⋯"等字和"⋯⋯由于上述事情"等字视同已经删去。

全球化。更多的国家既是迁入国又是迁出国。第四,女性化。移民中的女性越来越多,使当代迁移的男性主导倾向削弱。女性移民的增长与全球劳动力市场的变化密切相关,包括家务需求的增长、性交易和"买卖"妇女的扩张等。①

有学者用"全球流散"(global diasporas)一词分析全球迁移模式。"流散"一词强调,流散的成员虽然散居在世界各地,但有共享的历史和对祖国的集体记忆,有得到维护的共同的族群认同。全球流散大约分为五种类型:受害者类型、帝国主义因殖民的流散、劳工的流散、贸易的流散、文化的流散。其核心特征是:(1)被迫或自愿地从祖国向一个或数个新地区迁移;(2)具有关于祖国的共享记忆,维护祖国存在的义务和坚信重归故里的可能性;(3)跨越时空而维持强烈的族群认同;(4)与生活在流散地区的同一族群成员之间具有团结感;(5)与寄居社会之间存在某种程度的紧张;(6)对多元化的寄居社会有潜力做出有价值和创造性的贡献。② 这一研究揭示了快速全球化下的人口迁移的动态状况、迁移人口努力维持集体认同和保持族群文化及对祖国的感情,这样的研究视角将全球化内在的文化矛盾揭示出来。

三、人口迁移的理论

人口社会学关心迁移者的构成、人们的迁移动机/动力机制和迁移过程等,并力求将其理论化。

(一) 迁移者研究

迁移者研究关注迁移人口的结构特征。

1. 迁移者选择性理论

迁移者选择性理论认为,迁移具有选择性,某些特定的人可能成为迁移者,并呈现结构特征。

1966年,埃弗里特·李提出,迁移者在年龄、性别、受教育程度和职业等方面具有一定特征。那些具有较高素质,如受教育程度较高、身体状况较好并富有

---

① 参见 Stephen Castles and Mark J. Miller, *The Age of Migration: International Population Movements in the Modern World*, 2nd ed., Palgrave, 1998。

② 参见 Robin Cohen, *Global Diasporas: An Introduction*, Routledge, 1997。

进取精神的人对迁入地的正向因素能做出积极反应,比迁出地的其他人口更趋向迁移,且倾向进行长距离的迁移。迁移的选择性对强制性迁移不起作用,如由政治和宗教问题引发的迁移。①

迁移者选择性理论有三种进一步的发展。(1)迁移者生命周期理论。处于生命周期不同阶段的人具有差异性的迁移倾向。结婚前是一个迁移高峰期。父母们期望和鼓励这一年龄段的子女去闯事业。在家庭生命周期中,第一个孩子出生前和最后一个孩子成人离家后,成员迁移的可能性加大。退休又使人们进入另一个迁移高峰期。(2)迁移者职业生涯理论。这一理论认为迁移是人们职业发展的重要策略选择。如跨国公司的升迁要求海外工作经历,因此海外工作成为职业发展的"工具性选择策略"。人们的受教育程度与迁移呈正相关。(3)迁移者成本和收益理论。这一理论认为迁移者会不断理性计算迁移的成本和收益。迁移的成本包括交通、住宅、食物等方面增加的支出,当迁移的预期收益大于迁移成本时人们才会选择迁移。

2. 迁移者网络理论

迁移者网络理论认为,人们与迁入地已有移民的联系影响其迁移,与迁移有关的社会关系降低了迁移成本,增加了收益,减少了风险。同时,迁移是不断生成社会网络的过程。迁入地与迁出地之间的关系网络一旦形成就会引发规模性的人口迁移。网络式的人口迁移以自发式为主,不受短期经济变动的影响。国际人口迁移中已有的社会网络常会促成新的关系网络的发展,形成动态的迁移网络的自我延续,并导致迁入地移民社区的形成,进一步吸引更多的移民。

3. 迁移者整合理论

迁移者整合理论认为,迁移是人们理性选择的结果,但这是建立在能够充分了解迁入地信息的前提条件下,这需要关系网络提供迁移信息。那些有迁入地社会关系或在迁入地有过生活经历的人更具有迁移的可能性。

4. 家庭策略的迁移理论

这一理论认为迁移行为不是个人行为,而是一种家庭策略,家庭自觉地选择

---

① Everett S. Lee,"A Theory of Migration," *Demography*, Vol. 3, No. 1, 1966, pp. 47-57.

有利于全家发展的制度结构。迁移不仅使迁移者本身实现收益的最大化,也为家庭提供了控制风险、增加资本的发展道路。家庭成员的迁移不仅能提升家庭收入,而且能提高家庭在当地社区中的相对社会经济地位。以发展中国家为例,发展中国家的资本、证券、房地产和保险等非劳动力市场多处在不完善的状况下,资本投资面临很大的政治风险,因此一些家庭为了规避在生产、收入方面的风险或为了获得资本、教育等稀缺资源,而迁移到其他国家寻求新的发展机会。

(二)人口迁移的推拉理论

推拉理论认为人口迁移存在两种动因:一是原居住地推动人口迁移的力量,二是迁入地吸引人口迁移的力量。两种力量共同或单方作用导致了人口迁移。

推动人口迁移的力量主要有生存环境和人为因素两个方面。一是自然环境和资源的变化,当自然环境恶劣、资源枯竭或存在严重的自然灾害时,人口更可能迁出。1845年,爱尔兰由于马铃薯歉收,使50万—100万人死亡,之后的五年大约有100万人迁往他乡。[①] 自然环境对人口迁移的推动力量更多存在于靠天吃饭的农牧业社会。二是推动人口迁出的人为力量,如政治动荡、宗教冲突、种族冲突以及人口过剩导致的收入下降等因素。

工业革命后,迁入地对人口迁移的吸引力越来越大。迁入地的收入水平、生活质量、教育资源等成为吸引人们迁入的重要因素。现代社会,国家和地区间经济发展的不平衡促使人口不断从经济落后地区向经济发达地区迁移。

埃弗里特·李提出中间障碍(intervening obstacles)的概念,补充了推拉理论。人口迁移的实现包括三方面因素:目的地、原居住地和二者之间的一系列中间障碍。这些中间障碍可归纳为四类因素:一是与迁移者原居住地有关的因素,二是与目的地有关的因素,三是介于原居住地与目的地之间的障碍因素,四是迁移者个人因素。每种因素都可分为正、负或中性三类。那些要把人们拉入这一地区的、对迁移有利的因素为正因素(+),那些要把人们推出某一地区的、对迁移不利的因素为负因素(-),那些吸引或排斥人们居住在某一地区的平衡力量为中性因素(0)。正、负因素是相对而言的,一个地区的高工资和较好的生活条

---

① 〔英〕T. W. 弗里曼:《爱尔兰地理》,上海师范大学《爱尔兰地理》翻译组译,上海人民出版社1977年版,第96页。

件可能成为吸引人们迁入的正因素,但对那些受教育程度较低的人来说却可能是负因素。① 人口迁移的方向是从农村向乡镇,然后再向城市的迁移。每个较大的迁移流都会形成一个逆向的迁移流。净迁移流的规模主要与迁出地的负因素有直接关系。

人口迁移的推拉力量与信息获取相关,人们在社会结构中所处的位置决定了人们获取信息的能力,这与迁移的社会网络理论相关。同时,移民总是在不断估量着各种推拉因素,只有当迁移的好处大于迁移成本时,人们才会采取迁移行为。②

(三)人口迁移过程与决策理论

人口迁移过程理论认为,人们从渴望迁移到采取实际迁移行动会经历一个漫长和复杂的过程。具有迁移愿望的人口中只有20%的人会采取迁移行动。③ 人口迁移过程是发生在特定文化和经济条件下的,人们关于迁移时间、迁移方向的决定受到文化环境因素和经济因素的影响。

德容和福西特提出了迁移决策的价值期望模型(a value-expectancy model of migration decision making)。在出生率下降的前提下,人口迁移过程涉及三个方面:一是迁移偏好,二是迁移到特定地区的动机,三是迁移的实际决策。这个过程取决于人们的价值期望。

第一,任何个人和家庭的迁移都发生在特定文化和社会环境中,有关迁移时间和地点的决定可被视为家庭提高生活质量的一种策略,因此家庭生命周期对其有作用。第二,人们有关迁移的态度影响人们的迁移活动。安土重迁的文化是不鼓励迁移的。而当社会出现政治和经济的不稳定状况时,人们会重新思考迁出的可能性。第三,个性影响迁移。一些喜欢冒险生活的人可能会偏好不断地迁移。第四,机会结构,即人们可能遇到的迁移机会是影响迁移的因素。迁移价值包含人们对于财富、地位、舒适度、亲情甚至宗教的各种愿望和想法,这些有

---

① Everett S. Lee, "A Theory of Migration," *Demography*, Vol. 3, No. 1, 1966, pp. 47-57.
② Douglas S. Massey, "Social Structure, Household Strategies, and the Cumulative Causation of Migration," *Population Index*, Vol. 56, No. 1, 1990, pp. 3-26.
③ 参见 Peter H. Rossi, *Why Families Move*, 2nd ed., Sage Publications, 1980。

关迁移的价值观同人的个性和机会结构相结合影响人们的实际迁移行为,人们对迁移目的地的评价、对自身调适能力的感知等,都会影响迁移决策。

迁移过程中最具影响力的因素有:(1)新机会的出现;(2)信息的获得;(3)返迁的可能性。① 现代社会的人口迁移有了更大的自由度,人口迁移的方向与城镇化和全球化有着更紧密的联系。

第二节 中国的人口迁移及其研究

一、中国人口迁移史

历史地看,新中国成立前的人口迁移可简化地分为四个时期。②

第一个时期为公元前 221 年前的低水平的生存性迁移。据对我国古代气候的分析,秦国建立之前,黄河流域的气候适宜人类生存和繁殖,大约有 3000 万人口居住在黄河流域。由于人口压力不大,人口迁移的距离不长,迁移速度相当缓慢。

第二个时期为公元前 221—公元 1367 年(秦朝至元末)的强制性和自发性相结合的人口迁移。这一时期,人口因战乱经历多次强制性迁移和缓慢的自发性人口迁移。东汉末年到魏晋南北朝时期,北方的游牧民族迁入内地,与汉族混杂而居,到西晋末年北方大乱,北方的汉族先后南下,迁移到长江中下游一带,史称"衣冠南渡"。据史学家考证,当时迁居到南方的中原人有 70 多万,形成了中国历史上第一次人口大迁移。唐朝末年"安史之乱",帝京沦陷,接连八年战争,大量人口南迁,形成历史上第二次人口大迁移。北宋"靖康之变",金兵南下攻打宋朝导致了中国历史上的第三次人口大迁移。其间,南宋朝廷多次号召北方

---

① 参见 G. F. De Jong and J. T. Fawcett, "Motivations for Migration: An Assessment and a Value-expectancy Research Model," in Gordon F. De Jong and Robert W. Gardner, eds., *Migration Decision Making: Multidisciplinary Approaches to Microlevel Studies in Developed and Developing Countries*, Pergamon Press, 1981。

② 有关中国移民史的分期参见葛剑雄、曹树基和吴松弟:《简明中国移民史》,福建人民出版社 1993 年版,第 499—502 页。本书主要采用了该书对中国迁移史的分期,只是在第四阶段上有所异议:葛剑雄等以 1850 年太平天国运动的爆发作为一个分期标志,笔者认为,应以 1840 年的鸦片战争作为分界点,因为中国由此进入了半殖民地半封建的社会,人口迁移也出现了与此前不同的变化。

人民南下,最终使长江流域人口数量首次超过黄河流域人口数量,实现了南北人口盛衰消长的过程,中国社会的人口、经济、文化重心由黄河流域向长江流域转移。战乱导致的人口迁移以非自愿、大批量的集中迁移为主。与此同时,南方的自然环境亦吸引了大量北方人民向秦岭—淮河以南的地区迁徙;蒙古高原、东北、西北的牧业或半牧业民族不断进入黄河流域,形成了人口南迁的梯度效应。(见表 5-1)

表 5-1　中国南北方户数增减的演变

年代	北方户数/万	南方户数/万	南北对比（南方所占百分比）
汉（元始二年,2 年）	965	111	10.3
唐（天宝元年,742 年）	493	257	34.3
宋（元丰三年,1080 年）	459	830	64.4
明（隆庆六年,1572 年）	344	650	65.4

资料来源:陈正详:《中国文化地理》,生活·读书·新知三联书店 1983 年版,第 10 页。

第三个时期是 1368—1839 年（明初至清鸦片战争前）的开发性人口迁移。此阶段,南方大部分地区人口已相当稠密,人口压力推动人口从平原向山区迁移,形成了自发的、开发性的、小规模的从人口相对稠密地区向人口相对稀疏地区的迁移。到鸦片战争前后,中国人口已突破 4 亿,这种开发性的小规模人口迁移仍然是中国人口迁移的主流。

第四个时期是 1840—1949 年半殖民地半封建式的近现代人口迁移,具有初步城市化的特征。(1)鸦片战争后,被迫开放的上海、广州、天津等沿海通商口岸的人口快速增长,早期人口向沿海城市的集中化与洋务运动、民族工商业的发展和殖民者兴办工厂等相关。(2)出现海外移民高潮。资本主义对廉价劳动力的需求和东南沿海地区日益增加的人口压力导致了大批破产农民和手工业者向东南亚一带迁移。19 世纪末到 20 世纪初,殖民者招募诱骗大批华人远涉重洋,迁移到东南亚和欧美等国去做劳工。(3)出现了全国范围的填补空白式的人口迁移。无论内地还是边疆,无论平原还是山区,只要有人口相对稀少的地方,就会有移民迅速地加以填补。

葛剑雄把历史上我国人口迁移分为以下七种类型。一是自北向南的离心型迁移。二是政府强制性的内聚型迁移,即从外地大规模地向首都附近迁移。三是东西向的渗透型移民。四是由内地向边疆的开发性迁移。五是东南沿海地区向海外的移民。六是北方少数民族的内徙和西迁。七是南方非汉族的退却性迁移。①

二、新中国成立后的人口迁移与人口流动

(一)1949年到20世纪80年代上半期有计划的人口迁移

1. 1949—1957年人口迁移相对自由阶段

新中国成立初期,政府实行自由的人口迁移政策,允许居民在城乡间或城镇间自主迁移。1951年和1953年我国先后公布《城市户口管理暂行条例》和《国务院关于建立经常户口登记制度的指示》,对于公民的迁出、迁入只要求办理手续,未提出任何限制。这一阶段,人口迁移主要有两条线。一是为开发边疆,华北和东部沿海人口稠密地区数以千万计的人口沿着传统移民路线自发地迁往东北、内蒙古、西北边疆诸省份开垦荒地。二是农村人口迁入城镇的新迁移路线。

2. 1958—1984年人口迁移的严控阶段

1958年出台的《中华人民共和国户口登记条例》规定:"公民由农村迁往城市,必须持有城市劳动部门的录用证明,学校的录取证明,或者城市户口登记机关准予迁入的证明,向常住地户口登记机关申请办理迁出手续。"严控人口迁移,尤其是农村人口向城市迁移的形态得以形成。与此同时,政府还动员进行了大规模的逆向人口迁移。

"逆向人口迁移"是指人口迁移的流向与迁移规律的方向相反。迁移规律表明,人口是从不发达地区向发达地区、从农村向城市迁移的。但1958年后,通过各种行政动员推行了几项逆向人口迁移的工程。一是国家有计划地组织沿海较发达地区的工人、技术人员和管理人员支援内地的工业建设,改变不合理的生产布局。如1964年开始的"三线"建设,大量沿海地区的技术人员向内地迁移。

---

① 参见葛剑雄:《中国人口发展史》,四川人民出版社2020年版,第415—442页。

二是国家组织东部人口稠密地区的农民迁往地广人稀的北部、西部以及南部某些地区,开垦荒地,建设农业和林业基地。50 年代人口流入最多的省份是黑龙江省,1954—1961 年,该省净迁入人口 417.6 万人。① 三是 1959—1962 年,为缓解城市人口过快增长,政府鼓励工人、干部回乡务农,形成了一次明显的逆向人口迁移流。四是 1966—1976 年"文化大革命"期间,干部下放劳动和知识青年"上山下乡"使城市人口向农村迁移。

(二)双轨制的人口迁移

1984 年,国务院发出《关于农民进入集镇落户问题的通知》,要求各级人民政府应积极支持有经营能力和有技术专长的农民进入集镇经营工商业,公安部门应准予其落常住户口,统计为非农业人口。同年的中央一号文件明确,"允许务工、经商、办服务业的农民自理口粮到集镇落户",二十多年严格的城乡人口迁移控制制度有所松动。人口迁移开始呈现出相对开放的态势,人口迁移体现出行政体制和市场规律的双重影响。

1. 人口迁移和人口流动并存

中国人口迁移是指户籍登记地的永久性改变,所谓"永久性"改变,1989 年《第四次全国人口普查办法》将其定义为一年,2000 年《第五次全国人口普查办法》将其定义为半年。随着城市化的发展和人们受教育水平的提升,户籍人口的迁移数在增加;同时,流动人口一直在增长。1990 年"四普"数据表明,我国流动人口为 2135 万;2020 年"七普"数据显示,我国共有流动人口 3.76 亿人,较 2010 年"六普"时增加 69.73%,即每四人中便有一人为流动人口。省内流动人口比跨省流动人口增长快,大约三分之二的流动人口选择省内流动。

2. 发展型的人口迁移占主流

地区间经济发展水平和收入水平的差异成为诱发人口流动与迁移的主因,表现为人口从农村向城市、从西部向东部和南部、从国内向国际的人口流动和迁移。2010 年,在全部流动人口中,乡—城流动人口占比超过六成。2020 年,乡—城流动人口中超过 1 亿农业转移人口完成城镇化。

---

① 熊映梧主编:《中国人口(黑龙江分册)》,中国财政经济出版社 1989 年版,第 72 页。

3. 个体迁移和家庭迁移共存

2000年"五普"数据的户记录信息说明,家庭迁移是20世纪90年代人口迁移的重要特征,家庭迁移以核心家庭为主要形式,户主的个人特征在家庭迁移中起重要作用。① 2016年的相关数据表明,与户籍制度相关的教育、医疗等社会福利资源是抑制流动人口家庭迁移完整性的主要影响因素。② 家庭会在理性决策中选择是个人还是整个家庭进行迁移。

4. 增长的国际人口迁移和流动

2013年我国开始施行《中华人民共和国出境入境管理法》。2010年第六次全国人口普查第一次增加了外籍人口登记,提供了国际人口迁入存量数据。国际人口迁移的时间界定与联合国的概念一致,即在中国居住三个月以上或者准备在中国居住三个月以上的外籍人口,统计其性别、年龄、受教育程度、来华目的、居住时间和国籍等信息。

2010年,我国按照国籍统计的移民存量为59.4万人。迁入人口以求学、就业和商务活动为前三位迁移动机。我国的国际迁出规模超过国际迁入。据联合国人口迁移存量估计,中国净迁出存量从1990年的385.3万人增加到2017年的896.2万人。经济发展、社会发展和环境质量等因素是国际人口迁出的主要动力。③

三、我国流动人口问题研究

有学者认为,改革开放以来,流动人口有九大趋势:流动人口普遍化、流动原因的经济化、流动时间的长期化、流入地分布的沿海集中化、年龄结构的成年化、性别结构的均衡化、女性人口流动的自主化、流动方式的家庭化和学业构成的

---

① 周皓:《中国人口迁移的家庭化趋势及影响因素分析》,《人口研究》2004年第6期,第60—69页。
② 刘欢、席鹏辉:《户籍管制与流动人口家庭化迁移——基于2016年流动人口监测数据的经验分析》,《经济与管理研究》2019年第11期,第82—95页。
③ 庞丽华:《国际人口迁移的概念和测量——兼论中国国际人口迁移趋势》,《人口与发展》2018年第1期,第54—63页。

"知识化"。① 相关研究有以下几个方面。

（一）流动人口的年龄性别结构

流动人口呈现出较稳定的年龄性别模式,表现为较强的年龄性别选择性,即年轻人较其他年龄段的人口有更高的迁移流动率。女性流动人口较男性流动人口更年轻化。

（二）流动人口的流动原因

流动人口可分为经济型流动和社会型流动两类。前者是指因工作调动、分配录用、务工经商、学习培训等流动的人口,后者则是指因婚姻迁入、随迁家属、投亲靠友和退休退职等流动的人口。20世纪80年代,流动人口以社会型流动人口为主体。在社会经济发展过程中,追求经济目标成为人们迁移流动的根本动力,经济型流动人口所占的比例逐渐超过社会型流动人口。进入21世纪后,流动人口中经济型流动人口已占主流。流动人口流动的动因结构的变化反映了我国社会经济发展和城市化进程,也反映出了流动人口观念的变化。

（三）流动人口的"污名化"

污名概念包含污名化、承受污名者和施加污名者三个要素,而污名化是一种动态的群体互动过程,处于强势地位的群体通过贴标签将某一群体的负面特征加以扩大,直至形成固定的刻板印象。污名化常与精神失常、疾病、成绩差、低社会地位和贫穷联系在一起,并且承受污名者会在住房、教育和就业等方面遭受歧视和区别对待。一般认为,在社会中承受污名的人在情绪上会持续焦虑、压抑,甚至会出现反社会倾向;而在行为上也会受到负面诱导。我国的一些流动人口会被贴上"标签"并被"污名化"为"问题人口"。

人们会凭感觉认为流动人口的犯罪现象要比户籍居民严重,其整体的犯罪率也会高于户籍人口。这样的想法通过经验传递或大众传媒,使人们接受流动人口"犯罪"风险高的"刻板印象"。虽然统计数据上流动人口总体犯罪率高于户籍人口,但流动人口突出的人口特征是年轻。尽管年龄本身与犯罪并没有因

---

① 段成荣等:《改革开放以来我国流动人口变动的九大趋势》,《人口研究》2008年第6期,第30—43页。

果关系,但年龄能够体现出犯罪背后的各类社会经济资源状况和人口因素所起的作用。与流入地的户籍人口相比,流动人口最显著的特征在于人口自然结构不同。从人口年龄性别构成上看,户籍人口与流动人口的年龄性别结构存在明显差异。在其他因素相同的条件下,流动人口中年轻人的比重较大,由此计算的流动人口的犯罪率高于户籍人口,并不能推论出流动人口是高犯罪率人群。必须从年龄结构的差异和占有资源的差异中理解流动人口的犯罪现象。流动人口大量流入城市,由于各方利益不同而增加了城市户籍人口和流动人口摩擦甚至冲突的概率。城市对流动人口的歧视也增加了社会冲突的可能性。流动人口中的主体主要是改革开放以后出生的年轻人。与他们的父辈不同,新一代农民工的经历、文化水平、思想观念都发生了变化,对社会公正待遇的诉求更为强烈和敏感,因此当他们受到不公平的政治、经济、社会待遇与城市人群的偏见和歧视时,不会选择沉默,而会以不同的方式表现出来,甚至有极端的冲突与对抗。把流动人口与高犯罪率以及不安定人群等同起来就是"污名化",这不仅没有科学根据,而且掩盖了问题本质,甚至促使部分流动人口走向极端。

21世纪以来,政府相继出台了一系列旨在改革城乡分治的二元户籍制度的政策措施,通过清理各种针对农民工的歧视性政策,降低农民外出就业的门槛,为农民外出就业创造公平的环境,实现农村劳动力向城市的顺利转移。

有学者概括出我国农村流动人口融入城市社会的四个阶段,即经济整合、文化接纳、行为适应和身份认同。户籍等一系列制度壁垒及对流动人口的"偏见""污名化"等现象的存在,一定程度上阻碍了人口的城市化进程。事实上,农村人口的城市化过程不仅是"融入"的过程,更是"融合"的过程。我国正处在农村人口加速城市化的进程之中:一方面我们需要尽快破除各种"看得见"的城乡制度"硬壁垒";另一方面,更要破除城市强势群体中"看不见"的心理、观念上的"软壁垒",只有破除对流动人口的"偏见"、消除"污名化"现象,才能加速流动人口的城市化进程,加快城乡人口的社会融合。[①]

---

① 李建新、丁立军:《"污名化"的流动人口问题》,《社会科学》2009年第9期,第56—64页。

小　结

人口迁移是人口过程之一,代表人口在空间上的变化。人口迁移理论关心迁移者、迁移动机、迁移过程、迁移文化和迁移结果。国际人口迁移史表明,人口迁移至少有生存型和发展型两类。当代国际人口迁移规模不断扩大,以经济发展为动力的发展中国家人口向发达国家的迁移成为主流。中国的人口迁移经历了漫长的历史过程,受到环境、政治和经济发展的影响。改革开放以来的人口迁移受到户籍制度和市场化的双重影响,城镇化进程是推动人口流动迁移的重要力量。

◆ 思考题

1. 试述当代国际人口迁移的模式及其影响因素。
2. 试分析当代中国人口迁移流动的特点。

◆ 推荐阅读

葛剑雄、曹树基、吴松弟:《简明中国移民史》,福建人民出版社1993年版。

〔美〕范芝芬:《流动中国:迁移、国家和家庭》,邱幼云、黄河译,社会科学文献出版社2013年版。

郑真真、贺珍怡、张展新主编:《中美流动迁移比较研究》,中国社会科学出版社2016年版。

第六章

人口转变

人口过程是经由生育、死亡和迁移使人口不断繁衍变化的过程,当今世界人口的状况正是社会变迁与这三个人口过程综合作用的结果。本章讨论人口增长类型的变化以及人口转变理论。

第一节 世界人口与人口转变理论

一、世界人口规模和变化轨迹

人类已经在地球上至少存在几百万年了,但人口在绝大多数的时间里以极其缓慢的速度在增长。有学者通过数据估计,原始社会的人口死亡率约为50‰。高死亡率决定了几乎是静止状态的人口增长类型。据科林·麦克伊韦迪和理查德·琼斯估计,从公元前1万年到公元前3000年,世界人口平均每千年增长约27‰,人口的出生率略高于50‰。公元前3000年,世界人口约为3000万;公元元年,世界人口约为2.5亿;此后,除了1300—1400年间,世界人口绝对数有所减少,一直到1650年(5.45亿人),世界人口总数一直呈稳健上升趋势。①

可以从人口翻番的时间来考察世界人口的增长,即在人口自然增长率不变的情况下,需多少时间人口可以增加一倍。如果年人口增长率为2.0%的话,大

---

① 参见潘纪一、朱国宏:《世界人口通论》,中国人口出版社1991年版,第33、41页。

约 35 年人口就能增加一倍。这是使用人口指数法进行测量的，人口指数也可称为 0.70 规则，即人口增长一倍的时间约等于 0.70 除以人口增长率，如 0.70 除以 2% 等于 35 年。

全球人口总量在 1—1650 年间翻了一倍还多。工业革命后，死亡率的下降导致世界人口迅猛增长，1650—1850 年的 200 年间人口又翻了一倍多，1950 年、1990 年再度翻倍，人口翻倍所用时间由 1650 年左右减到 200 年、100 年，战后仅用 40 年。2022 年 11 月 15 日，世界人口达到 80 亿。(见表 6-1)

表 6-1 全球人口增长与增长率的历史变化

年份	估计总人口数/亿	平均人口翻倍速度	平均年增长率/%
约前 10000	0.05		
公元 1	2.50		0.04
1650	5.45	人口相较公元 1 年约翻一倍	0.04
1750	7.28		0.29
1800	9.06		0.45
1850	11.71	人口相较 1650 年约翻一倍	0.53
1900	16.08		0.65
1950	24.86	人口相较 1850 年约翻一倍	0.91
1970	36.32		2.09
1980	39.95		1.76
1990	52.86	人口相较 1950 年约翻一倍	1.70
2000	61.49		1.60
2010	69.86		1.28
2020	78.41		1.16
2022	80.00		1.01

资料来源：Michael P. Todaro, *Economic Development in the Third World*, 4th ed., Longman, 1989, p. 189; UNDESA, *World Population Prospects 2022*, https://population.un.org/wpp/Download/Standard/MostUsed/, 2023 年 12 月 10 日访问。

二、发达国家和发展中国家人口增长的二元格局

20世纪50年代以来,世界人口发生了前所未有的巨大变化,从1950年的约25亿增加到21世纪初的超过60亿,50年间世界人口翻了一倍多。发达国家和发展中国家的人口变化有很大的不同。

第二次世界大战后,发达国家人口变化较小。发达国家的人口死亡率在战后基本上稳定在9‰—10‰左右,出生率则在战后持续了一段"婴儿热"之后迅速下降,到21世纪初出生率已接近死亡率的水平,人口趋于静止,部分发达国家已出现人口负增长。从1950年到2000年,发达国家的人口由仅8亿多增加到接近12亿,增加了近0.5倍。

发展中国家的人口变化则不同,20世纪50年代其人口出生率和死亡率均处于很高的水平,经过半个世纪,出生率和死亡率都明显下降,尤其是死亡率。由于发展中国家的人口转变具有出生率下降相对滞后于死亡率迅速下降的特点,发展中国家人口规模迅速膨胀,在20世纪后半叶达到了前所未有的人口高增长。从1950年到2000年,发展中国家的人口从17亿增长到50亿左右,50年间人口增加了近2倍,大大超过了发达国家人口的增长速度。与此同时,发展中国家的人口占世界总人口的比重也由1950年的67.75%上升到2000年的80.38%,形成了世界人口变化的二元格局。[①]

未来世界人口变化的二元格局还将继续下去,即发达国家的人口增长趋于稳定,发展中国家的人口继续增长,世界人口变化将由发展中国家所主导(见图6-1),2050年世界人口将超过90亿,其中发展中国家人口预计超过80亿,将极大地改变世界人口的分布格局。

三、人口转变和人口转变理论

人口转变并不是简单的人口变化,而是人口再生产模式发生的本质改变,对其规律的研究产生了人口转变理论。人口转变是指人口再生产模式由高水平的人口均衡向低水平的人口均衡的转变。人口再生产经历了两个重要的转变:一

[①] 参见杨凡:《人口转变的中国道路》,中国人民大学出版社2014年版,第52—55页。

第六章　人口转变

是由高死亡率、高生育率和低人口自然增长率向低死亡率、高生育率和高人口自然增长率的人口再生产模式的转变；二是由低死亡率、高生育率和高人口自然增长率向低死亡率、低生育率和低人口自然增长率的人口再生产模式的转变。

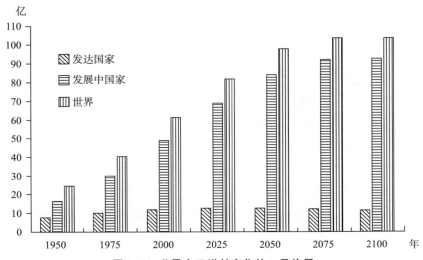

图 6-1　世界人口增长变化的二元格局

资料来源：UNDESA, *World Population Prospects 2022*, https://population.un.org/wpp/Download/Standard/MostUsed/，2023 年 12 月 10 日访问。

根据人口生育水平、死亡水平的变化特点，人口转变可以分为不同的阶段，传统的人口转变一般细分为四个阶段。(见图 6-2)

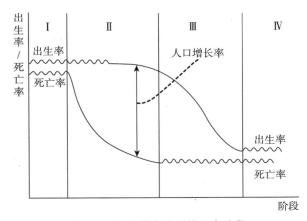

图 6-2　人口转变过程的四个阶段

第一阶段是人口转变发生之前的阶段,称为原始传统型人口发展模式。这一阶段人口发展模式的特点是高死亡率(25‰以上)、高出生率(35‰)和低的人口增长率。人口平均预期寿命不足 45 岁,总和生育率高于 6。

第二阶段是人口转变的起步阶段,也称为过渡型人口发展模式。在工业化初期,人口再生产模式为死亡率大幅下降,出生率却维持原状,甚至略有增长,因而使人口增长速度大大加快。其动力机制是社会生产力的发展和劳动生产率的迅速提高,物质产品日益丰富,人民生活水平普遍提高,科技和医疗卫生水平的提高有效地遏制了流行病的蔓延。

第三阶段是人口转变的关键阶段,也称为现代型人口再生产模式。在工业化后期,死亡率降至 15‰左右,生育观念发生重大改变,人们开始自觉控制生育,人口出生率迅速下降。人口自然增长率降至更替水平。

第四阶段是人口转变的完成阶段,也称为低生育型人口再生产模式。这发生于后工业社会,人口出生率与死亡率大致相当,一般出生率为 12‰—14‰,死亡率约在 10‰,平均预期寿命高于 65 岁,总和生育率低于 3 或低于更替水平。这一阶段达到了出生率与死亡率的新平衡,体现出现代人口的发展模式。

在民族国家的概念下,人口转变理论关注的是什么因素促成了人口转变,分析转变的动力机制,如生育率转变理论、流行病转变理论、死亡率转变理论和人口迁移转变理论等。

人口转变的现代化理论认为人口转变是现代化的结果,并分辨出第一现代性和第二现代性对人口转变具有的不同意义。其研究重点在于理解人类对人口转变规律的认识和人口转变与社会经济、文化观念变迁之间的内在联系。

人口转变的经典理论是对西欧等发达国家人口出生率、死亡率及其相互关系变化的历史过程的分析,这一过程如上述所言分为四个阶段。这也被称为第一次人口转变理论,其重点是分析人口死亡率下降的社会后果和社会高速发展特别是高等教育发展带来的人口结构的变化。流行病转变理论对此有很好的解释。但一些新的变化引发了学者的关注,并提出了"第二次人口转变"的理论。

第二次人口转变理论关注生育率降到更替水平后的继续下降,思考其变化的动力机制。该理论由比利时学者罗恩·列思泰赫(Ron Lesthaeghe)与荷兰学

第六章 人口转变

者迪克·范德卡（Dirk J. van de Kaa）于1986年提出。第二次人口转变的表现是晚婚、不婚、同居生育。它一方面表现出伴随少子老龄化出现的人口负增长，另一方面表现出人口迁移的增长。社会学强调与第二次人口转变相联系的第二现代性。第二现代性强调发达社会正经历着个体化社会的来临。在个体化社会，个人的经验和感受享有优先地位。由此个人对待婚姻和生育的态度决定了生育率的低水平。婚姻家庭制度面临挑战，晚婚、不婚、婚前同居以及非婚关系或伴侣关系越来越普遍；而生育成本不断增加，个人发展与子女发展之间形成内在张力，生育成为需要理性选择的个体行为，个体生育观念和生活方式的转变成为影响生育率的重要因素，这显示出其与经典人口转变理论的差异。总之，第二次人口转变理论更加强调的是影响生育的"观念变量"，其本质是观念的转变，由家庭至上转向个人至上，由社会责任转向生活方式的选择。

面对低生育率国家的外来人口迁移以及族裔结构的变化，美国学者戴维·科尔曼（David Coleman）于2006年提出"第三次人口转变"的概念[①]，他看到了全球化这些非传统要素对人口再生产的作用。科尔曼认为，无论是第一次人口转变理论还是第二次人口转变理论都未将人口迁移因素考虑进去，但21世纪国际人口迁移所带来的人口族裔、民族结构的变化正在一些发达国家和地区显现。所以，第三次人口转变理论重点考察迁移因素对人口变迁包括规模和结构的影响，特别是人口替代问题。人口仿真预测结果显示，2050年左右欧洲人口将有可能被移民人口所替代，即外来移民超过本土人口，占总人口的50%以上。

与此同时，生育率的下降有力地推动了社会经济的发展。以西欧为例，这些国家在实现现代化的初期都有人口的缓慢增长，这在三方面促进了经济的起飞：一是有利于资本积累，二是缓解了人口与耕地的紧张关系，三是提高了人均劳动生产率。[②] 后起之秀亚洲的日本、新加坡取得重要经济成绩的关键因素之一是它们在经济起飞的同时完成了人口转变。一方面，人口转变提供了良好的年龄结构，总人口中劳动年龄人口比重不断上升，为经济腾飞提供了充足的劳动力资

[①] David Coleman, "Immigration and Ethnic Change in Low-Fertility Countries: A Third Demographic Transition," *Population and Development Review*, Vol. 32, No. 3, 2006, pp. 401–446.

[②] 王渊明：《历史视野中的人口与现代化》，浙江人民出版社1995年版，第145页。

源;另一方面,人口抚养比迅速下降,减轻了国家的人口负担,有利于增加积累和筹集资金。

发展中国家的人口转变与发达国家有较大差异。其存在的问题和挑战较多,城市化和工业化的程度、教育的普及率和卫生健康服务等都深刻影响发展中国家的人口转变。但是近几十年来,发展中国家实现了具有自身特点的人口转变,特别是生育率转变,即通过政府的计划生育政策倡导、卫生和医疗条件改善以及避孕支持等政策,有效地降低了死亡率和生育率。

总之,人口转变和社会变迁紧密地嵌套在一起,呈现出多维的动态历史过程,不仅体现在生育行为、流行病和人口迁移的革命性变化中,还呈现出与个人生命和价值体系相关的婚姻模式、家庭结构、健康模式、消费模式的转型。

四、人口转变模式

人口转变理论是对发达国家和发展中国家人口再生产变化规律的认识和理论总结。但随着全球生育率的下降,人口转变越来越被视为人口变动的普遍规律,只是不同国家和地区因经济、文化和政治背景的不同呈现出不同的发展阶段,特别是生育调控手段的差异形成了不同的人口转变模式。

(一)发达国家自发型的人口转变模式

自发型人口转变的国家也被称为先驱型(forerunners)人口转变国家,这些国家的人口死亡率从1895年左右开始下降,生育率从1905年左右开始下降。这一类包括欧洲及其海外殖民地,属于传统的发达国家和地区。

自发型人口转变的国家,其经历的人口转变的历史相对漫长,耗时在90—140年左右。由死亡率下降带动人口生育率逐渐下降,控制生育成为自然的过程。

(二)人口转变的追随型模式

人口转变的追随型(followers)国家,其死亡率和生育率开始下降的时间分别为1925年和1950—1960年。这一类以亚洲国家和地区为主,属于新兴的工业化国家和地区。

（三）人口转变的追踪型模式

人口转变的追踪型（trailers）国家，其死亡率在1930—1940年间开始下降，生育率在1965—1975年间开始下降。主要包括亚洲和拉丁美洲的发展中国家和地区。

（四）人口转变的迟发型模式

人口转变的迟发型（latecomers）国家，其死亡率转变开始于1945年以后，生育率转变则发生在1980年以后。主要包括非洲的发展中国家和地区。

总之，人口转变是一场全球性的重大历史变革，从欧洲本土到美洲大陆再到新兴的工业化国家和地区，最后到占世界人口80%以上的发展中国家，所有的国家都已经完成或正在经历着这场变革。①

第二节　中国人口转变

一、中国人口转变过程

中国的人口转变是世界人口转变的一部分，且具有鲜明的自身特点。从1949年新中国成立后，中国人口再生产模式发生了巨大的变化，并开始了人口转变，这一人口转变大约在20世纪90年代早期完成。在不到50年的时间内完成人口转变使中国成为世界上人口转变最快的国家之一。中国的人口自然增长率经历了从自然增殖到自觉控制生育的变化。（见图6-3）

中国人口转变的起点如同多数学者认为的那样，是1949年10月1日中华人民共和国的成立，这标志着新时代的到来。我国进入和平时代，工业化、现代化进程全面展开，人口转变也由此开启。按照人口转变理论模式，死亡率从高转向低是人口从高出生率、高死亡率向低出生率、低死亡率转变的过程的必要条件。从表6-2可以看出，我国人口死亡水平自新中国成立后就进入迅速下降阶段，人口粗死亡率由1949年的20‰迅速下降到1970年的7.6‰。死亡水平迅速下降这一事实也被后来1982年全国人口普查数据所证实，并为中外学者所认

---

① 参见杨凡：《人口转变的中国道路》，中国人民大学出版社2014年版，第33—57页。

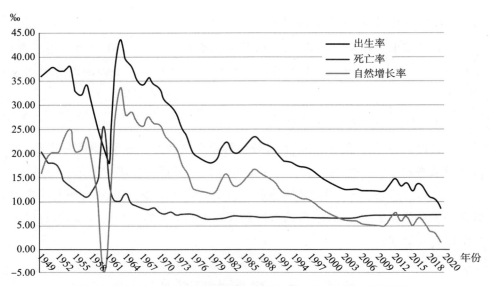

图 6-3　1949—2020 年中国人口出生率、死亡率、自然增长率变化

资料来源：根据国家统计局编：《中国统计年鉴 2021》，中国统计出版社 2021 年版，第 32 页绘制。

可。"至 20 世纪中叶，中国的死亡率开始以世界其他任何人口大国都无法比拟的速度下降。婴儿死亡率从 1950 年的 200‰ 下降到今天的 50‰ 以下。"[1] "到 1980 年，（中国）男女合计的预期寿命达到了 68 岁，这表明从 1949 年以来每年预期寿命增长 1.5 岁，这一增长是任何人口规模相当的国家所不能比拟的。"[2] 一个世界人口大国为何在短短 30 年的时间里取得了如此巨大的成就？

表 6-2　中国人口出生率、死亡率和自然增长率的变化（1949—2020 年）

单位：‰

年份	出生率	死亡率	自然增长率
1949	36.00	20.00	16.00

---

[1] 〔美〕李中清、王丰：《人类的四分之一：马尔萨斯的神话与中国的现实（1700—2000）》，陈卫、姚远译，生活·读书·新知三联书店 2000 年版，第 49 页。

[2] Judith Banister and Samuel H. Preston, "Mortality in China," *Population and Development Review*, Vol. 7, No. 1, 1981, pp. 98–110.

单位:‰(续表)

年份	出生率	死亡率	自然增长率
1952	37.00	17.00	20.00
1957	34.03	10.80	23.23
1965	37.88	9.50	28.38
1970	33.43	7.60	25.83
1975	23.01	7.32	15.69
1980	18.21	6.34	11.87
1985	21.04	6.78	14.26
1990	21.06	6.67	14.39
1995	17.12	6.57	10.55
2000	14.03	6.45	7.58
2005	12.40	6.51	5.89
2010	11.90	7.11	4.79
2015	12.07	7.11	4.96
2020	8.52	7.07	1.45

资料来源:国家卫生计生委计划生育基层指导司、中国人口与发展研究中心编:《人口与计划生育常用数据手册(2015)》,中国人口出版社2016年版,第119—120页;国家统计局编:《中国统计年鉴2023》,中国统计出版社2023年版,第32页。

一方面,进入20世纪,人类死亡疾病模式已经发生了巨大的变化。二战以后,广大发展中国家,如同人口学家诺特斯坦(F. W. Notestein)所指出的那样:"死亡率相对迅速下降是对外部变迁的反映,因为人类总是渴望健康。然而,生育率的下降则有待旧的社会经济制度的逐渐消失和有关家庭规模的新观念的逐步确立。"①"在欧洲,控制死亡的知识缓慢地发展着,因此,人口也逐渐地增加。不发达国家则可以直接利用发达国家和自己所积累起来的知识,因此,死亡率的下降比西欧曾经历的要迅速得多。在毛里求斯,死亡率从27‰降到15‰也只花了7年时间,而英格兰和威尔士却为此花了100年的时间。"②中国作为发展中

---

① 顾宝昌编:《社会人口学的视野——西方社会人口学要论选择》,商务印书馆1992年版,第123页。
② 转引自〔意〕卡洛·M.奇波拉:《世界人口经济史》,黄朝华译,商务印书馆1993年版,第77—78页。

国家也享受了人类发展的共同成果。

另一方面,也更为重要的是,现代医疗知识和医药技术并不是免费的午餐。对于刚刚从战乱中走出的农业人口大国,如何保障人民的基本生活水平、普及医疗健康知识和应用医药技术才是最大的问题。事实上,这是新中国成立以后,我国医疗卫生事业快速发展,特别是60年代中期开始我国在广大农村地区建立起医疗保障制度的结果。1965年6月26日,毛泽东在与医务人员的谈话中,发出了"把医疗卫生工作的重点放到农村去"的指示,后称"六二六指示"。60年代中期以后,我国在广大农村地区建立起了"赤脚医生"制度和农村合作医疗制度,正是这项惠及广大农民的医疗健康卫生制度使我国人口平均预期寿命大大提高。20世纪70年代末,我国医疗保障制度一度几乎覆盖了所有的城市人口和85%的农村人口,被世界银行组织赞誉为"这是低收入发展中国家举世无双的成就"。所以,从1949年到1979年短短30年间,中国人口从5.4亿迅速增长到了9.8亿,超过了人类历史上各国任何一个时期人口增长数量。显然这不是我国人口"多生误增"的结果,而是"少死多增"的结果,这是毛泽东时代以人为本、以人民健康福祉为中心的伟大成就。

20世纪70年代初期,我国人口转变进入了第三个阶段,即人口生育水平下降阶段。(见图6-3、表6-2)1971年,在国务院转发卫生部军管委、商业部、燃料化学工业部《关于做好计划生育工作的报告》的文件之后,计划生育工作在全国迅速展开。20世纪70年代,我国人口总和生育率转变在国家强有力的计划生育政策指导下,取得了巨大的成功。人口出生率从1970年的33.43‰迅速下降到1980年的18.21‰。(见表6-2)中国人口生育水平转变速度之快,为世人所瞩目,"这是一个人类历史上任何人口大国都无法相比的纪录"[①]。与同期联合国定义的发展中国家相比,20世纪50年代我们的人口生育水平在相同的高水平上,但从20世纪60年代末期开始,我国人口总和生育率迅速下降,与发展中国家"分道扬镳"。到70年代末,与发展中国家平均水平相比,生育水平由以前相同到差出了2个孩子左右。(见图6-4)实际上我国人口生育水平转变是在我

---

① 〔美〕李中清、王丰:《人类的四分之一:马尔萨斯的神话与中国的现实(1700—2000)》,陈卫、姚远译,生活·读书·新知三联书店2000年版,第133—134页。

国经济发展水平比较低的条件下实现的,彼时我国人均国民收入仅200—300美元,远低于西方学者界定的人口生育率加速转变的临界值(人均800美元)。在这样的经济条件下,中国基本实现了人口生育水平转变,这是西方人口转变理论不能解释的现象。

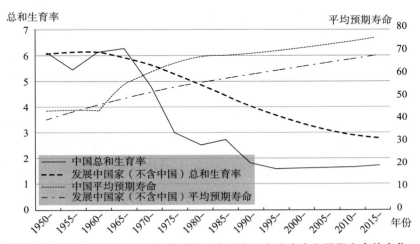

图6-4　1950—2020年中国与其他发展中国家总和生育率和预期寿命的变化

资料来源：UNDESA, *World Population Prospects 2022*, https://population.un.org/wpp/Download/Standard/MostUsed/,2023年12月10日访问。

20世纪80年代末比较普遍的观点认为,中国人口转变是社会经济和计划生育共同作用的结果,而且,经济发展的程度影响着计划生育的开展,社会经济因素在人口转变中的作用不容忽视,这种观点被不少定量分析所证实。一项社会经济因素与计划生育的相关分析表明,人均收入、受教育水平是对生育率影响最大的两项社会经济参数[1];另一项定量分析表明,生活质量指数、妇女地位指数和有效避孕率与生育率的相关系数均很高[2]。一些国际比较的研究利用历史数据也发现,20世纪70年代中期,单纯从经济指标即人均GDP来看,我国生育

---

[1] 蒋正华:《社会经济因素对中国生育率的影响》,《人口研究》1986年第3期,第25—30页。
[2] 顾宝昌:《论社会经济发展和计划生育在我国生育率下降中的作用》,《中国人口科学》1987年第2期,第2—11页。

水平是个"异常值",明显超前于经济发展水平①,但在国际比较中,我国社会发展指标如女性受教育水平和婴幼儿死亡水平则与人口生育水平相符②。从人口生物因素来看,正是五六十年代我国人口死亡水平的迅速下降奠定了生育水平下降的基础,成为生育率下降的前提条件;而新中国成立后广大女性受教育水平和社会地位的提高则是计划生育能够顺利实施的保证。我国在1970—1979年短短十年间人口生育水平的迅速转变是社会经济发展和"晚、稀、少"计划生育政策共同作用下的人口成就。

1979年后,我国进入人口转变的第四阶段,人口出生率和死亡率分别由1949年的36‰和20‰下降到了1980年的18.21‰和6.34‰。人口总和生育率从新中国成立前夕的6以上迅速下降到了1980年2.31的更替水平;人口平均预期寿命也由新中国成立前的40岁左右提高到1980年的60多岁,短短30多年间基本上完成了人口转变,创造了发展中国家乃至世界人口历史的奇迹。这一奇迹得益于新中国成立之后的社会经济发展和各项社会政策(包括人口政策)。而人口政策则是毛泽东以人为本关注民生发展如健康和教育的人口思想的集中体现。③

二、中国人口转变特征

纵观中国人口转变,会发现其与西方传统人口转变相比有许多不同。中国人口转变的不同既表现在人口转变的时空过程上,也表现在诱发人口转变的原因机制方面,这些都显示出中国人口转变的自身特征。

(一)人口转变的"压缩性"

简单地从转变的时间形式上考察,中国人口转变具有时间"压缩性"特点,表现为人口转变的急速性。中国的人口转变始于20世纪50年代,比西方国家

---

① 曾毅、顾宝昌、郭志刚等:《低生育水平下的中国人口与经济发展》,北京大学出版社2010年版,第16—17页。

② Feng Wang, Yong Cai and Ke Shen, "Is Demography Just a Numerical Exercise? Numbers, Politics, and Legacies of China's One-Child Policy," *Demography*, Vol. 55, No. 2, 2018, pp. 693—719.

③ 参见李建新:《毛泽东时代的人口政策与人口转变》,载任远主编:《历史的经验:中国人口发展报告(1949—2018)》,经济管理出版社2019年版,第94—118页。

晚一个到一个半世纪。从人口的高出生率、高死亡率到人口的低出生率、低死亡率的转变过程来看，中国人口转变的确是非常迅速的。人口转变一般是从死亡率下降开始的，中国的人口转变也不例外。自新中国成立以来，除三年困难时期以外，人口死亡率迅速下降直至稳定到6‰—7‰的水平。在西方最早发生人口转变的国家中，死亡率降低同样大的幅度花费了近百年的时间。中国人口死亡率转变如此迅速主要得益于新制度的建立，即公有制的分配制度保证了绝大多数人口的基本生活，以及有效的医疗卫生体系特别是在广大农村地区医疗体系的建立。

1949年以后，全国人口出生率一直保持在35‰左右的高水平，60年代中期，虽然部分城市人口的出生率已开始转变，但就全国而言，人口出生率的转变始于70年代初期及其后人口计划生育工作的展开。在计划生育工作的促进下，人口出生率、生育水平迅速下降，出生率由1969年的34.25‰迅速下降到了1979年的17.82‰，下降了近50%，同期总和生育率由5.7迅速下降到2.7，下降了50%以上，中国人口生育率转变非常迅速。

（二）人口转变的"计划控制性"

与西方发达国家的人口转变相比，中国人口转变机制有所不同。西方传统人口转变是自发的，是伴随着工业化、现代化进程缓慢发生的。西方人口在19世纪初之前，出生率高达35‰，死亡率也在30‰左右。19世纪初期，由于工业化和医疗、公共卫生条件的改善，死亡率出现下降，西方人口转变由此开始。到19世纪后期，出生率也开始下降，但大幅下降是在社会经济发展到一定的水平、死亡率下降很久之后的20世纪初才出现的。20世纪上半叶西方各国才陆续完成了人口转变，整个人口转变如同其现代化进程一样自然而然地缓慢完成，历时百余年。显然西方人口转变是工业化、现代化的结果，是生育观念、生育行为转变的结果。

中国人口转变不是一种自发过程，实际上，中国作为"外生型"现代化国家，自新中国成立以后，人口转变就如同工业化、现代化一样，是在政府的自觉"计划干预"下进行的。人口死亡率迅速下降，与公有制的建立和医疗制度的普及以及提高人民群众健康水平的政策直接相关，因此中国人口转变首先就表现在政府自觉"干预"下的死亡率急速下降上。对生育率的明确"干预"虽始于70年代初期,但并不是说,五六十年代中国政府对人口生育完全处于一种放任的状态。实际上,五六十年代虽然在人口理论学界对马寅初积极主张控制人口有所批判,但在人口政策中依然有明确的提倡节育的倾向。1971年7月,国务院转发了《关于做好计划生育工作的报告》,强调进一步贯彻落实毛泽东主席"人类要控制自己,做到有计划地增长"的指示。1973年7月,国务院成立了计划生育领导小组,当年12月提出了全国统一的计划生育政策,即"晚、稀、少"政策。1978年,国家在新修改的宪法中,第一次把"计划生育"纳入法制的轨道。同年,党中央批转《关于国务院计划生育领导小组第一次会议的报告》,明确提出"提倡一对夫妇生育子女数最好一个,最多两个,生育间隔三年以上"。80年代初,党中央又进一步提出"一孩"生育政策,在考虑到现实状况之后,于80年代中期对"一孩"政策进行了调整,允许农村女儿户生育二孩。随后,在此基础上,全国各省份相应地出台了计划生育条例,坚持实行计划生育基本国策。可以看出,我国人口生育率70年代以后迅速转变的轨迹与计划生育政策的变化是直接相关的,国家从70年代开始明确地"计划干预"人口的生育过程,使我国人口生育率迅速下降和迅速转变。虽然社会经济发展是影响生育率转变的基础变量,但毫无疑问,计划生育国策是促进我国人口迅速转变的重要原因。[1]

因此,与西方传统的人口转变相比,中国人口转变有着明显的政府"计划控制"的特性。不少学者研究指出,西方人口转变是自发的,而中国人口转变是诱导的。诱导性人口转变的特点是:人口转变在前,经济转变在后;生育率转变在前,生育观转变在后,社会干预的作用大于生育观相对独立的作用;家庭生育率转变是生育主体在社会干预下,不得不接受的诱导性、被动性的行为转变。[2] 另一些研究指出,中国生育率下降实际上受到三种力量(强制力、诱导力和自发力)的影响。强制力主要是指计划生育工作中带有一定强制性的行政手段;诱导力是通过利益关系的调节和整合、宣传教育以及优质服务而培育起来的;自发

---

[1] 参见路遇主编:《新中国人口五十年》上,中国人口出版社2004年版,第158—159页。
[2] 张树安编著:《民族地区人口与经济可持续发展论》,民族出版社2005年版,第179页。

力指的是现代化特别是生育文化的现代化力量对于生育率下降的正面影响。①总之,中国的人口转变在机制和动因上都与西方人口转变有着显著的不同,人口转变过程有着明确的"计划性"。②

中国人口转变的独特性带来了当今中国复杂的人口形势和局面,主要表现为:

第一,人口转变超前于国家的经济社会发展,多种人口问题并存且复杂。如生育率急剧下降带来的人口老龄化问题、出生性别比问题、婚姻市场挤压问题、城镇化问题等。纵观发达国家人口转变的历史,人口问题的出现分散在不同的历史时期,问题的解决也是伴随着现代化进程的推进,而中国出现了农业社会转型中人口城镇化的压力、工业社会转型中人口素质的压力和后工业社会中人口老龄化压力等问题共存的特点。

第二,城乡差异明显。一些大城市已然进入第二次人口转变,生育率下降的动力与人们的婚姻观和生育观的变化相关,晚婚和晚育成为普遍现象。

第三,对人口问题的认识存在不一致性。面对生育率的快速下降,生育政策发生转变,但生育政策的转变能否在第二次人口转变的背景下起到激励生育的作用仍有争议。这需要更多的生育友好型的公共政策,需要以长远的、统筹的、协调的和可持续的思路制定我国人口发展战略和人口政策。

小　结

人口转变是对人口再生产模式的历史、现状和未来规律性的总结。人类历史上存在过原始传统型人口再生产模式、过渡型人口再生产模式和现代型人口再生产模式。生育率转变理论、流行病转变理论、死亡率转变理论和人口迁移转变理论以及现代化理论从不同的角度阐释了人口转变的动力机制。人口转变的经典理论建立在发达国家经验的基础上,中国作为发展中国家,生育率的下降有社会发展的因素,也有政府干预生育的政策作用。

---

① 国务院第五次全国人口普查办公室编:《世纪之交的中国人口(全国卷)》,中国统计出版社2006年版,第17—18页。

② 李建新:《世界人口格局中的中国人口转变及其特点》,《人口学刊》2000年第5期,第3—8页。

思考题

1. 论述人口再生产的不同模式。
2. 分析中国人口转变的特点及原因。

 推荐阅读

李建新:《中国人口结构问题》,社会科学文献出版社 2009 年版。

杨凡:《人口转变的中国道路》,中国人民大学出版社 2014 年版。

任远:《后人口转变》,复旦大学出版社 2016 年版。

第三编　人口结构

人口结构是人们的社会位置以及彼此之间的关系,是一个国家或地区的总人口中,年龄、性别、阶级、婚姻、就业以及受教育程度等社会人口特征的分布状况和关系状况。人口结构对人口变化和社会发展有全面影响,它是人口再生产和社会发展的基础,对社会发展起着促进或制约作用。

本编分析人口年龄结构、人口性别结构、人口质量、婚姻家庭结构、人口空间结构和城镇化,目的在于:(1)了解各类人口结构的基本特征;(2)解释形成各种类型人口结构的原因;(3)分析人口结构潜在的社会问题和可能的社会政策,如对人口老龄化、贫困问题、城镇化等进行研究。

第七章

人口年龄结构

第一节 人口年龄结构的基本概念和理论

一、人口年龄结构的基本概念

(一) 年龄测量

人口年龄结构(age structure)是一定时点、一定地区各年龄组人口在全体人口中所占比重,通常用百分比来表示。人口年龄结构是基本的人口结构,属于人口自然构成。它深刻地影响着人口过程和社会结构的诸多方面。掌握人口年龄结构有利于制定各种社会发展规划、社会服务计划和协调不同年龄群体之利益的优先性。年龄是以年为计量单位的人生尺度,表明一个人从出生到现在为止生存的时间长度。人口统计或人口普查要求以周岁年龄为统计标准,周岁年龄是指某人实际存活的年数,取整数的下限。如不到 1 周岁的人计为 0 岁;而就算某人只差一天就过 19 周岁生日了,人口普查时仍要按照他实际过的生日次数确定其为 18 岁。联合国对年龄的定义是:年龄是出生日期与普查日期之间的间隔时间,其时间的计算以整数日历年表示。0 岁组(新生儿)人口常常需要计算确切的天数。年龄的测量经常会遇到"年龄堆积"问题,即由于各种原因,人口普查时被调查者把自己的年龄近似地报为 0 或 5 这样的整数,如 38 岁就说成是 40

岁。为保证人口普查的质量,一般用出生时的年月进行人口登记,再由调查者重新计算。

平均年龄和年龄中位数是经常使用的年龄指标,反映了人口构成的年老或年轻程度。平均年龄表示总人口的平均年龄状况,是所有人的年龄之和除以总人口数。平均年龄包括了年龄的极端值,因此可能受到少数极端年龄值的影响。年龄中位数也叫中位年龄,是所有人按年龄由小到大排序时位于中间位置的年龄值,即把人口分为两个数目相等的部分,一部分在年龄中位数以下,另一部分在年龄中位数以上。年龄中位数的优点是不受数据中极端值的影响,能够真实反映人口年龄的集中趋势和分布特征。

（二）年龄分组

为了统计方便,常常将年龄进行分组,分组依据大致有以下三种。

（1）年龄的时间顺序（chronological age）分组。有两种形式:一是以1岁为一组,其他的年龄分组可以在此基础上合并得出。二是以5岁为一组,按0—4岁,5—9岁,10—14岁……依次分组。使用5岁一组的年龄分组有利于定性分析。如果使用组距更大的分组,如按10岁分,则可能丢失一些与年龄相关的信息。

（2）生物学年龄（biological age）分组,是以个人生命历程中所处位置具有的生物学意义进行的分组,如婴儿期、学龄前儿童期、少年期、青少年期、青年期、成年期和老年期等。

（3）社会学年龄或社会年龄（sociological age）分组,是指根据人们承担某种社会角色的年龄进行分组,一般是依据具有社会意义的年龄标识进行分组。如依据国际通用劳动年龄分组,15—64岁的人口为劳动适龄人口,0—14岁和65岁及以上的人口为非劳动适龄人口;依据生育状态,可将育龄妇女定义为15—49岁的女性。

（三）人口金字塔

人口金字塔（population pyramid）是以条形图的形式直观地表现人口的年龄结构与性别结构的组合图形,全称为人口年龄和性别结构图。它以纵轴表示年龄,横纵表示人口数量或比重。横轴的左边表示男性人口,横轴的右边表示女性人口,年龄组最小的放在底层,然后逐一将相邻各年龄组向上叠加。人口年龄和性别结构图可以有多种形态,但常见的有三类(见图7-1),以金字塔形(人口增长型)为相对标准型,但并不是每一种人口年龄和性别结构图都呈现出底宽顶尖的金字塔形状。

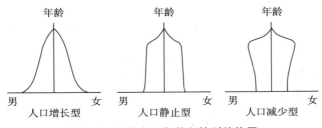

图 7-1　三种人口年龄和性别结构图

(四) 人口年龄结构类型及相关分析

1. 三种人口年龄结构类型

根据一个国家或地区的老年人口比重、少年儿童人口比重、老少比和年龄中位数的状况可以判断一个社会的人口年龄结构类型是年轻型、成年型还是年老型。

从表7-1可以看出:年轻型是指少年儿童(0—14岁)人口占总人口40%以上的社会;成年型是指少年儿童人口占总人口30%—40%的社会;年老型是指少年儿童人口占总人口30%以下,而老年(65岁及以上)人口占总人口10%以上的社会。人口年轻化和人口老龄化是指人口年龄的变化趋势,其从动态的角度说明未来的人口年龄结构是向年轻型还是向年老型变化。因此,人口年轻化是指年轻人口的比重大于其他年龄段的人口,而人口老龄化是指总人口中呈现出老年人口比重不断增长的趋势。

表 7-1　划分人口年龄结构类型的标准数值

年龄结构类型	老年人口比重	少年儿童人口比重	老少比	年龄中位数
年轻型	5%以下	40%以上	15%以下	20岁以下
成年型	5%—10%	30%—40%	15%—30%	20—30岁
年老型	10%以上	30%以下	30%以上	30岁以上

联合国规定老年人口的年龄起点为 60 岁或 65 岁。随着人口预期寿命的不断延长,大多数国家都以 65 岁为老年人的起点。根据《中华人民共和国老年人权益保障法》第二条,我国把 60 周岁以上的公民界定为老年人。有的国家判定老年人口的年龄起点依据分性别的标准,在做国际比较时,要注意各国使用的年龄分类标准。

老年人口比重是指 65 岁及以上的老年人口在总人口中的比例,即

$$老年比重 = \frac{65 岁及以上人口数}{总人口数} \times 100\%$$

少年儿童比重是指 0—14 岁的少年儿童人口在总人口中的比例,即

$$少年儿童比重 = \frac{0—14 岁人口数}{总人口数} \times 100\%$$

老少比也称老化指数,是指人口中老年人口数与少年儿童人口数之比例,即

$$老少比 = \frac{65 岁及以上人口数}{0—14 岁人口数} \times 100\%$$

划分人口年龄结构类型有重要的社会政策意义。第一,有利于确定社会政策的重点。年轻型社会的社会政策重点应放在青少年权益问题、教育问题、青年人就业问题、婚恋问题和住房问题等上。年老型社会的社会政策应重点关注各种养老问题、医疗保健服务问题和劳动力供给问题等。成年型社会的社会政策应重点关注社会财富积累问题等。第二,有利于制定人口政策以引导未来人口再生产的规模和速度。

2. 人口年龄结构类型的演变

人类历史上存在过两种年轻型的人口年龄结构类型。一是 18 世纪以前普遍存在的原始型年轻人口结构,在这一结构中,老年人口比重不足 4%,老少比不足 15%,但人口增长尤其缓慢。原始型年轻人口结构多出现在社会生产力水平十分低下的原始社会,人口寿命很少超过 40 岁,老年人口比重绝对性偏低;死亡率高,尤其是婴儿的高死亡率决定了婴幼儿人口虽然数量大,却不能形成人口高增长态势。二是 18 世纪后出现的增长型年轻人口结构。18—20 世纪初,发达国家人口死亡率的下降促发了人口高速增长,少年儿童人口比重提高到 40% 以上,人口年龄结构年轻化。发展中国家在第二次世界大战结束后人口死亡率开

始大规模下降,出现了人口高增长和人口年轻化。发展中国家人口趋向年轻化时,发达国家的人口年龄结构已向成年型和老年型发展。

进入 21 世纪,伴随着人口生育水平持续下降和人口平均预期寿命不断提高,世界人口无论是发达国家还是发展中国家都趋于少子老龄化。

3. 人口年龄结构类型与社会经济发展

人口年龄结构类型与社会经济发展之间存在紧密联系,表现为抚养比与社会经济发展之间的关联。抚养比(dependency ratio)是用百分数表示的非劳动适龄人口数(消费人口数)与劳动适龄人口数之比。

$$抚养比 = \frac{0—14 岁人口数 + 65 岁及以上人口数}{15—64 岁人口数} \times 100\%$$

劳动适龄人口的国际标准是 15—64 岁人口,当抚养比较低时,人口年龄结构有利于经济发展和积累,相对于其他人口年龄结构就促成了一个国家经济发展的"黄金时代",也被称为人口红利期。从历史的角度看,许多国家的经济起飞得益于适当的人口年龄结构。日本、新加坡在二战之后的经济起飞就充分利用了人口年龄结构的"黄金时代"。以日本为例,人口年龄结构和经济发展的关系表现为:第一,丰盛的劳动力供给为经济增长提供了巨大的推动力。20 世纪 50—60 年代,日本劳动力以 2%左右的高比率增长;1955—1970 年,日本就业人口的年增长率仍保持在 1.5%。第二,劳动力素质不断提高,高学历化和企业内部职工培训工作的开展促进了劳动生产率的提高。第三,年轻劳动力多具有流动偏好,强化了劳动力从第一产业向第二、三产业的转移,劳动附加值不断提升。第四,较低的抚养比带来高储蓄,增强了日本经济的投资力度。个人储蓄占日本资本结构的大部分,较低的家庭抚养负担使个人储蓄长期维持较高水平。1970 年前后,日本的抚养比为 45%,是世界上抚养负担最低的国家,它对资本形成和劳动力供给起到了有利的作用,因此这一时期成为日本经济高速增长的全盛期。[①] 然而,进入 21 世纪,日本出现了少子老龄化趋势,过高的抚养比延缓了经济增长。

---

① 〔日〕大渊宽、森冈仁:《经济人口学》,张真宁等译,北京经济学院出版社 1989 年版,第 229—230、213 页。

二、年龄分层和同期群分析

(一) 年龄分层

年龄角色(age roles)是指与年龄相关的一整套权利、责任和社会关系体系，它是社会分层的基础。从古至今，任何社会都有复杂的年龄地位体系。

第一，年龄分层是指社会按照年龄差异将人群区分为高低不同的等级序列。不同年龄的人享有不同的资源并且在可能获得的社会赞许、接受度和尊重等方面存在差异。年龄分层理论关注随年龄变化而改变的社会地位和资源分配。赖利等人认为，年龄等级(age hierarchies)规定了人在某一年龄所拥有的生活机会、权利、特权和回报。社会文化的内涵规定了年龄地位，规定了人们生命历程的标准化模式，人们在社会中必须按照社会时间表的规定来参与社会生活。[1]

第二，年龄分层是一个动态变量。随着个人年龄的变化，人们在社会等级中的位置不断变化，这种变化依从于一系列与年龄相关的社会角色的社会流动。现代社会与传统社会有关年龄分层的内涵不同。在传统社会中，年龄在很大程度上决定了人们的社会地位，成年的界线被视为划分身份的重要标准。成年仪式具有重要的符号功能。中国古代有"成冠"之说，强调由长幼顺序决定的社会地位。在现代社会中，依年龄而变的社会角色内容、规范和期望有所改变，年龄因素更多地与资源和竞争力相关。

(二) 同期群和同期群效应

同期群(cohort)是指同一年代出生的一群人，可理解为是由年龄相近者构成的、具有相同时代背景的人群。同期群将年龄相关的社会角色、年龄分层和历史事件结合起来。同期群流动(cohort flows)指个人在一生中随着年龄的增长在各个年龄阶段经历的社会角色的变动，包括个人生理、心理和社会变迁的相互关系。

同期群研究关注同期群效应(cohort effect)，当社会变迁对同期群产生影响时，同一年龄段的人将历史事件联系起来。如"共和国的同龄人""改革开放的

---

[1] 参见 M. W. Riley, M. Johnson and A. Foner, eds., *Aging and Society*, Vol. 3: *A Sociology of Age Stratification*, Russell Sage Foundation, 1972。

孩子们"等。美国社会史学家格伦·埃尔德参照重要的历史事件建立事件史与个人生命历程之间的联系,提出"大萧条的孩子们"的概念,由此分析一代人因历史变迁而具有的行为习惯和心理特性。①

(三) 生命历程研究

生命历程(life course)这一概念自 20 世纪 70 年代由埃尔德明确提出后,被广泛应用于社会学、心理学和人口学等领域。埃尔德将生命历程视为"在人的一生中通过年龄分化而体现的生活道路"。它包含了个人从出生到死亡的全过程,包括由年龄区分的生命跨度(life span)、发展路径(development pathways)以及各种生活机会和重要的生命事件(life events)。生命历程理论认为,不同年龄段的个体在社会生活中具有不同的参与结构和参与性质;个体历经重要的生命事件来认同和调适自己的社会角色,转换相应的权利、义务、规范和期望关系。伴随着年龄的变化,社会分配机制也在发生变化,个体在生命历程的不同阶段享有相应的社会地位。个体的生命轨迹可以做生活史研究以及细化为教育史、婚姻家庭史、生育史和劳动就业史等研究。

吉登斯认为,每个人在日常生活时空路径中的定位过程都同时是其"生命历程"或生活道路的定位过程。生活路径上进行的定位总是与社会身份的类别化过程有着密切关系。② 每个人都有自己的生命历程;就社会而言,个体生命历程的共性反映着社会变迁的轨迹。

托马斯和兹纳涅茨基的《身处欧美的波兰农民》一书运用生活史、生活记录和情景定义的方法研究移民的生活轨迹和社会变迁。③ 人口社会学意义上的生命历程研究还有如下议题:(1)生命历程与生育、死亡和迁移相关的重要生命事件之联系。普遍意义上的生命事件包括:出生、上学、就业(失业、转业)、结婚(离婚、再婚)、生育、养育、子女成年离家(子女结婚)以及衰老和死亡。(2)生命

---

① 参见 Glen H. Elder, *Children of the Great Depression: Social Change in Life*, University of Chicago Press, 1974。

② 参见〔英〕安东尼·吉登斯:《社会的构成——结构化理论大纲》,李康、李猛译,生活·读书·新知三联书店 1998 年版,第 163 页。

③ 参见 William Thomas and Florian Znaniecki, *The Polish Peasant in Europe and America*, Vols. 1-5, The Gorham Press, 1918-1920。

历程的转折点研究。寻找生命轨迹中的转折点,即结婚、生育、工作、迁移等产生的持续影响,转折点可视为生命历程中被感知的道路标识,代表个人对生活的连续性和稳定性以及非连续性和变化性的主观评价,有助于探讨个体对自身命运的把握及其与社会变迁之间的关系。(3)生命历程中的轨迹(trajectory)和特点研究。所谓轨迹是个人生命历程的发展线路,它对人的行为有深远的影响。虽然生命历程的轨迹是纷繁多样的,但是基本的人生轨迹可以通过对同期群的研究获得。(4)研究背时(off time)事件。背时事件是指正常生命历程中出现的一些非个人所能左右的事件,这些事件改变了个人原有的生命轨迹。这种突发的事件多与社会变迁相关。典型的背时事件有战争、天灾、重要的社会事件以及个人重要的生命事件,背时事件迫使个体在动荡的社会中反思和重建自己的生命意义。

人的生命历程看似是生物过程,但人类个体从出生到成熟再到年老、死亡的整个生命历程无不受社会的影响。个人生命历程的长短、生命时段以及在每一生命时段的机会都取决于人们身处的社会,具有鲜明的历史性。美国经济社会学家泽利泽(Viviana A. Zelizer)指出,美国在现代化的进程中经历了"儿童生命神圣化"的过程。在19世纪80年代,美国5岁以下儿童的平均死亡数量占死亡总人数的40%。到了20世纪20年代,这一数字降到了21.7%。到1925年,纽约学龄儿童大规模地接种白喉和天花疫苗,这意味着主要传染性疾病基本被消灭。此后儿童生命获得了道德优先权。[①] 预期寿命的延长影响了人类生命历程的时间跨度。在传统社会,30岁左右的人口就是高龄人口。现代社会,人们一生中的时间、空间和生活内容都变得更加丰富。

三、人口老龄化

人口老龄化(population aging)是指在年龄结构类型已属年老型的社会中,65岁及以上人口的比重逐渐增加的过程。

[①] 〔美〕维维安娜·泽利泽:《给无价的孩子定价:变迁中的儿童社会价值》,王水雄、宋静、林虹译,格致出版社2008年版,第24页。

第七章 人口年龄结构

老年人口的概念是变动的,随人类寿命的延长而变化。20世纪初,60岁及以上的人口便是老年人口。60年代后,65岁及以上的人口是老年人口。随着医疗和科技的发展,蒂莫西·皮尔科夫(Timothy V. Pyrkov)等预言,21世纪人类有望活到120—150岁,那么老年人口的概念就要重新界定。目前,可对老年人口进行如下分组:一是低龄老年人(the young-old),也称年轻的老年人,年龄大约在65—74岁,这些老年人虽然退出了社会劳动领域,但身体状况良好,具有自主生活能力。二是高龄老年人(the old-old),年龄一般在75岁及以上,他们多出现退行性疾病,行动不便,需要他人照料以及国家制定相关的养老政策。

分析人口老龄化需要注意以下几个方面:

第一,区分人口老龄化和年老型社会。这是两个既有联系又有区别的概念。年老型社会是一个静态指标,是指某个社会65岁及以上人口的比重超过10%的社会。而人口老龄化反映了社会在一个时期内的人口年龄结构的变化过程,表示人口总体在向年老型演变,或年老型的人口年龄结构进一步发展。人口老龄化必然使社会处于年老型。

第二,人口老龄化不是老年人口绝对数量的增加,而是老年人口相对于少儿组人口的增加,是人口年龄结构的相对变化,特别是生育率的下降导致的老龄化常常被称为"少子老龄化"。

第三,人口老龄化是人口转变的必然阶段。随着人口出生率和死亡率的下降以及人类预期寿命的延长,人口平均年龄和年龄中位数不断上升,整个人口会逐渐趋于老龄化。虽然各国和各地区人口老龄化过程不尽相同,但在现代化过程中都会面临老龄化问题。

人口老龄化问题日益受到国际社会和学术界的重视。为了应对老龄化风险、提高老年人的福祉,1950年,国际老年学学会(2004年更名为国际老年学和老年医学学会)成立。

20世纪70年代前后,欧洲一些国家率先进入了人口"零增长"状态,由此开始了人口老龄化的进程。20世纪70年代初,德国出现人口负增长,随后,一些发达国家,如意大利、瑞士、挪威等国家相继出现了人口零增长,甚至负增长。进入21世纪,世界人口老龄化已成为不可逆转的事实。(见表7-2)

表 7-2　世界范围内 65 岁及以上人口数量和占比的变化趋势

地区	65 岁及以上人口	年份								
		2020	2030	2040	2050	2060	2070	2080	2090	2100
世界	数量/亿	7.39	10.11	13.30	16.03	18.82	20.67	22.69	23.96	24.87
	占比/%	9.43	11.82	14.47	16.51	18.70	20.08	21.79	22.99	24.03
发达国家	数量/亿	2.46	2.94	3.29	3.52	3.66	3.67	3.74	3.74	3.72
	占比/%	19.27	22.96	25.73	27.76	29.50	30.20	31.42	31.92	32.31
发展中国家	数量/亿	4.94	7.16	10.00	12.51	15.16	17.00	18.95	20.23	21.14
	占比/%	7.52	9.86	12.65	14.82	17.18	18.72	20.54	21.86	22.99

资料来源：UNDEDSA, *World Population Prospects 2022*, https://population.un.org/wpp/Download/Standard/MostUsed/，2023 年 12 月 10 日访问。

第二节　中国人口年龄结构研究

中国人口的年龄结构从新中国成立时的年轻型,经历了 70 多年的人口变迁,目前已开始步入老龄化进程。对中国人口年龄结构的研究主要集中在少年儿童人口研究、人口红利研究和人口老龄化研究三个方面。

一、少年儿童人口研究

在全球化和中国快速发展的背景下,青少年问题成为与发展相关的热点问题,其中包括独生子女问题、留守儿童问题、流动儿童问题等,研究主要定位于少年儿童人口的现状和权利实现的状况。

(一) 独生子女研究

20 世纪 80 年代初,中国人口冲破 10 亿大关,实施控制人口过快增长的生育政策刻不容缓。1980 年 9 月,我国独生子女计划生育政策正式出台。研究表明:2010 年,在 14—30 岁人口中,独生子女占 29.1%;其中,城市人口达 37.3%,男性占 41.9%,女性占 31.9%。[1] 人口社会学关注独生子女家庭的代际关系、婚

---

[1] 黄盈盈、潘绥铭:《"单性别成长"的独生子女婚恋状况的对照研究——全国 14—30 岁总人口随机抽样调查分析》,《中国青年研究》2014 年第 6 期,第 51—56 页。

姻关系、养老压力和失独老人的政策支持等议题。

　　风笑天根据全国五大城市的抽样调查资料对我国城市第一代独生子女父母的家庭结构进行了探讨。研究表明：(1)我国城市第一代独生子女父母在21世纪初的家庭结构以核心家庭为主。即第一代独生子女父母中的大部分人在21世纪初是与他们的未婚子女住在一起的。他们的家庭结构与同龄非独生子女父母的家庭结构之间存在着明显的差异。(2)独生子女在读、就业和待业状况与独生子女父母家庭结构的关系不明显，而子女的婚姻状况则与他们的家庭结构密切相关。即独生子女更多的是因为结婚而不是因为求学、就业或待业等离开父母。独生子女在结婚后大约会有超过50%的人离开父母家庭，导致父母家庭结构成为空巢家庭的比例接近60%。(3)第一代独生子女父母进入空巢期时的平均年龄与同龄非独生子女父母之间不存在显著差异。现阶段第一代独生子女父母并不比同龄非独生子女父母更早进入空巢期。[①] 随着时间的推移，独生子女的家庭结构可能会出现扩大家庭增加的状况，父母愿意在孩子结婚生育后参与共同抚育，同时亲属抚育的支持系统中娘家支持也变得普遍。

　　从社会性别的角度看，计划生育政策创造了中国的一批独生女。一方面，独生女向上的赡养能力打破了"养儿防老"的传统；另一方面，独生女独得各类资源的状况使其获得了前所未有的权力感，并本能地反抗各类不平等的社会现实。[②] 而中性化的养育实践成为对中国女性性别气质塑造的一种前所未有的性别社会化的实践。[③] 她们对性别平等的要求更多是来自去性别化的成长经验。

（二）留守儿童和流动儿童

　　"留守儿童"是指父母双方或一方流动到其他地区，孩子留在户籍所在地并因此未与父母双方共同生活的儿童。留守儿童的生活状况和生存权利状况是复杂的。有研究认为，留守儿童存在监护人对其学习介入过少而导致的学习问题，

[①] 风笑天：《第一代独生子女父母的家庭结构：全国五大城市的调查分析》，《社会科学研究》2009年第2期，第104—110页。

[②] 冯文、余华：《中国的计划生育政策与都市独生女的赋权》，《广西民族大学学报（哲学社会科学版）》2009年第6期，第14—25页。

[③] 佟新：《中国新女性的自我成长》，《人民论坛》2021年第9期，第95页。

缺乏亲情而导致的生活问题,缺乏完整的家庭教育而导致的心理问题。杨菊华等人使用人口普查数据,对流动儿童、留守儿童和其他儿童进行比较研究,发现:(1)只有与母亲一起留守的孩子,教育机会才能得到改善;相反,与父亲一起留守的孩子,教育机会显著降低。(2)在其他条件相同的情况下,留守儿童的教育机会高于非留守儿童。对此,一方面可能存在衡量指标的差异;另一方面,父(母)外出打工,家庭收入可能超过在家务农的家庭,改善家庭经济状况会提升教育子女的实力和能力。① 留守儿童的亲子关系和家庭教育一直是社会关注的问题。

"流动儿童"是指户籍登记地不是现居住地的0—17岁儿童。20世纪90年代后,人口流动的家庭化趋势扩大,流动人口中儿童所占比例逐年增加,流动儿童的教育状况、医疗卫生状况、犯罪、社会歧视等问题受到社会各界的关注。

周皓等以北京市的调查为例,研究发现:(1)流动儿童群体内部的整合较好。但流动儿童与其居住的社区之间的整合程度,总体上来说并不十分理想。(2)在整合的过程中,迁入时间对流动儿童与迁入地社会之间的整合程度有重要的影响作用,存在一个"门槛"值,即流动儿童在京居住了一定时间后,整合的程度会相当高;但在这之前,会有波动。(3)流动儿童的整合还受到了年龄、性别、父母的受教育水平、迁出地与迁入地的生活背景等的影响。特别是流动儿童在迁出地的生活背景(如在老家上学的时间长度)对于流动儿童在迁入地社会整合过程中具有非常重要的作用。对流动儿童与社会整合之间的关系研究不仅应关心流动儿童现在的状况,而且应注意流动儿童的成长历程。② 但从长远来看,流动儿童的心理状况始终会差于本地儿童,并有着更明显的孤独感和抑郁感。③ 这是城镇化和现代化发展过程中的问题,也会在发展过程中得到解决,以人为本的发展要求以儿童利益为优先。

---

① 杨菊华、段成荣:《农村地区流动儿童、留守儿童和其他儿童教育机会比较研究》,《人口研究》2008年第1期,第11—21页。
② 周皓、章宁:《流动儿童与社会的整合》,《中国人口科学》2003年第4期,第69—73页。
③ 周皓:《家庭社会经济地位、教育期望、亲子交流与儿童发展》,《青年研究》2013年第3期,第11—26页。

随着社会发展,特别是各级政府出台的"儿童发展纲要"的落实,留守儿童和流动儿童的生活条件和发展问题都会不断向好。

二、人口红利和经济增长研究

人口变化与经济过程关系中的一个基本特征是生产和消费随人口所处生命周期阶段的变化而变化,并相互作用。人们在生命之初以及在现代社会的晚年都有很长一段经济依赖期。经济依赖期的阶段可称为"赤字年份",即处于该阶段的人口的平均消费多于产出。而人口在工作年限的阶段则可称为"盈余年份",其产出多于消费。所谓"人口红利",是由生产与消费的差异同人口年龄结构变动相互作用而产生的。人口红利是指一个国家的劳动年龄人口占总人口比重较大而抚养比较低时的状态,在这种人口条件下,整个国家的经济呈现高储蓄、高投资和高增长的局面,有利于经济发展。从人口发展规律看,任何完成了人口转变的国家都会出现"人口红利"。但最早实现人口转变的西方发达国家,因人口转变经历时间较长,人口年龄结构变化和经济增长的关联并不十分明显,很少有学者注意到"人口红利"的效应。而许多新兴工业化国家和地区尤其是东亚国家,因为人口转变的历程较短,往往只用几十年时间就走完了发达国家上百年才完成的人口转变历程,人口年龄结构变化和经济高速增长之间表现出了强关联,人口转变给经济增长带来的"红利"受到重视。

王丰等人的研究[①]认为,存在"两种人口红利"。第一种红利是由人口转变导致的生产性年龄段人口的增加所带来的。第二种人口红利源于人们预料到人口年龄结构变化,比如退休年龄的提高,而相应调整个人行为与公共政策所带来的。

第一种人口红利的效应在中国是显著的。1982—2000 年,生产性年龄段人口的增加有力支持了劳动者人均产出的增加。这一时期抚养比上升了 28%,年均增加 1.3%。而同期人均真实(依 PPP 调整的)GDP 每年平均增加 8.4%。由此得

---

① 〔美〕王丰、安德鲁·梅森:《中国经济转型过程中的人口因素》,沈可译,《中国人口科学》2006 年第 3 期,第 2—18 页。

出,第一种人口红利对 1982—2000 年中国经济增长的贡献约为 15%。这个估算的贡献比蔡昉、王德文[①]所得出的 24% 的作用要小很多,其原因可能在于估算年份与方法的不同。但随着第一种人口红利的消失,人均产出的增长率会逐渐下降。抚养比的变化趋势体现了有效劳动力和有效消费者人数变动的影响。有效劳动力(有效生产者)的增长率在 20 世纪 80 年代末 90 年代初达到顶峰,年均增长 3%。随后稳步下降,直到某一节点,有效生产者的增长会停止,继而转为负增长。如果将第一种人口红利以资本、人力资本和(或)制度改进的方式进行再投资,则会产生持久的后续效应。

理解第二种人口红利的关键是理解生命周期财富的概念以及它与人口年龄结构的关系,因为应对老龄化要求人们进行更长时间的工作和拥有更多的储蓄。终生预算约束表明一个人、一个队列和一个总体当前的生命周期财富必须等于未来消费流的现值减去未来收入流的现值。在没有代际转移(家庭支持、现收现付的养老金体制、遗产等)的情况下,生命周期财富完全由资本组成,也就是每一个体、每个队列、每个总体所享有的真实资产。资本代表了生命周期财富的一种形式。生命周期财富与资源流动方向紧密相连。(1)向上流动。从年轻人流向老年人的生命周期财富为正。该群体预期获得的收益净现值超过所付成本的净现值,因为这个群体是从尚未出生的那代人中获得净转移的。一种不太严谨的说法是,这类财富转移可以看作加在未来一代人身上的债务。(2)向下流动。从老年人流向年轻人,相关联的生命周期财富为负。该群体中很多人已得到收益但尚未支付向下转移的成本。比如一对新婚夫妇,他们将承担养育孩子的成本,但几乎不能再从父母那里获得财富转移,因此其育儿期的生命周期财富均为负。年龄结构的变化是影响生命周期财富总量的主要因素。中国 1982 年的年龄结构非常年轻,这样资源流动必然向下。在上述假设下,预期 2050 年中国的年龄结构会使资源向上流动。因此,年龄结构变化会使生命周期财富从负变正。

---

① 蔡昉、王德文:《中国经济增长可持续性与劳动贡献》,《经济研究》1999 年第 10 期,第 62—68 页;王德文、蔡昉:《人口红利的获得与丧失》,载蔡昉主编:《中国人口与劳动问题报告 No.7——人口转变的社会经济后果》,社会科学文献出版社 2006 年版,第 179—211 页。

第二种人口红利的多少将依赖于资源再分配的机制。而中国的经济改革使资源再分配的机制更加复杂,因为资源再分配的机构与机制本身都是改革的根本组成部分,需要相应的制度环境。

中国人口红利问题既关系到中国经济的增长潜力,也关系到社会福利的制度建设,诸多相关的社会、经济和制度问题有待进一步讨论。同时,人口红利的相关提法也受到一些学者的质疑,他们认为人口红利的提法体现的是简单的经济理性,以人为本的人口发展要求人生命质量的提升。

三、中国人口的老龄化及其研究

目前,人口老龄化已成为中国社会发展中引发全社会关注的问题。

(一)中国人口老龄化的特点

1. 人口老龄化来势凶猛

联合国《2022年世界人口展望》显示,65岁及以上人口的增长速度超过65岁以下的人口群体,到2050年,全球65岁及以上人口的比例预计从2022年的10%升至16%。届时,全球65岁及以上的人口将是5岁以下儿童人口的两倍,几乎与12岁以下儿童的数量相当。我国《2021年度国家老龄事业发展公报》显示,截至2021年末,全国65周岁及以上老年人口占总人口的14.2%;全国65周岁及以上老年人口抚养比为20.8%。

中国人口的老龄化有一定的独特性。20世纪50年代以前,中国的人口年龄结构类型属于低增长的原始年轻型,表现为在高死亡率的控制下,人口平均寿命低,婴儿死亡率高,人口年轻化。新中国成立后,人民生活水平不断提高,死亡率大幅下降,人口出生率和总和生育率维持在较高水平,人口年龄结构处于高度年轻型。1949年至60年代末,中国人口年龄结构趋于年轻化。70年代,随着计划生育的开展,中国的人口出生率开始下降,人口年龄结构被重新建构,逐渐从年轻型向成年型转化。1982—1990年,0—14岁人口的比重由33.6%降至27.7%,65岁及以上人口的比重由4.9%升至5.6%;人口年龄中位数由23岁升至25岁。人口生育率的快速下降,不可避免地增强了老龄化趋势。1990年后,一些大城市开始进入老龄化社会。2000年后,在低生育率和高预期寿命的叠加作用下,老龄化的速度进一步加快。2020年的"七普"数据表明,中国60岁及以上人口达18.7%(见表7-3);其绝对数量从2000年的1.3亿增长到2020年的2.6亿。

表7-3 依国际标准七次全国人口普查时中国人口的年龄结构

普查年份	各年龄段人口百分比			
	0—14	15—59	60+	65+
1953	36.28	56.40	7.32	4.41
1964	40.69	53.18	6.13	3.56
1982	33.59	58.79	7.62	4.91
1990	27.69	63.74	8.57	5.57
2000	22.89	66.78	10.33	6.96
2010	16.60	70.14	13.26	8.87
2020	17.95	63.35	18.70	13.50

资料来源:根据历年《中国人口普查年鉴》整理。

2. 人口老龄化进程在时间上的不规则性和累进性

1949年以来,中国人口的生育率经历过多次转折,具有不规律性,两次生育高峰期的人口猛增和计划生育政策实行后出生率的快速下降使老龄化进程体现出时间上的不规则性和累进性。1962年,第二次生育高峰期出生的一代在人口年龄金字塔形成向外突出扩张的部分,当这一代人处于劳动年龄阶段时,老年人口比例和老年人口供养比都比较低,而当他们陆续进入老年时,老龄化速度加快,并在一段时间内形成累进态势,抚养比显著上升。

3. 人口老龄化存在地区差异

一些大城市率先进入老龄化社会。上海是我国最早进入老龄化社会的城市。"七普"数据显示,我国人口老龄化省际差异明显。从东、中、西部和东北地区四大板块来看,东北地区人口老龄化程度最高,东、中、西部差距不大。分南北方看,北方地区老龄化程度略高于南方地区。[①]

[①] 赵玉峰、杜飞轮、孔伟艳:《我国人口老龄化的区域分布特点》,《中国经贸导刊》2022年第6期,第83—85页。

4. 人口老龄化具有"少子化"特征

少子化、老龄化是两个密切相关但又相反的发展趋势,就是说在老年人口比重上升的同时出生率却在下降,这两者之间形成的张力又同时作用于社会系统的同一个节点,这就更加速了人口老龄化的进程。老年人口和未成年人口之间的共性是他们都是经济依赖人口,他们在资源占有和福利分配上存在一定的竞争,在相关福利政策的制定上如何平衡代际关系是当前重要的议题。

目前,中国的抚育与养老模式基本上是依赖家庭,家庭内的代际关系,特别是资源分配的重心,正在"慈孝一体"的文化作用下发生变化。有研究表明,在孙辈幼年期,代际关系结构的重心定位在孙辈,代际支持以下行流动为主;当孙辈进入成年期或祖辈健康状况不佳时,代际关系结构重心会上移,代际支持也会向上流动,形成"双重抚育—反哺"模式。祖辈寿命延长、孙辈的年龄、祖辈健康程度、家庭再生产缩减、人口流动等人口动力因素对家庭代际的抚育和养老关系都具有重要影响。总体上,由上向下的支持较为普遍,向上的支持力度明显弱于向下支持,对祖辈的工具性支持主要以需求为导向。[①]

(二) 影响人口老龄化的因素

生育率下降、人均寿命的延长、社会经济发展和城市化,以及政策和社会环境的变化均会对人口老龄化造成影响。当人口保持低死亡水平时,生育率下降是人口老龄化的主要成因。

1. 生育率和死亡率对人口老龄化的影响

人口老龄化是总人口中老年人口比例上升的过程,是年龄结构的变化。从封闭人口看,只有生育率和死亡率的变化才会影响人口结构的变化。西方人口学家在生育率和死亡率对老龄化进程的影响研究中得出明确的结论:人口老龄化的决定性因素是生育率的下降,而不是死亡率下降导致的平均寿命的延长。死亡率下降对人口老龄化的影响是双向和分段的,死亡率初期的下降会导致人

---

① 吴帆、尹新瑞:《中国三代家庭代际关系的新动态:兼论人口动力学因素的影响》,《人口学刊》2020年第4期,第5—18页。

口年轻化,而后期下降则会促进老龄化。这一结论无论是对于发达国家还是对于发展中国家都是成立的。我国学者对新中国成立以来人口年龄结构变化的研究也得出了类似的结论。① 联合国1973年出版的研究综述指出,生育率下降是导致人口老化的最大原因,并且进一步指出,生育率下降的程度可以加速或延缓人口老龄化的过程。人口老龄化是社会进步、经济发展的结果,这正是今天全世界迎来人口老龄化的背景。②

2. 计划生育政策与人口老龄化

中国人口转变一般被认为始于新中国成立,原因是死亡率明显而迅速地下降,而全国性的生育率转变则始于70年代初期国家计划生育政策的施行,使我国人口由高生育率水平向低生育率水平迅速转变。发展中国家的人口转变多是诱导型、自觉型的,中国也是如此。尽管对中国人口转变的理论解释存在争议,但较为普遍的观点是,中国人口转变是社会经济发展和计划生育相互作用的结果,社会经济因素在人口转变中起了重要的作用。我国的生育率转变是有社会经济发展基础的,这一点可以从全国统一的计划生育政策而各地不一样的生育水平上得到验证。毫无疑问,计划生育政策大大地加快了我国生育率水平的转变,从某种程度上讲,加快生育率转变也就加快了人口的老龄化进程。

但是,计划生育不是我国人口老龄化的根本原因,因为即使没有计划生育政策的实施,中国人口也会随着社会经济的发展而出现老龄化趋势。任何政策都不是一成不变的,计划生育政策也不例外。近十年来,我国已经根据国情和社会经济发展的实际,不断完善和调整生育政策,以符合人民的实际需求及国家的长远发展。

(三) 应对人口老龄化的挑战

对于如何应对人口老龄化,有两种主要观点。一是顺应观,强调人口老龄化是人口转变过程的必然结果。二是调整观,强调人口老龄化是人口年龄结构的相对变化,只要增加新生人口,人口老龄化就会缓解,建议用提高生育率的办法

---

① 参见杜鹏:《中国人口老龄化过程研究》,中国人民大学出版社1994年版。
② 李建新:《论生育政策与中国人口老龄化》,《人口研究》2000年第2期,第9—15页。

减轻老龄化的威胁。持调整观的人提出以下相应的公共政策。第一,加强生育支持政策。通过生育休假、生育经济补偿、保育服务等政策促进生育。第二,加强社会保障等制度建设。第三,倡导"成功的老龄化""生产型老龄化""健康老龄化"等新概念。"健康老龄化"(healthy aging)的概念由世界卫生组织提出,是指老年人在晚年保持躯体、心理和社会功能的健康状态,将疾病或生活不能自理的时间推迟到生命的最后阶段。"健康老龄化"包括三个方面的内容:一是使老年人自身维持良好的生理、心理和社会适应功能,拥有较高的生活质量。力图把身体功能障碍的发生延迟到生命最后阶段,使老年人"无疾而终"。二是提高老年人口中健康、幸福、长寿的老年群体占比。三是进入老龄化的社会能够克服人口老龄化所产生的不利影响,保持持续、健康、稳定的发展,为生活在其中的所有人的健康、富足、幸福的生活提供物质基础和保障。促进养老服务发展,个人、家庭和社会共担养老责任。特别要加强社会化养老保障,支持多种养老方式和长期照护制度。一方面,要关注老年人居住形式、生活费用来源和丧失生活自理能力后的日常照料等问题;另一方面,要关注老年健康的评估研究。

李建新等对2000年全国人口普查数据的研究发现:(1)中国65岁及以上女性人口的平均寿命为80岁,而老年男性为78岁。与男性比较,女性寿命更长;但女性却更多地处于亚健康状况,即在日常功能上,女性老人的健康状况不如男性;控制社会经济因素和身体健康变化后,两性老人自我评价的健康水平没有性别差异。(2)女性老年人对生活有着更加积极乐观的态度,对自己的健康评价更高些。(3)不同健康指标的年龄模式是不同的。随着年龄的增长,主观的健康指标没有变差,相反在高龄老人中对健康的评价更积极了;而在客观指标上则随着年龄的增长变差。[1]

面对正在出现的人口负增长趋势,老年人口比例加速增长,人口抚养比提升,老龄化的体现从老年人口增加已然向高龄和长寿老年人增加转变,存在少子老龄化、独子空巢化和无后高龄化等多重养老挑战。

---

[1] 李建新、李毅:《性别视角下中国老年人健康差异分析》,《人口研究》2009年第2期,第48—57页。

小　结

　　人口年龄结构是基本的人口结构,通过对一个国家或地区的老年人口比重、少年儿童人口比重、老少比和年龄中位数的分析可以判断一个社会的人口年龄结构是年轻型、成年型还是年老型。同期群分析和生命历程研究是从中观与微观的层面关注时间如何对群体和个体的生命产生影响。中国的独生子女政策产生了一代新人;伴随着城镇化和人口流动,留守儿童和流动儿童问题凸显;人口转变和计划生育政策的实施曾带来劳动年龄人口增长的"人口红利",但加速的生育率下降催生了人口少子老龄化。这些皆对社会福利制度提出挑战。

◆ 思考题

1. 试述人口年龄结构类型。
2. 试述中国人口老龄化的发展过程、原因和特点。

◆ 推荐阅读

邬沧萍、杜鹏主编:《老龄社会与和谐社会》,中国人口出版社2012年版。

翟振武、李建新主编:《中国人口:太多还是太老——当代中国人口数量与人口结构问题》,社会科学文献出版社2005年版。

〔美〕约瑟夫·库格林:《更好的老年:关于老年经济,你必须知道的新理念》,杜鹏等译,北京大学出版社2022年版。

第八章

人口性别结构

第一节 人口性别结构的基本概念和理论

一、人口性别结构

人口性别结构(sex structure)是指一定时点、一定地区男女两性在全体人口中所占比重,通常用百分比来表示。

性别结构是基本的人口结构,是社会构成的一部分。人口性别结构的社会和经济意义十分深远,性别参与的结构变化可能会成为社会变迁的力量。第二次世界大战期间,主要参战国包括欧洲各国、美国和加拿大等都出现了男性劳动力短缺,致使社会动员女性参与就业,许多女性因此走出家门参与到社会生活中,由此出现了世界范围内妇女社会参与的热潮,展示了女性作为重要的社会力量。人口社会学关注人口每一年龄段的性别结构及其变化,同时用社会性别视角分析人口过程。

染色体的不同形成了男女两性,与其他人口变量相比,性别更易于确定和掌握。人口性别结构的测量方法主要有两个:一是性别比,二是出生婴儿性别比。

性别比(sex ratio)或男性比(masculinity ratio),是同一年龄组内每100名女性所对应的男性数。有的国家用女性比(femininity ratio)来测量性别比,女性比是每100名男性所对应的女性数。联合国使用男性比作为测量性别比的方法。人口学研究常常使用分年龄的性别比,其公式为

$$\text{分年龄性别比} = \frac{\text{某一年龄段人口中的男性人口数}}{\text{某一年龄段人口中的女性人口数}} \times 100$$

人口研究特别关注出生婴儿性别比。出生婴儿性别比也称为出生人口性别比或出生性别比,它是指某一时期(通常为一年)内每100名出生女婴所对应的出生男婴数:

$$\text{出生婴儿性别比} = \frac{\text{出生男婴数}}{\text{出生女婴数}} \times 100$$

出生婴儿性别比决定着未来分年龄性别比以及总人口性别比。根据长期观察,不同时期、不同地区和国家的出生婴儿性别比相对稳定,并十分近似地在103—107之间。

2022年,世界人口突破80亿,世界总人口性别比逐渐趋于平衡,出生婴儿性别比在2000年达峰值108.0后逐渐下降,到2021年为106.0。不过,需要注意的是,较不发达国家的性别比始终高于较发达国家。

二、性别平等指数

1980年,联合国要求世界各国和各地区收集有关妇女生活状况的统计信息,并公开数据,为实现性别公正提供依据。社会性别统计是通过对男女两性在社会和家庭生活中的投入的量化,以性别比较的方法认识性别平等和妇女发展目标的实现状况,提升公共政策的性别敏感度。

1990年,联合国开发计划署(UNDP)首次提出一套全面衡量各国经济社会发展水平的指标体系——人类发展指数(HDI)。这一指数由健康长寿、知识的获取和生活水平三部分内容构成,通过指标化计算反映国别的发展状况。

1995年,联合国在人类发展指数基础上推出性别发展指数(GDI),分性别地统计各国或地区的人类发展指数,进而进行性别比较;进行性别比较后设置性别不平等的最高点和最低点,分别用"0"和"1"表示。性别发展指数越接近1,说明两性的平等程度越高,反之表明性别差距明显。

联合国提出女性参政是其享有公平发展机会的重要保障,因此制定性别权能指数(GEM)来衡量男女两性平等参与政治、经济等社会公共事务的状况。该指标包括三个方面:一是政治参与和决策,由两性分别拥有的议会席位比例衡量。二是经济参与和决策,由行政和管理岗位中两性的比例及专业技术人员中两性的占比衡量。三是支配经济资源的权力,由两性估计收入比衡量。

全球性别差距指数(GGGI)是在2006年世界经济论坛上提出的,旨在发现性别差异幅度,包括经济参与和机会、教育获得、健康和生存、政治赋权四个方面。衡量经济参与和机会有三个指标:参与差距(两性劳动力参与率差距)、薪资差距(两性估计收入差距和两性从事相似工作的收入公平程度)、成就差距(两性议员、高级官员和管理人员比例的差距)。教育获得差距体现在两性识字率的差距及两性在初等、中等和高等教育入学率上的差距。健康和生存差距体现在两性出生性别比和两性预期寿命上的差距。衡量政治赋权的差距包括三个指标:两性在议会席位中的比例差距,部级及以上官员两性比例的差距,过去50年中两性国家元首比例的差距。① 2023年,全球性别差距指数表明:第一,北欧国家在性别平等方面做出了榜样。在性别发展指数上,世界排名第一至五位的国家是冰岛(91.2%)、挪威(87.9%)、芬兰(86.3%)、新西兰(85.6%)和瑞典(81.5%)。② 第二,发达国家在性别发展指数上优于发展中国家;但发展中国家性别平等的发展,特别是政治参与的项目方面发展很快。第三,经济增长和发展并不能明显改善性别差距,日本作为发达国家,其性别差距指数排名位于全球靠后。

三、人口性别结构与相关社会问题

人口性别结构呈现出的社会问题相对复杂,是多种因素综合作用的结果。

(一) 出生婴儿性别比失衡

出生婴儿性别比是为了便于观察与比较所定义的每出生百名女婴相对的出生男婴数。联合国用"重男轻女指数"分析希望生育男孩的母亲人数与希望生育女孩的母亲人数的比例以反映人们的男孩偏好。

---

① 杨菊华、王苏苏:《国际组织性别平等指数及其对中国的启示》,《妇女研究论丛》2018年第4期,第5—18页。
② World Economic Forum, "Global Gender Gap Report 2023", 20 June 2023, https://www.weforum.org/publications/global-gender-gap-report-2023/digest/,2023年12月15日访问。

在观念形态上,东南亚国家普遍渴望生育男孩,这成为这些地区人口性别结构失衡的最深层原因。男孩偏好的文化传统有着与传统农业经济相连的内在社会经济基础和文化基础,如越南、菲律宾等国出生婴儿性别比值较高。这种男孩偏好在低生育率状态下表现得更为突出。(见表8-1)但随着社会发展,生育意愿的性别偏好逐渐弱化。

表8-1 20世纪80年代初部分国家重男轻女指数

国家	指数	国家	指数
巴基斯坦	4.9	肯尼亚	1.1
尼泊尔	4.0	哥伦比亚	1.0
韩国	3.3	菲律宾	0.9
泰国	1.4	委内瑞拉	0.9

资料来源:转引自〔丹〕卡塔琳娜·托马瑟夫斯基:《人口政策中的人权问题——为瑞典国际发展合作署作的一项研究》,毕小青译,中国社会科学出版社1998年版,第48页。

(二)女性生存优势

有研究表明,女性具有生存优势,即女性比男性有更长的预期寿命。一般来说,在同期群出生的婴儿中,男性多于女性,但随着时间的推移,人口性别比逐渐下降。成人期人口性别比降至100左右,达到平衡;老年时,人口性别比在100以下变化。生物学把这种随年龄的推移女性人口上升的变动趋势称为女性的性别生存优势。女性的性别生存优势可分三个阶段:第一阶段是0—14岁,男性人口略多于女性人口;第二阶段是15—64岁,男性人口大致等于女性人口;第三阶段是65岁及以上,女性人口多于男性人口。这种女性生存优势构成了分析人口性别结构的理想型,如果出现了与性别生存规律相悖的情况即理想型被破坏,就应当深入分析,找出背后的人口和社会原因。

原始社会的高生育率以孕产妇的高死亡率为代价,性别比必然偏高。现代社会,生育率的下降不仅表明妇女生育数量减少,还降低了孕产妇的死亡率。现代社会的死亡率下降首先使妇女受益,新的避孕方法的使用和人均寿命的延长使妇女中中老年人口的比例增大,女性生存优势显著。

在发达社会,女性的生存优势可能导致老年人口的性别比失衡。世界卫生组织公布的数据显示,2019 年世界人均预期寿命排行榜上(除卡塔尔外)的所有国家均显示出女性预期寿命高于男性,排在第一位的日本,其人均寿命达 84.3 岁,男性为 81.5 岁,女性为 86.9 岁。因此,世界老年人口中老年女性的人数大大超过老年男性,且老年女性人数呈逐年上升趋势。延续性别不平等的状况,老年女性经济状况和经济独立性较差,在生活上易成为贫困群体。性别和年龄因素的叠加使老年女性的贫困化成为全球性的严峻问题。在慢性病方面,关节炎、骨质疏松、阿尔茨海默病等的患病人群中,老年女性的比例均高于老年男性,因此应关注老龄化过程中老年女性的权益,如社会保障、福利政策和生活质量的状况。

四、社会性别视角的人口研究

从人口研究的角度来看,社会性别研究认为,一些研究理论的共同缺陷是这些理论多建立在男性经验、父权结构和男性化制度体系的分析框架上。女性"被适应"进这些理论中,现有的人口研究需要增加女性的经验,并将其理论化。社会性别研究的知识目标是:第一,检验性别不平等的前提、条件及其后果。第二,对以往的理论进行反思,用女性的经验拓展新的知识。第三,将生育文化纳入对人口再生产的考察中,分析人口的再生产在社会发展中的状况。

(一)女性劳动参与

按照马克思、恩格斯的观点,女性从属于男性的地位源于私有财产制,不同的生产方式下具有不同的男性支配类型。恩格斯在《家庭、私有制和国家的起源》中揭露出两性间不平等的阶级烙印:"在马克思和我于 1846 年合写的一个旧的、未发表的手稿中,我发现了如下一句话:'最初的分工是男女之间为了生育子女而发生的分工。'现在我可以补充几句:在历史上出现的最初的阶级对立,是同个体婚制下的夫妻间的对抗的发展同时发生的,而最初的阶级压迫是同男性对女性的压迫同时发生的。"[①]性别的不平等是人与人之间最初的诸多对立中的一种。人类从原始公有制向私有制过渡之日,就是妇女开始遭受剥削压迫

---

① 《马克思恩格斯选集》第 4 卷,人民出版社 1995 年版,第 63 页。

之时。在私有制的社会中,通过婚姻家庭制度,父权制统治建立起将女性封闭在家庭中,由此占有女性再生产劳动的统治秩序。

女性从家庭中解放出来,参与社会生产是妇女解放的重要内容。但事实上,女性一直在参与生活性劳动。在经济人口的研究中,应看到女性的身影和她们的经济贡献。1970年,埃斯特尔·博塞拉普在《女性在经济发展中的贡献》一书中,用量化方法分析了女性的经济贡献。第一,女性是粮食生产的主体力量,非洲和亚洲60%—80%的农业劳动力是女性,拉丁美洲40%的农业劳动力是女性。第二,女性的劳作是大多数家庭得以生存的基础。第三,官方统计和政策制定者都忽略了女性的经济贡献。第四,女性工作的性质、性别角色与社会现代化之间存在微妙关系,发展中国家的女性劳作更多地集中在家庭和非正式经济部门,经济发展加剧了女性在经济活动中的边缘化,即工资收入和农业技术的应用更有利于男性而不是女性。第五,女性贡献的边缘化是欧洲殖民主义在殖民初期将技术、技能、教育优先给予男性的结果,它迫使女性不得不从事低生产率、低技能要求的工作。第六,现代化模式不能保证女性最终从经济增长中受益。因此,博塞拉普要求政府部门和学术界重新评估女性的经济贡献:第一,无论是发达资本主义国家还是发展中国家,都要回应经济增长和发展对两性的影响。第二,在制定发展政策时应当考虑性别利益。第三,社会性别的概念要纳入国家决策主流。要打破将女性的社会角色定位为母亲、妻子的角色,而把女性定义为经济活动的主要参与者。[①] 女性也是经济发展活动的主体。

1995年,第四次世界妇女大会通过了《北京宣言》和《行动纲领》。《北京宣言》提出"确保妇女有平等机会取得经济资源,包括土地、信贷、科技、职业培训、信息、通信和市场"。《行动纲领》第三章提出了各国政府应"重大关切的领域":妇女持续且日益沉重的贫穷负担;教育和培训不平等和不足,而且不能平等接受教育和培训;保健和有关服务不平等和不足,而且不能平等获得这些服务;对妇女的暴力;武装或其他种类冲突对妇女的影响;经济结构和政策、一切形式生产活动和取得资源机会不平等;男女在所有各级分享权利和决策方面不平等;在所有各级缺乏足够的机制促进妇女地位的提高;既不尊重也不充分促进和保护妇

---

① 参见 Ester Boserup, *Woman's Role in Economic Development*, Taylor & Francis, 1970。

女的人权；对妇女采取陈规定性的看法，妇女不能平等利用和参与一切通信系统，尤其是传播媒体；在管理自然资源和保护环境方面两性不平等；持续歧视女童并侵犯女童的权利。①

国际劳工组织的报告显示：自1995年至2015年间，全球女性的劳动力参与率从52.4%降至49.6%，男性的相应数据分别是79.9%和76.1%。全世界范围内女性参与劳动力市场的机会（比例）仍比男性低近27个百分点。劳动参与率方面性别差距较大的地区，情况依然未变；在南亚和东亚，性别差距甚至有所扩大。劳动参与率低对妇女收入能力和经济安全造成负面影响。② 要"看见"妇女劳动的贡献和她们在全球化发展中的不平等状况。

从人口再生产的理论出发，家务劳动或照料劳动需要纳入国家经济增长。理安·艾斯勒（Riane Eisler）系统地阐述了照料/关怀经济学，强调经济学的基础应是重视人类的关怀需求和关怀文化，提倡建立伙伴关系的经济理念，即两性共同生产和共同抚育，以实现人类关怀自我、他人和自然的历史转型。在21世纪，关怀经济应成为国民经济增长的重要内容。③ 关怀经济学的理念要求重新认识到照料劳动的政治经济学意义，承认和改变照料劳动的性别不平等分配。

（二）公共父权制与私人父权制的结合

英国社会学家朱丽叶·米切尔（Juliet Mitchell）认为，导致妇女受压迫的机制可以归纳为四大社会制度：生产、生育、性和儿童的社会化。她认为，这四种制度结构同时作用于妇女的生活，这些制度结构之间相互联系、不断再生产压迫妇女的制度。只有同时改变这四种制度结构才能使妇女得到解放，如果只改变其中的一项，则会被另一项结构的加强抵消掉，结果将只是改变受压迫的方式。④ 事实上，传统社会的"私人父权制"延伸至社会，成为"公共父权制"，从观念形态

---

① 田青等编译：《环境教育与可持续发展的教育联合国会议文件汇编》，中国环境科学出版社2011年版，第176页。
② ILO, *Women at Work: Trends 2016*, https://www.ilo.org/sites/default/files/wcmsp5/groups/public/%40dgreports/%40dcomm/%40publ/documents/publication/wcms_457317.pdf，2023年12月17日访问。
③ 参见〔美〕理安·艾斯勒：《国家的真正财富——创建关怀经济学》，高铦、汐汐译，社会科学文献出版社2009年版。
④ 参见李银河主编：《妇女：最漫长的革命——当代西方女权主义理论精选》，生活·读书·新知三联书店1997年版，第8—45页。

到制度设计形成了以生育为基础的不平等的性别关系。

对生育的研究表明,"母性行为是最可能增加社会性回报的选择",社会用各种"社会性回报"鼓励女性选择传统女性职业以有利于生育和抚育。舒拉米斯·费尔斯通认为,当婚姻中的一方认为自己居于弱势、能力较差、付出较多时,就会努力认同对方。并不是爱情过程本身有错,问题在于存在婚姻中的政治—权力不平等的脉络。① 当代社会各种媒体不断强化母性的意义,各种报告以科学代言人的身份强调母亲对于子女成长的重要作用;把孩子在缺少母爱环境下长大称为"母爱剥夺"(maternal deprivation),而对父爱的缺失却称为"父亲缺席"(father absence),社会要求母亲为孩子的一切过错和过失负责。在抚育子女的过程中,女性不断被强化其责任心和照顾他人的能力,而男性则不断被强化决断力;家庭内的性别角色分工延伸至公共领域。

母性意识和"女性的家庭定位"把女性局限于家庭空间,这使男性更多地活动于公众领域,谋求政治经济资源。从男性以生产性劳动为主而女性以生育和抚育为主的角色分工看,两性分工在资本主义社会产生了不同的价值,男性承担的社会分工拥有可测量的价值,而女性的再生产劳动是次要的、附属的,无法衡量其价值。在公共领域与私人领域的二元框架下,"生育代价"或者说"母职惩罚"(motherhood penalty)的概念说明了生育不利于女性工资增长。研究指出,每生育一个孩子会造成女性工资率下降10%左右,随着生育子女数的增多这种负面影响还会递增。② 相关研究还表明,避孕药的使用增加了参与工作的女性数量以及女性每年工作的时间。③ 生育对女性劳动力参与的负面影响不仅存在于她们的育龄时期,而且具有长期性,即使对于没有离开劳动力市场的女性而言,生育同样会对其工资收入产生负面的影响,在控制其他变量后,生育过的女性的工资收入仍低于未生育的女性。④ 这种状况被广泛地用来解释近年来全球性总

---

① Shulamith Firestone, *The Dialectic of Sex: The Case for Feminist Revolution*, Bantam, 1970, p. 13.
② Michelle J. Budig and Paula England, "The Wage Penalty for Motherhood," *American Sociological Review*, Vol. 66, No. 2, 2001, pp. 204-225.
③ Martha J. Bailey, "More Power To the Pill: The Impact of Contraceptive Freedom on Women's Life Cycle Labor Supply," *Quarterly Journal of Economics*, Vol. 121, No. 1, 2006, pp. 289-320.
④ David E. Bloom et al., "Fertility, Female Labor Force Participation, and the Demographic Dividend," *Journal of Economic Growth*, Vol. 14, No. 2, 2009, pp. 79-101.

第八章 人口性别结构

和生育率的下降。

（三）交叉理论的人口社会学

作用于两性不平等的因素是多样的,包括阶级、教育、职业、婚姻、年龄、族群等;而这些因素起作用时或有关联,或各自产生影响,即多种社会角色会作用于性别不平等。构成女性地位的负向指标一般有:父权制下的从夫居、早婚、包办婚、男子继承权、性别歧视与隔离、多妻、男子初夜权、守寡、家务、禁止社会活动、失业率、非正式职业、男女不同酬等。构成女性地位的正向指标有:妇女财产继承和支配权、婚姻自由、夫妇平等、妇女资助、就业与教育机会、政治参与。中性指标有:财产使用权、管理权、父母、丈夫的地位、职业及收入等。

第二节 中国人口性别结构状况

一、中国人口性别结构的历史变迁

中国人口性别结构的历史变迁主要是近百年来发生的事情。

第一,中国人口性别比通常表现为男性人口数超过女性人口数。对清朝道光年间人口的统计表明,当时的人口性别比为115.7。[1] 社会学家陈达特别注意到我国性别比的问题。他指出:"提起性比例,我们首先要考虑的是一般西方人认为远东的印度、日本和中国都是男子的比例较高。过去我国的人口报告也常提到男子人数超过女子人数。如1927年内政部关于12省的人口报告,普通性比例为124:100,这是民国以来所见各报告中最高的比例。因为这报告是根据各省民政机关、卫生机关和警察机关的报告及估计,并非人口普查资料,故其可靠程度也成问题。"[2] 抗日战争胜利后,据当时国民政府的调查统计,1946年全国人口性别比为109.6,1953年第一次全国人口普查时,我国总人口性别比为107.56。

根据1988年全国2‰生育节育抽样调查数据,1955年到80年代初我国出

---

[1] 参见姜涛:《人口与历史——中国传统人口结构研究》,人民出版社1998年版,第224页。
[2] 陈达:《现代中国人口》,廖宝昀译,天津人民出版社1981年版,第26页。

生人口性别比一直处于联合国公布的103—107的正常水平。第七次全国人口普查数据显示,2020年的中国出生人口性别比为111.3,较2010年下降了6.8。虽然这一变化显示出我国出生人口性别比失衡现象在持续改善,但尚未回落到正常范围内。出生人口性别比失衡是在生育挤压下男孩偏好的后果,往往伴随生育率的下降而逐渐显现,折射出社会、文化、政治和经济领域的性别不平等。

第二,中国两性平均预期寿命不断延长,女性平均预期寿命的延长更为明显。2015—2020年全球发达地区的人口平均预期寿命为79.2岁,女性预期寿命高于男性6.1岁,而同时期最不发达地区的人口平均预期寿命为64.7岁,女性与男性的差距为3.7岁。中国人口平均预期寿命在1950—1955年仅为44岁,2020年已接近77岁,同期女性人口的平均预期寿命则从45岁提升到79岁。20世纪50年代初期,女性平均预期寿命与男性相差不到3岁,80年代以后差距逐渐拉大,近年来已接近5岁。2020年,我国女性平均预期寿命已经突破80岁。这些变化受到社会保障体制变革和国家妇幼保健事业发展的影响。中国妇幼保健事业的快速发展,特别是建立妇幼卫生机构和妇幼保健网,大力推广新法接生,普遍防治危害妇女身心健康的疾病,有效地改善了妇女健康状况。①

二、中国出生人口性别比的现状及其研究

(一)中国出生人口性别比的特点

当代中国出生人口性别比有以下特点。

1. 出生人口性别比偏高

中国的出生人口性别比自20世纪80年代开始偏高并持续上升,从1982年的108.5上升到2004年的最高值121.28,2005年回落为118.6。此后持续下降至2020年的111.3,出生人口性别比长期偏高的问题得到一定控制(见图8-1),但我国仍是世界上出生人口性别比失衡较为严重的国家之一。②

---

① 郑真真:《从人口数据看妇女地位变迁:健康、教育和就业》,《山东女子学院学报》2020年第4期,第1—8页。
② 国家统计局、联合国儿童基金会、联合国人口基金:《2020年中国儿童人口状况:事实与数据》,https://www.stats.gov.cn/zs/tjwh/tjkw/tjzl/202304/P020230419425666818737.pdf,2023年12月21日访问。

第八章 人口性别结构

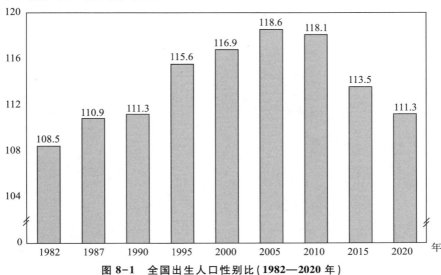

图 8-1　全国出生人口性别比（1982—2020 年）

2. 出生人口性别比偏高状况存在城乡分化，但差距在逐步缩小

由于城乡二元体制长期存在，城乡发展具有非同步性。农村出生人口性别比明显高于城市。

1982 年以来，城镇和农村的出生人口性别比都呈上升趋势，但农村地区上升更快，导致城乡差别日益扩大，这种趋势一直持续到 2005 年，此后直到 2010 年，农村地区出生人口性别比开始下降，而城镇出生人口性别比仍在上升，城乡差距开始缩小。2010—2020 年间，城乡的出生人口性别比都出现了较大幅度的下降。到 2020 年，农村地区的出生人口性别比仅略高于城镇地区。（见图 8-2）

3. 少数民族出生人口性别比相对正常

少数民族出生人口性别比整体低于汉族。少数民族的出生人口性别比在 1989 年以前一直正常，1990 年"四普"数据显示，少数民族出生人口性别比为 107.11，此后超出正常区间进入偏高状态，2015 年达到 110.7，比 2010 年（114.8）

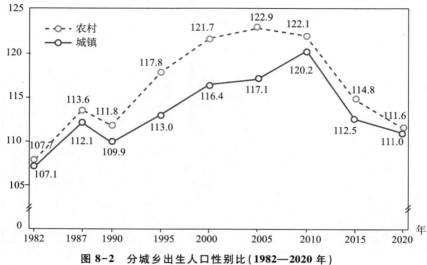

图 8-2　分城乡出生人口性别比(1982—2020 年)

资料来源:国家统计局、联合国儿童基金会、联合国人口基金:《2020 年中国儿童人口状况:事实与数据》,https://www.stats.gov.cn/zs/tjwh/tjkw/tjzl/202304/P020230419425666818737.pdf,2023 年 12 月 21 日访问。

有所回落,2020 年继续下降至 109.6。[①]

4. 分孩次性别比失衡值得关注

1990 年后,我国总和生育率降到更替水平以下,对于生孩子的男孩偏好向"子女性别组合偏好"转变,即在男孩偏好的前提下,出现了儿女双全偏好。在农村"一孩半"政策下,当第一孩为男孩时,男孩效应大于女孩;但第一孩是女孩时,在超声波技术于产前检查中的普遍应用下,二孩出生人口性别比失衡。这在总人口中增加了男孩的出生。对全国 2005 年 1% 人口抽样调查数据的分析发现,育龄妇女二三胎次生育水平在 90 年代初大幅下滑。农村地区,特别在华中南地区,二胎女孩出生率明显低于二胎男孩出生率。中部农村同龄(32—33 岁)妇女

---

① 参见国家统计局、联合国儿童基金会、联合国人口基金:《2020 年中国儿童人口状况:事实与数据》,https://www.stats.gov.cn/zs/tjwh/tjkw/tjzl/202304/P020230419425666818737.pdf,2023 年 12 月 21 日访问;王俊祥、吕红平、包芳:《中国出生人口性别比偏高问题研究》,河北大学出版社 2012 年版,第 71 页。

第八章　人口性别结构

的子女在 90 年代独子比例增到 18%；独女及双女比例一直很低，在 5%—7% 之间。两孩含子三组合（子+女，子+子，女+子）总比例增到 53%，成为主流。"女+子"比例由 17% 增至 23%，成为第一组合。①

5. 出生人口性别比失衡的后果

出生人口性别比如果出现严重失衡，最终会在同期群进入成婚年龄时形成性别挤压，甚至成为一些地区拐卖妇女的借口，其本质是性别不平等的历史延续和恶果。党的十八大以来，我国出生人口性别比稳步下降。2021 年出生人口性别比为 108.3，比 2012 年降低 9.4，出生人口性别结构改善明显。

（二）对中国出生人口性别比的解释

20 世纪 80 年代以来，中国出生人口性别比开始偏离正常值且持续偏高，近年来才得到有效控制，这是多种影响因素共同作用的结果。"政策论"者认为与计划生育政策有关，"制度论"和"生产方式论"者认为与社会经济发展有关，"文化论"者认为与重男轻女的生育文化有关，"技术论"者认为与超声波技术普及有关……

在自然与社会各种现象中存在的因果关系包括决定性因果关系与概率性因果关系。人类社会中各种社会现象、社会行为之间的因果关系更多是一种概率性因果关系。概率性因果关系源自事物现象的变异性，而这种变异性具有很强的时空性，在因果关系证明和解释中，时、空都是不可或缺的参照变量和背景变量。概率性因果关系有两层含义：一是原因可能不是结果的充分条件，二是原因也不一定是结果的必要条件。反例是不足以推翻概率性因果关系的，因为规律性总是与具体时空相关，且存在大量例外，例外并不能否定大多数规律的一般有效性。

生育政策导致出生人口性别比偏高的概率性因果关系是指：对某一人口群体，在充分考虑其他作用因素的条件下，实施严格生育政策后与实施前相比，出生人口性别比偏高的可能性大；或者在两个条件基本相同的人口群体中，一个实

---

① 马忠东、王建平：《"子女组合偏好"与选择生育：1990 年代中国生育水平下降和子女组合序列的变化》，《人口研究》2009 年第 5 期，第 23—35 页。

施严格的生育政策,另一个没有实施严格的生育政策或实施宽松的生育政策,实施严格生育政策的人口要比不实施的人口出生性别比出现偏高现象的概率大。如果可以观察到上述两种关系现象,就能得出生育政策与出生人口性别比偏高的因果推论。[①]

"社会经济基础论"认为,中国正处在社会转型期,农村生产劳动需要男性劳动力,农村社会保障体系薄弱,"养儿防老"是农村家庭选择男性的重要原因,男性也是巩固家族社会地位的必要保障。总之,社会经济因素会影响男孩偏好,社会经济基础越薄弱、发展越落后,对男孩偏好的选择越明显、越强烈。但改革开放以后,中国的社会进步、经济发展、社会转型都发生了举世瞩目的良性变化,这应当减弱人们的性别选择偏好,因此这并不能成为解释出生人口性别比持续偏高的主要因素。

"生育文化论"认为,"男尊女卑""养儿防老""不孝有三,无后为大"的生育文化观念决定了人们对男孩的偏好,由此最终导致了出生人口性别比失调。但这对解释出生人口性别比偏高没有说服力。因为改革开放以后,中国人的生育观念随着社会经济发展发生了巨大变化,而且经过几十年全民计划生育的广泛宣传,人们的生育观念已发生深刻转变。传统生育文化观念对出生人口性别比偏高的影响,在更加封闭、保守的六七十年代都没有表现出来,而80年代后生育观念更加开放、多元、理性和宽容,又怎么会表现出来呢?这显然不合乎上述变化的推理逻辑、不合乎我国生育观念多元化的事实。

"技术论"认为,超声波技术的普及大大降低了人们使用技术干预生育行为的成本,使人为选择胎儿性别更便利。但这并不能解释为什么人们要选择人工流产堕胎来满足性别偏好。事实上,技术因素不是解释原因,而是条件因素,是人们达到选择性别目的的手段。

上述各种理论对于解释出生人口性别比偏高现象都有一定道理,但都具有时空性。在加入时空变量之后,各种非政策理论的因果解释力度都发生了变化,在大方向、大趋势上很难成为主因。在穷尽并排除这些因素之后,找到其变化与

---

① 李建新:《生育政策与出生性别比偏高》,《中国农业大学学报(社会科学版)》2008年第3期,第68—76页。

出生人口性别比变化的程度和方向一致的因素,就可以在某种程度上解释出生人口性别比的变化。

中国出生人口性别比升高的原因很复杂,涉及经济、社会、文化和现实生活中男女不平等的因素。女性主义的研究认为,在现代生殖技术较易获得且难以管控、生育率普遍处于低水平的社会中,男孩偏好是问题的根源所在。第一,在家庭和社区层面。父权制的制度安排和村落文化是出生人口性别比失衡且难以扭转的根本原因。父权制的从夫居婚居制度、父子相承的财产继承制度和父子相传的姓氏继承制度是驱动生男需求的三大要素。第二,家庭需求。与传统观念相关,要解决家庭对男孩的需求,需要优先解决农村无男孩家庭的实际困难,尤其是老年人照料问题。第三,个人生育观念及其转变。个人层面的观念形成与转变受到多种因素的共同影响,尤其与女性遭遇的性别不平等的经历有关。当女性在生命历程各阶段经历过性别不平等,她们更可能具有男孩偏好,包括在成长阶段感觉到父母重男轻女等个人经历都可能会影响其生育偏好。[1]

三、职场的性别结构及其研究

职场的性别结构涉及五个关键性指标,分别是女性劳动力参与率、男女劳动力参与率差异、性别收入差、女性失业率以及女性全职就业率。通过对这五个指标的考察可把握和分析职场性别平等的状况。世界各国的情况表明,职场性别不平等普遍存在,主要表现为性别收入差和职业性别隔离。

新中国成立后的社会主义建设中一直有女性的重要贡献。有学者估计,20世纪60年代,女性初次就业年龄在16—20岁,1982年第三次全国人口普查时35—45岁女性接近九成在业,反映了计划经济体制下女性普遍就业的状况。值得关注的是,20世纪90年代以后,女性人口参与经济活动的比例在持续下降(在城镇尤其为明显)。[2] 尽管近年来男性和女性的劳动参与率都有所下降,但与城市本地劳动力和城—城迁移劳动力相比,农村迁移劳动群体的性别差异更

---

[1] 郑真真:《人口现象中的社会问题——对出生性别比失衡的再认识》,《山东女子学院学报》2022年第3期,第20—28页。
[2] 郑真真:《从人口数据看妇女地位变迁:健康、教育和就业》,《山东女子学院学报》2020年第4期,第1—8页。

为明显且差距最大;相对于本地劳动力,家中有6岁以下儿童对流动女性的劳动参与有更大的负面影响。① 有学者认为,女性劳动参与的减少,是在改革开放之后尤其是经济快速增长后,家庭根据内部和外部环境的变化做出的理性选择,是女性更多投入育儿和家庭劳动的结果。②

性别收入差(gender pay gap)是指男性与女性收入比较后的差距。统计上多以同行业中女性的平均收入中位数与男性的平均收入中位数相比较。研究显示,世界上所有国家的女性劳动者都比男性挣得少,女性劳动者的平均收入大约是男性劳动者平均收入的四分之三,形成了性别收入差。有学者的研究发现,我国女性每生育一个子女会使其工资率下降7%左右。不仅如此,相比于受教育程度较低、从事其他职业的女性,生育对受教育程度较高、从事管理和专业技术工作女性的工资率有着更显著的负向影响。这部分地解释了为什么当前越来越多具有高学历和在职场表现优秀的女性会推迟生育或者选择放弃生育。我国职场存在明显的二元体制,这深入地影响人们对生育成本的考量。体制外工作的女性对生育成本的考量受到市场因素和受教育程度等因素的左右;体制内工作的女性的生育行为则受到体制更多的保护。因此,体制外工作的女性权衡生育成本正成为职业女性面临的困境之一。正是"生育成本/代价"使得生育行为降低了女性的工资收入,并且生育对于女性工资收入的影响在不同群体间存在差异。③ 在市场化的背景下,生育及随之而来的母职责任影响女性职业发展。

职业性别隔离(occupational gender segregation)是指劳动者因性别差异被分配到不同职业中,表现为性别在不同职业的集中程度,分为水平隔离和垂直隔离。这也是劳动力市场的性别分割,表现为工作按"男人的工作"和"女人的工作"划分,呈现出性别化的职业分布(gender-typed occupations)。当某一行业/职业中女性比例超过70%时,该行业/职业称为"女性职业/女人的工作"(female-dominated occupations);当这一比例低于30%时,该行业/职业称为"男性职业/男性的工作"(male-dominated occupations);女性比例处于30%—70%之间的为

---

① 都阳、贾鹏:《劳动供给与经济增长》,《劳动经济研究》2018年第3期,第3—21页。
② 吴要武:《剥离收入效应和替代效应——对城镇女性市场参与变化的解释》,《劳动经济研究》2015年第4期,第3—30页。
③ 於嘉、谢宇:《生育对我国女性工资率的影响》,《人口研究》2014第1期,第18—29页。

中性职业（gender-integrated occupations）。

女性职业领域多与传统女性气质相关，如办公室秘书、护士、幼儿园老师等照顾劳动。当某一行业/职业被判定为女性职业时，这一行业就会被建构成具有职业地位低、工资低、晋升机会少和辅助性工作的特征。而"男性职业"多与传统男性气质相关，集中于重体力、重技术和有职业等级与权威的工作，其工作呈现出职业地位高、工资高、有晋升机会等特征。

有研究通过对改革开放后1982年、1990年、2000年和2005年四个年代的人口调查数据表明，我国的职业性别隔离水平在逐渐下降，女性在不断向白领职业领域扩张，而蓝领和半蓝领职业的性别隔离状况却在继续维持，性别隔离仍然存在。[①] 吴愈晓等人通过对三次全国人口普查数据的分析发现，20世纪80年代，非农职业的性别隔离呈上升趋势，90年代则呈现下降趋势。其原因有：(1)劳动力市场改革，即市场转型，合同制工人比例迅速提高，企事业单位逐渐获得了独立的人事权。改革前，我国女性的就业机会及权益是受国家政策和意识形态保护的，而市场改革则意味着那些意在缩小劳动力分布性别差异的政策失去了直接的制约作用，女性通常被安排在相对次要的工作岗位上。因此，市场程度越高的地区，其职业性别隔离的程度也越高。(2)产业结构的变化。第二产业规模的缩减和第三产业（服务业）的增长可能会使性别隔离程度上升，因为女性从第二产业流入第三产业，可能会使一些以男性为主的职业更加男性化，或更多的女性集中在传统的"女性职业"中。中国女性比例下降最明显的职业基本属于第二产业。(3)现代化、全球化所导致的文化和制度层面的变迁。社会性别观念的改变将影响男女的职业选择和职业流动，减少劳动力市场中的性别分化，从而降低职业性别隔离程度。(4)教育获得使性别不平等缩小。改革开放以来，女性受教育的机会不断增加，教育获得方面的男女不平等也逐步缩小。男女在教育获得方面差别的缩小会减少劳动力市场中的性别分化，从而降低职业的性别隔离水平。(5)计划生育政策的效应。独生子女的母亲不会因家庭责任而"理性地"选择一些人力资本投入比较小的职业，而这将有助于减少职业的性别隔离。同时，独生子女这一代人在早期社会化过程中的性别角色差异会较小，而他们成长

---

① 李春玲：《中国职业性别隔离的现状及变化趋势》，《江苏社会科学》2009年第3期，第9—16页。

过程中逐渐积累的社会网络的性别分化程度也会偏小。随着他们的就业,我国劳动力市场的性别分化会逐步减少。以上五种因素,前两种可能使隔离程度上升,后三种将导致隔离程度下降。改革开放以后的不同阶段,主导职业性别隔离的因素发生了变化。在改革开放的第一个十年(20世纪80年代),前两种因素是主导,因而职业的性别隔离呈上升的趋势;而在改革开放的第二个十年(90年代),后面三种因素占主导,所以职业性别隔离水平开始下降。正因为这样,我们可观察到改革开放以来我国非农职业性别隔离呈现非线性的变化趋势。[①]

农业女性化研究是一个国际性话题。许多研究都注意到由于非农劳动力市场可能存在的对女性的限制和歧视,女性在农业生产中的重要性日益提高,农业女性化成为工业化过程中的一个必然现象。

(1)有关农业女性化的测量。有学者将农业女性化区分为劳动力的女性化和管理女性化两种。[②] 这意味着女性留在农村不仅从事农业劳动,还承担了家务以及照料老人和孩子的责任。可以通过从事农业的劳动力中女性比例以及女性的农业劳动时间占家庭总农业劳动时间的比例进行测算。将家庭农业劳动力中女性劳动时间的份额与女性所占劳动力的比例相除,可以推断女性在家庭中的农业劳动负担。(2)农业女性化与老龄化的重叠。有学者注意到农业女性化是伴随着越来越多的年轻人离开农村外出务工产生的,30岁以下的年轻女性和男性一样迅速且大规模地脱离了农业生产。[③]

在这一领域还有如返乡女性劳动力、性别收入差等重要话题有待进一步讨论。

小　结

女性具有生存优势的状况构成了分析人口性别结构的理想型。通过出生人口性别比、职业的性别隔离和性别收入差等认识社会的性别分层。社会性别视

[①] 吴愈晓、吴晓刚:《1982—2000:我国非农职业的性别隔离研究》,《社会》2008年第6期,第128—152页。

[②] Alan de Brauw et al., "Feminization of Agriculture in China? Myths Surrounding Women's Participation in Farming," *The China Quarterly*, No. 194, 2008, pp. 327-348.

[③] 毛学峰、刘靖:《农地"女性化"还是"老龄化"?——来自微观数据的证据》,《人口研究》2009年第2期,第69—80页。

角从公共领域和私人领域的互动关系认识人口再生产的状况。中国的性别比状况受到传统男孩偏好的文化和计划生育政策的影响,并产生了深远的社会后果。现当代对女性生育成本的研究较好地解释了总和生育率下降的内在原因。

◆◆ 思考题

1. 什么是女性生存优势?
2. 分析性别比失衡的社会原因。

◆◆ 推荐阅读

佟新:《性别社会学》,北京大学出版社 2022 年版。

刘爽:《中国的出生性别比与性别偏好——现象、原因及后果》,社会科学文献出版社 2009 年版。

王军:《中国出生性别比——影响因素与形势判断》,社会科学文献出版社 2020 年版。

第九章

人口质量

　　人口是数量和质量的统一。人类进入工业社会后,人口质量越来越受到重视。影响人口质量的因素是多方面的,但遗传因素和社会环境因素,特别是教育因素是最基本的影响力量。本章将介绍测量人口质量的基本方法,分析影响人口质量的因素以及教育如何通过人力资本的提高作用于社会发展。

第一节　人口质量的基本概念和理论

一、人口质量的基本概念

　　人口数量是人口的绝对量;人口质量是人类具有的认识和改造世界的能力,也称为人口素质。

　　从微观角度看,人口质量是个体认识和改造世界的条件和能力,是指个体的素质。可分为身体素质和思想、文化科学素质两部分。也有人把其分为身体素质、智力素质(或文化素质)和非智力心理素质三部分。非智力心理素质包括四方面的内容:一是对客观秩序的认识程度;二是对现实世界的认同程度;三是对新生事物的接纳程度;四是对未来世界渴望探求的程度。

　　从宏观角度看,人口质量是一个国家或一个地区的人口综合地认识自然、改造自然、认识社会、改造社会以及认识人类自身和改造人类自身的条件和能力。人口质量可用受教育程度、文盲率、入学率以及各种相关身体素质指标来测量。

宏观的人口质量有以下特点：

（1）人口质量是人口总体的质量。

（2）人口质量反映了人口总体认识和改造世界的条件及能力,它包括身体素质、文化素质、心理素质等。不同侧面的人口质量具有内在联系,最弱方面的素质所能达到的水平对整体人口质量的潜能和存量具有根本制约性。

（3）社会发展状况决定着人口质量潜能的转化率,一个社会人口质量的高低与使人各尽其才的各种制度相关。

（4）人口质量是个历史概念。社会经济发展程度、城市化水平和教育制度的完善状况会强化人口质量的重要性,人口质量的作用越来越重要。传统的比较优势理论认为,一国或一个地区的生产优势主要取决于自然资源状况和资金与劳动力构成的要素比。19世纪末20世纪初,自然资源丰富的国家如阿根廷和智利都是富裕国家,缺乏资源的国家如日本则是穷国。但在知识经济时代,人口质量高的国家必定是具有竞争力、快速发展的国家。

（5）人口质量的高低体现了人口的双重属性,它既取决于生物遗传因素,也取决于社会环境和发展条件。教育制度的发展水平使人口具有可塑性。各种文化知识、医疗保健、合理营养、个人卫生、防病知识、心理平衡能力和生存能力教育等直接影响着人口质量。因此,人口质量的差异不仅仅取决于先天性因素,更取决于社会制度和社会生产力水平。

（一）人口质量的测量

人口质量的测量有一整套测量体系,分为人口质量的直接指标和间接指标。

1. 人口质量的直接指标

人口质量的直接指标是以对身体素质和文化素质的衡量为主。

（1）平均预期寿命和长寿水平

平均预期寿命能综合反映人口的死亡水平,反映了一国或一个地区的经济发展水平和医疗卫生保健状况。新中国成立前,中国人口的平均预期寿命为30—35岁。此后,人口死亡率迅速下降,1990年中国人口平均预期寿命为68.55岁。这比发展中国家的平均水平高10岁,比世界平均水平高5岁。长寿水平是指80岁及以上的人口占60岁及以上人口的比重。发达国家长寿水平一般在

10%以上。根据"七普"数据测算,我国人口的长寿水平已达到13.5%。

(2) 残疾人口所占比重

残疾人口所占比重是指肢体、智力、听力、语言、视力、精神有长期缺损的人口(不包括内脏残疾人口)占总人口的比重。

(3) 青少年身体发育指标

青少年身体发育指标是指青少年人口每10年平均身高、体重增加的速度。它反映了人口的发育状况与营养水平。

(4) 教育水平指标

教育水平指标是个多层次的概念,常见以下两类指标。一是反映教育流量的指标,包括各级各类学校招生数、在校学生数、毕业生数、每万人口在校学生数以及与此相关的相对指标,如每万人口中大学、中学、小学的学生构成及学生入学率等。二是反映教育存量的指标,包括每万人口中有大学文化程度的人数;15岁及以上人口中的文盲人数;各年龄组人口的平均受教育水平以及与此相关的指标,包括文盲率、识字率、就学率以及不同文化程度的人口在总人口中的比重。

2. 人口质量的间接指标

人口质量的间接指标也叫人口质量的物质指标,是指那些与人口质量高低呈正相关的指标,它反映一国或地区为提高人口质量提供的社会条件。

(1) 医疗卫生和保健的普及程度,是指每万人中医生数、床位数、人均卫生经费以及卫生经费占国民收入的比重等。

(2) 人口食物构成和营养状况指标,是指每人每天的热量、蛋白质供应量或每年人均消耗指数,如年人均食用肉类、奶类、豆类指标,人均占有粮食数量和卫生用水状况等。

(3) 人均住房面积。

(4) 体育运动事业的普及程度。

(5) 环境监测状况及污染指数等。

(6) 教育经费在国民收入中所占比重,学生教师比,科研机构的门类、数量和水平等。

（7）图书、报刊出版发行量。

（8）广播、电视、网络覆盖率等。

3. 人口质量的国际常用指标

（1）生命质量指数

生命质量指数（PQLI），也称为人口质量指数，是从健康和文化教育两方面反映人口质量的综合指标。1975年，由美国海外发展委员会提出。其目的是衡量和评价一国或一地区人民的物质生活质量。它由三项指标构成：一是婴儿死亡率；二是一岁时的预期寿命；三是文化普及率或成人识字率，即全国15岁及以上人口中识字者所占比重。三个指标分别进行统计再计算。

（2）人类发展指数

人类发展指数已在第八章做了简要介绍，其主旨是测量发展中国家摆脱贫困状态的社会发展程度，取代单纯依靠收入指标衡量发展与福利水平的方法。HDI实际上已成为衡量世界各国或地区人类社会发展程度的统一尺度。人类发展指数由健康长寿、知识的获取和生活水平三部分内容构成。其中，健康长寿用出生时预期寿命来衡量，反映健康长寿生活的能力；知识的获取用平均受教育年限（一个大于或等于25岁的人在学校接受教育的年数）和预期受教育年限（一个5岁的儿童一生将要接受教育的年数）共同衡量；生活水平用购买力平价法计算的人均国民总收入（人均GNI）来衡量。[①]目前，人类发展指数是最常使用的衡量国家间、地区间发展状况和发展潜力的指标。

（二）人口数量和质量的关系

人口再生产是人口数量和人口质量的再生产，人口数量和人口质量的关系密不可分。

第一，人口数量与人口质量具有替代关系。控制人口数量有利于提高人口质量，由此可以增加单位人口潜能的转换率。人口数量和质量的替代是长期渐进的过程。原始社会，人口少而质量低。社会生产力的发展不仅使人口数量增

---

① 陈友华、苗国：《人类发展指数：评述与重构》，《江海学刊》2015年第2期，第90—98页；石庆焱、陈虹：《如何编制人类发展指数（HDI）》，https://www.stats.gov.cn/zs/tjws/tjjc/202301/t20230101_1903379.html，2023年12月30日访问。

加,而且单位人口改造自然的能力也在提高。工业社会早期,经济发展仍取决于劳动力数量。进入信息社会,科学技术力量显现出来,生产力性质发生了根本改变,经济发展的主要动力从简单地以人力为主向着以智力为主发展,人口质量显得更为重要。

第二,人口数量和质量是相互促进的双向运动,特别是人口文化素质的提高有利于人口数量的减少。人口质量和生育率之间的逆相关关系表明,控制人口数量的战略只有在不断提高人口质量的条件下才能完成;随着人口受教育水平的提升,对个体而言,生育的优先顺序可能会发生变化(详见第三章)。

第三,人口数量和质量间的微观互动关系发生在家庭中。生产力低下的情况下,家庭抚养子女的费用较低,而子女数量对家庭经济的提高有直接作用,人口从出生到成为劳动力的周期较短,多子女成为家庭的理性选择。当社会发展机制由依靠人力转变为依靠智力即社会生产对劳动力的要求改变时,家庭抚养子女的费用及子女对家庭经济的意义也会发生变化。家庭对子女抚养费用的提高和回报的减少,使少生优育成为家庭的理性选择,由此完成了家庭内部人口数量和人口质量间的转化。因此,"控制人口数量,提高人口素质"是我国人口政策的基本方针。

二、人口质量的相关理论

影响人口质量的因素主要有遗传因素和社会环境因素两类。对遗传因素的研究产生了优生学;对社会环境的研究产生了教育、人力资本等有关理论等。

(一) 对遗传因素的研究

1. 遗传

遗传是生物个体代与代之间的延续,是遗传物质(基因)从亲代传给子代,使亲代的性状又在子代表现出来的一种自然现象。遗传基因对人的体质和大脑机能有十分重要的影响。各种遗传性疾病就是严重有害基因遗传的结果,如唐氏综合征是亲代精卵结合时染色体异常改变导致的。研究遗传问题的方法有很多,如家谱法、双生儿法等。家谱法是通过对某个人的家系调查,绘出家系图,观察分析上下几代人中某些遗传性状出现的情况,依据遗传规律找出其特点和趋势。双生儿法是利用同卵双生儿作为研究对象,在遗传因素非常相似的个体间,观察其处于不同环境下生长发育的后果。

从生物进化的角度看,人类对有害基因的传递有着本能的抗拒,一般以自然流产的方式表现出来。

随着生物科学的发展,人类不再满足于由流产维持的自然选择,不断进行人为的干预选择。人类目前已知的单基因遗传病种类有6000余种,其对人类健康及其后代的影响越来越大。在人类基因组计划的推动下,医学遗传学获得了快速的进展。基因的分离、克隆,遗传病的基因诊断和治疗已经从实验室走向临床应用。比如对唐氏综合征胎儿的筛查,有效地减少了遗传病的数量。

2. 优生和优生学

优生是指通过科学手段改善人类后代的遗传品质及健康状况的一种生育方式,有关优生的科学被称为优生学(eugenics)。优生学是运用遗传学的原理和方法,改善人的遗传素质的一门综合性科学,是研究如何提高人口出生素质,防止出生缺陷的科学。优生学分为消极优生学和积极优生学两类。消极优生学又称预防优生学,是通过研究人体遗传病和先天性疾病形成的规律性,防止或减少个体遗传病和先天性疾病的发病率和风险。在动植物的进化过程中,它们依靠自然选择规律淘汰不良个体;而具有智慧的人类可以通过有意识地避免生出有缺陷的下一代而减少人体遗传病。积极优生学又称演进优生学,是通过研究人为的因素维持或增加人类群体中的有利因素,改进人类遗传素质,这种优生学的研究还处在初级阶段,人工授精和遗传工程等研究受到科学技术条件的限制和社会伦理道德的制约。

1883年,英国科学家弗朗西斯·高尔顿(Francis Galton)在《人类的才能及其发展研究》一书中首次提出了"优生学"一词,为优生学的发展奠定了基础。

优生学虽然只有100多年的历史,但是优生的思想和实践源远流长。人类本能地希望通过汰劣滋优的办法来提高人口的质量,促成合乎理想的人类个体不断繁衍。许多原始部落都有处死或者遗弃有出生缺陷婴儿的习俗。中国春秋时期的典籍《左传》中有"男女同姓,其生不蕃"的记载,汉朝文献《淮南子·说山训》中有"嫁女于病消者,夫死则后难复处也"的说法,这都说明了人类对某些遗传病的早期认识。古希腊哲学家柏拉图认为,男女婚配不加约束会使人类衰退,因而主张对婚姻关系加以控制和调节,以生育优秀的后代。古代斯巴达人主张低能的男女结婚要受刑罚、要抛弃畸形婴儿等。这些只是一些朴素的优生思想,很难发展成为系统的科学。正如达尔文所说:"在遗传的一些法则彻底地被人发现以前,这一类的希望是乌托邦一路的空想,即便是部分地加以实现也是不可能的。"①

19世纪,生物进化论和遗传学的发展为真正意义上的优生学奠定了科学的基础。高尔顿是达尔文的表弟,深受生物进化论的影响。1859年,达尔文出版《物种起源》一书,提出了以自然选择为基础的生物进化论的观点。1868年,达尔文在《动物和植物在家养下的变异》一书中说明通过人工选择可获得动植物的优良品种。1871年,达尔文在《人类的由来》一书中提出性选择及人类起源的理论。在这些理论的启发下,高尔顿把达尔文的进化论直接应用于人类,运用数理统计方法研究人类遗传与变异的特征,开创了优生学。他主张通过选择性的婚配来减少不良遗传素质的扩散和劣质个体的出生,以便达到逐步改善和提高人口群体遗传素质的目的,所以优生学也被称为"遗传健康"。

在高尔顿的推动下,优生学在英国发展起来。1912年,伦敦举行了第一届国际优生会议,成立了"国际永久优生委员会"。1921年,纽约举行了第二届国际优生会议。20世纪20年代,优生学传入中国,被译为"善种学"和"人种改良学"。社会学家潘光旦去美国就是攻读的人类遗传学和优生学,回国后在大学讲授和研究优生学,出版了多部著作和译著,如《优生概论》和《优生原理》。

优生学经历了一个曲折的发展过程。高尔顿及其他一些优生学研究者过分强调智能的遗传性,认为人类素质的优劣、高低和社会地位的尊卑都是出于遗传。宣称"高贵"的家族会留下"聪明智慧、身体健康、道德高尚"的遗传因子,而"地位低下"的人则会留下"愚昧、疾病和低能"的遗传因子。这些偏见成为法西斯主义推行种族主义的借口。希特勒把种族主义奉为德国的思想基础,宣称雅利安人具有最优秀的遗传素质,号召创造一个以雅利安人为主宰的社会。借此,法西斯分子屠杀了大量的犹太人。在第二次世界大战期间,法西斯的暴行使

---

① 〔英〕达尔文:《人类的由来》,潘光旦、胡寿文译,商务印书馆1983年版,第937页。

人们对"优生"本意的理解产生了偏差。时至今日,优生学仍然面临很多挑战。

第二次世界大战后,欧美及日本等国都开始从新的立场重新评价优生学。细胞遗传学、分子遗传学、生化遗传学和医学遗传学等学科的迅速发展使优生学进入了一个新阶段,诞生了"新优生学"。20世纪70年代,美国优生学家卡尔·巴耶马(Carl J. Bajema)提出了有关遗传咨询、产前诊断和选择流产相结合的"新优生学",论证了人们可借助医学知识和技术手段选择后代的遗传素质。

高尔顿创立的优生学建立在生物进化论、遗传学和统计学基础上,具有一定的科学性,其基本理论对于人类的进步有重要贡献。但是早期的优生学过分强调遗传因素对人口质量的作用,混淆了人的社会属性和生物属性,机械地把某些生物属性搬入人类社会。更值得批判的是,早期优生学对底层人民抱有偏见,易被种族主义者利用。优生学本身没有阶级性,现代优生学的发展有效地提高了人口质量,使人类普遍受益。①

"现代优生学"被理解为以生物科学、医学、环境学、社会学为基础,运用遗传学原理,减少遗传性疾病或先天性缺陷患儿的出生,并积极加强孕期、围产期、新生儿期的保健,以不断提高人口素质的一门综合性学科。现代优生学表明,孕妇与有害环境的接触影响人们的遗传状况。如孕妇照射X射线、感染病毒、接触有毒化学物质等都可能造成胎儿畸形或智力低下;孕妇嗜好烟酒、吸毒或服用药物都会影响胎儿发育。

3. 生物工程学的伦理挑战

1996年,英国科学家成功克隆出一只绵羊"多莉"。克隆是指由同一个祖先细胞分裂繁殖而形成的具有完全相同基因的纯细胞系,亦称无性繁殖。克隆绵羊"多莉"的成功和传媒的大量宣传引起公众的强烈反应。"多莉"的出现是生物工程技术发展史上的里程碑。科学家曾预言,21世纪将是生物学的世纪。从生物学的角度看,生殖是基因的传递过程;从社会的角度看,生殖引发生存矛盾以及生殖意义的问题。现代社会,"生物性"的生殖已成为"社会性"的生殖,安全避孕方法的出现使生殖具有了更多的自主性和多重选择性。生殖技术改变了

---

① 参见万钫:《优生学》,北京师范大学出版社1994年版。

古老的生育与绝育(不育)的对立,人工授精和体外受精几乎把生殖从传统的异性间性行为中分离出来。"性别识别"技术的发展已使人类具有了选择胚胎性别的能力。这一切使人类面临不确定性。

随着生物工程和医药技术的发展,相关的伦理边界问题不断引起全球的重视。胚胎植入前遗传基因诊断(PGD)技术可以对试管内受精的人类胚胎进行基因检测。德国在1990年颁布了《胚胎保护法案》,对人类胚胎相关的法律问题作出规定。目前,对于试管内受精的人类胚胎只能用来发现严重的基因缺陷,不允许基于性别、肤色等具体的特征进行胚胎筛选。有人认为,人可以自由地选择胚胎,甚至称其为自由优生学。对此,尤尔根·哈贝马斯著书讨论自由优生学和人类本质的未来。他指出,通过基因评估的方式对胚胎进行选择或者对胚胎进行基因修改,意味着对人的一种新的控制形式,它破坏了人的自主性,损害了其作为道德能动者来行动的能力。[①] 生物工程学的发展亦潜存着巨大的风险。

(二)教育与人力资本理论

教育是提高人口质量的最佳途径。对个人而言,教育对个人实现自身潜能极为重要,可分为家庭教育、社区教育、学校教育、职业教育及网络教育等等。现代社会,正式的学校教育已然成为促进人们掌握技能、获取知识、开拓个人视野的社会制度。正式的学校教育是一种强制制度,通常分为不同的阶段,如初等教育、中等教育和高等教育。人们通过学校教育获得特定类型的技能及知识,特别是高等教育是社会分工的基础,人们通过专业化训练,在此阶段可以学到一套预先设定的课程体系。教育投入的回报是长远的,它需要国家、各级政府和个人的高瞻远瞩。教育投入与回报之间是一种U形结构,人一开始的若干年教育,如获得读写能力的教育具有较高的回报;最后几年的教育,如获得大学或研究生学位的回报率也较高,但是其他阶段的那几年教育则相对回报较少。对于这种时间常数的变化,需要决策者具有长远眼光,对教育事业加大投入。

人力资本的概念源自发展经济学。发展经济学认为,在现代经济增长的要

[①] 参见 Jürgen Habermas, *The Future of Human Nature*, Polity, 2003。

素构成中,劳动者受教育水平的提高具有越来越重要的意义,人们的受教育水平及掌握相关知识和技能的能力差异构成了不同的人力资源。

美国经济学家西奥多·舒尔茨(Theodore W. Schultz)完善了人力资本的概念。他指出,人类改变贫困状况的决定性因素不是空间、能源和耕地,而是人口质量的提高和知识进步。舒尔茨认为人力资本包括四方面内容:(1)人力资本体现为人的知识、技能、资历、经验和熟练程度等,是后天获得的能力和素质;(2)当人的素质既定后,人力资本表现为工作的总人数和劳动市场上总的工作时间;(3)人的能力和素质通过人力投资获得,人力投资是为提高人力而支付的各项费用,有保健支出、学校教育和在职教育支出、劳动力迁徙的支出等;(4)人力投资是有收益的。对于劳动者来说,其收益表现为个人收入的提高;从国家来说,其收益表现为国内生产总值的提高。

人力资本的内涵是更大的教育概念,是指人类后天获得的、具有经济价值的人口质量。舒尔茨认为,研究社会经济发展的动力必须引进总资本的概念,这一概念包括了物质资本和人力资本,而过去的资本理论只是考虑到了有形的物质资本,而忽视了人力资本。舒尔茨认为,存在着两种地球观。一种是"自然地球观",以马尔萨斯为代表,认为地球上适合生长粮食的土地面积是固定的,而为耕种这些土地提供的能源正在耗尽,继续生产足够的食物以养活日益增长的世界人口是不可能的。另一种"社会经济观"认为,人类有智慧和能力减少其对耕地、传统农业和日益减少的能源的依赖,降低生产食物的实际成本。舒尔茨批驳了大卫·李嘉图(David Ricardo)的"土壤的原始的和不可毁灭的能力",指出农业现代化发明了耕地的替代物;收入增加带来了父母对孩子质量的重视高于对孩子数量的追求而产生的自愿少生育现象也是马尔萨斯难以预见的。

人力资本理论假设,高质量人口是一种稀缺资源,具有经济价值。人类为了获得这一稀缺资源需要投入,投入的资本越多,其产品(高质量的人口)就越可能带来社会和个人的收益。追加人口质量的成本和获得收益之间成正比,当收益超过了成本时,人口质量就提高了。

舒尔茨认为,低收入国家在人口质量各部分上的收益正在增加。以儿童质量提高为例,表现为:(1)人均食品消费已有一定程度的增长;(2)幼儿园和小学的入学率已有很大提高;(3)儿童存活率提高。健康是人力资本中的一个重要因素,例如,平均寿命决定着人力资本投资以及这些人力资本存量的价值。健康状况的改善标志着社会福利的提高,同时也意味着劳动者生产能力的提高,人们会有更多的时间和更充沛的体力去劳动,减少了因生病造成的工时损失和医疗消费。①

人类的智慧是无尽的,有限的土地资源将不再成为人类发展的限制力量。美国经济学家莱斯特·瑟罗(Lester C. Thurow)在《资本主义的未来》一书中宣称,把技能、教育和知识称为"人力资本"是对未来转变的最简练的表述。人力资本理论也为发展中国家的可持续发展提供了可行的发展道路。发展中国家通过人力投资和发展各种类型的教育,将知识变为摆脱贫困最有力的引擎。值得关注的是,与教育相关的问题是不平等。大量的经验研究发现,阶级和教育成就之间存在相关,对人口素质的研究就与不同阶层的人享受到的教育、医疗、福利水平等相关联。同时国家间发展的差异又在一定程度上反映着世界性的不平等,这可以通过对一个国家的教育支出,即一个国家在教育领域的公共开支加以考察。

令人兴奋的是,新技术和知识经济的发展改变了人们关于工作与教育的传统观念,终身学习具有了可能性。互联网带来的数字化学习方式使更多的人能够获得平等的学习机会。全面而自主的自我教育将全方位地提升人类的生活品质。

第二节 中国的人口质量

对中国人口质量的研究是一项复杂的工程,受到各方的重视,提高人口质量是中国社会得以长期发展的根本,是提升人力资本的关键,其中重要的是提高人口的受教育水平、提高出生人口质量和提高人口的健康水平。

一、中国人口受教育水平不断提升

新中国成立以前,全国文盲和半文盲人口占总人口的80%。1982年"三普"

---

① 〔美〕西奥多·W.舒尔茨:《人力投资——人口质量经济学》,贾湛、施炜等译,华夏出版社1990年版,第9、22—24页。

数据表明,全国人口文盲率①为22.81%,而1964年"二普"时高达33.58%。2000年"五普"数据表明,文盲率为6.72%。2020年"七普"数据表明,全国人口文盲率已由2010年的4.08%下降为2.67%。(见表9-1)这表明,青壮年的文化普及率很高,消灭文盲指日可待。2020年,具有大学文化程度的人口为21 836万人;与2010年相比,每10万人中具有大学文化程度的由8930人上升为15 467人;15岁及以上人口的平均受教育年限由9.08年提高至9.91年。(见表9-1、表9-2)人们受教育状况的持续改善反映了我国大力发展高等教育以及扫除青壮年文盲等措施取得了积极成效,人口素质不断提高。人才队伍建设发展迅速,教育得到普遍重视。

表9-1 我国分城乡人口的教育水平

年份	全国		城镇		乡村	
	文盲率/%	平均受教育年限	文盲率/%	平均受教育年限	文盲率/%	平均受教育年限
1982	22.81	5.20	16.82	7.12	24.36	4.68
1990	15.88	6.24	9.19	7.98	18.26	5.60
2000	6.72	7.58	4.09	8.97	8.26	6.76
2010	4.08	9.08	2.66	9.98	7.26	7.58
2020	2.67	9.91	2.09	10.64	6.57	8.46

资料来源:根据历次全国人口普查数据整理、计算得出。

表9-2 每10万人中具有各种文化程度人数

文化程度	年份						
	1964	1982	1987	1990	2000	2010	2020
大专及以上(大学文化程度)	416	615	884	1422	3611	8930	15 467
高中(含中专)	1319	6779	6996	8039	11 146	14 032	15 088
初中	4 680	17 892	21 322	23 344	33 961	38 788	34 507
小学	28 330	35 237	36 114	37 057	35 701	26 779	24 767

资料来源:根据历次全国人口普查数据整理。

---

① 文盲率是指31个省、自治区、直辖市和现役军人的人口中15岁及以上不识字人口所占比例。

但在教育水平上还存在一定的城乡差异。我国中等职业教育快速发展,为脱贫工作作出了重要贡献。2020年,全国中等职业学校农村户籍学生数占在校生总数的82%,来自中西部地区的学生占在校生总数的近70%。国家通过"三免一补"政策,即免学费、免书本费、免住宿费,对家庭困难的学生予以生活补助和国家助学金,不仅全面提升了人力资本,还有效阻断了贫困的代际传递,培育出更多的特色技能人才。

一般来说,人口增长有两种循环模式:一种是"高生育率—低人口文化素质—低劳动生产率—高生育率"的初级循环模式;另一种是"低生育率—高人口文化素质—高劳动生产率—低生育率"的高级循环模式。中国处于转型阶段,提高人口质量和提升人力资本是当务之急。我国已进入以提升劳动力质量来提高劳动生产率和创新水平的阶段。根据联合国发布的数据,2021年我国HDI为0.768,处于从"中等人类发展水平"向"高等人类发展水平"过渡的阶段,人口质量的潜力正在不断增加。

二、提高出生人口质量

出生人口质量是决定人口素质的自然属性或称物质基础。根据《中国出生缺陷防治报告(2012)》统计,我国出生缺陷总发生率约为5.6%。近年来,我国出生缺陷防治工作成效明显,与2019年相比,出生缺陷导致的婴儿死亡率、5岁以下儿童死亡率均降低30%以上。出生缺陷不仅影响儿童的生命健康和生活质量,而且影响整个国家的人口素质和人力资源的健康存量,影响经济社会的健康可持续发展。为此,我国采取了以下优生措施:(1)禁止近亲结婚。即禁止有共同祖先的直系血亲和三代以内的旁系血亲之间的婚配。(2)严格执行婚前检查制度。凡血型不合、生殖器官畸形、终身不宜结婚的遗传病患者,都不建议结婚;患有某些遗传性疾病、先天痴呆、智力低下者可以结婚,但不能生育;对患有暂时不宜结婚、生育疾病(心脏病、高血压、糖尿病、肝炎、结核病、甲状腺功能亢进等,这些疾病遗传的概率很高,直接影响后代健康)的,劝其推迟婚期,先治愈病症,再行结婚、生育。(3)开展遗传咨询。凡有家庭遗传病史、生过先天畸形儿、高龄受孕、近亲婚配、受孕早期接触过放射性物质者都应当进行遗传咨询与检查。(4)提倡"适龄生育"。法定婚龄是最低婚龄,不是最佳婚龄,更不是最佳育龄。医学研究表明,20 岁以下和 35 岁以上的妇女妊娠,子女出现缺陷的可能性增大。(5)加强孕期保健。医学表明,胎儿在 5—10 周期间,如果孕妇受到某些致畸胎因素的影响,易导致胎儿出现种种畸形和功能障碍。如孕妇受到风疹、流感、肝炎、流行性腮腺炎等病毒性感染就易使胎儿出现白内障、先天性心脏病、脑积水、唐氏综合征等。(6)加强产前诊断。产前诊断就是用羊水穿刺、超声波、胎儿镜、孕妇外周血细胞检查等方法,了解胎儿在孕妇宫内的生长,预防先天遗传性疾病。

优育是指对出生后至 3 岁的婴幼儿进行科学的养育,使婴幼儿的身体得到良好发育,健康成长。优教是对 3 岁以上的幼儿和青少年,进行有关知识、技能、资历、经验和熟练程度等的优质教育,使其德智体得到全面发展。

为了提高人口质量应当提高人口的出生质量,为此要做好干预,如进行出生缺陷干预,通过信息交流、知识传播、技术引入、高危筛查、疾病监测和预防治疗等一系列工作进行干预。[①]

三、提高人口的健康水平

世界卫生组织对健康的定义是:"健康是指身体、心理及社会适应方面的完好状态,而不仅仅是无病或不虚弱。"健康是个人的权利,同时也是社会发展的基础。有学者用人口健康储量的概念来分析一个群体抵御健康风险的能力。人口健康储量的提高对整个民族健康水平的提高有着至关重要的作用。从代际的角度讲,不断提高一代代人的群体健康储量是健康促进的重要目标。因此,应关注影响人口健康储量代际交流的健康问题。人口健康储量代际交流是指人口健康储量在亲代和子代之间的传递,衡量的重要指标就是出生结局。根据生命周期的观点,出生人口的健康素质是人类健康发展的基础,也是提高人口健康储量的必要条件。[②] 郑晓瑛等呼吁要对人口健康中直接影响人口质量的问题进行研

---

① 郑晓瑛:《中国出生人口质量的现状与干预途径》,《中国人口科学》2000 年第 6 期,第 1—9 页。
② 郑晓瑛:《再论人口健康》,《人口研究》2003 年第 4 期,第 13—24 页。

究,这些优先需要研究的领域有:(1)生命早期的健康问题,特别是对出生缺陷所导致的疾病残疾的研究。(2)低龄和劳动人口的意外损伤和伤害。意外损伤和伤害是儿童、青年及劳动人口的最主要死因。(3)传播性疾病。(4)生殖健康问题。(5)环境和职业健康问题。(6)精神卫生问题。精神卫生研究是健康研究中非常重要的一部分。精神疾病是一类以认知、情感、意志、行为异常为特点的常见复杂性疾病,包括精神分裂症、躁狂抑郁症、情感障碍、焦虑症、痴呆、强迫症、孤独症、酒精毒品或其他物质依赖、进食障碍等。我国精神卫生问题已经成为重大的公共卫生问题和突出的社会问题。(7)老年健康和慢性非传播性疾病。①

1987年中国进行了第一次全国残疾人抽样调查,2006年进行了第二次全国残疾人抽样调查。2006年第二次全国残疾人调查表明,全国各类残疾人的总数为8296万人,与1987年的抽样调查相比,残疾人规模由1987年的5164万人,增加了3100多万,其比例也由1987年的4.9%提高到6.34%。国家统计局数据显示,截至2023年底,我国残疾人口总数超过8500万人,约占全国总人口的6%。

按国际残疾划分标准和我国人口发展的老龄化趋势,未来我国残疾人的规模还有扩大的可能,应从残疾人的社会服务、医疗、卫生、康复、就业、保障等方面深入进行政策研究。特别要强调人人有责、机会均等的包容性发展,注重内容的全面协调和发展成果的利益共享。

总体上,我国人口的健康水平不断提升。2021年,我国人均预期寿命达78.2岁。2017年,党的十九大提出"实施健康中国战略",这是基于人民对美好生活的需求提出的,旨在全面提高人民健康水平、促进人民健康发展,因此党的二十大提出,要"把保障人民健康放在优先发展的战略位置",整合健康资源、健康产业,建设人人共建共享的健康中国。

---

① 郑晓瑛、宋新明、陈功:《论中国人口健康研究的优先领域》,《人口研究》2006年第6期,第69—73页。

四、人口素质城乡二元结构与"逆淘汰"问题分析

(一)城乡二元结构的人口素质差异

一般人口学所讨论的人口素质主要着眼于人口的健康素质和教育素质,只涉及其自致特征,这些自致特征直接与一个国家的经济发展实力、教育、医疗卫生发展水平及制度有关。

衡量人口健康素质的指标之一是婴儿死亡率。婴儿死亡率的高低直接与人口的医疗水平、妇幼保健条件有关,是反映一个国家或地区社会经济发展水平和居民健康条件的敏感指标。表9-3数据显示,无论是城市还是农村,婴幼儿死亡率都在不同程度下降。但是城乡差异始终存在且差距不小,这反映出城乡人口健康素质和医疗卫生条件的差距。

表 9-3 我国监测地区分城乡的婴儿死亡率　　　　　单位:‰

年份	婴儿死亡率			5岁以下儿童死亡率		
	合计	城市	农村	合计	城市	农村
1991	50.2	17.3	58.0	61.0	20.9	71.1
2000	32.2	11.8	37.0	39.7	13.8	45.7
2010	13.1	5.8	16.1	16.4	7.3	20.1
2020	5.4	3.6	6.2	7.5	4.4	8.9

资料来源:根据国家统计局网站公布的数据整理。

还有一个综合反映人口健康素质的指标是平均预期寿命,这与人口的生活水平和健康水平直接相关。表9-4数据显示,总体上我国人口平均预期寿命在不断提高,但是城乡人口的平均预期寿命差距明显。

表 9-4 我国分城乡人口的平均预期寿命　　　　　单位:岁

年份	全国	城镇	乡村
1990	68.55	71.83	67.13
2000	71.40	76.14	70.63
2005	72.95	78.60	73.61

单位：岁（续表）

年份	全国	城镇	乡村
2010	74.83	—	—
2020	77.93	—	—

资料来源：国家统计局编：《中国统计年鉴 2023》，中国统计出版社 2023 年版，第 32 页；翟振武、侯佳伟：《人口逆淘汰：一个没有事实根据的假说》，《中国人口科学》2007 年第 1 期，第 14 页。

反映人口素质的另一个维度是人口的文化教育水平。总体上我国教育事业发展很快，人口教育素质不断提高。表 9-1 数据显示，我国人口的文盲率迅速下降，人均受教育年限不断提高，但城乡之间依然存在教育水平的差异。

由于自然地理、社会经济基础条件以及相关政策的不同，我国东、中、西部地区的社会经济发展及人口素质也存在明显差异。我国东、中、西部地区之间的差距与城乡社会之间的差距在一定程度上是重合的，东、中、西部的发展差距可以被视为广义上城乡之间的差距。

（二）"人口逆淘汰"问题的兴起与争论

社会学家斯宾塞曾说过，人类社会的发展和物种的进化一样，物竞天择、适者生存。也就是说高素质的人群将不断发展，低素质的人群将逐渐被淘汰。20 世纪 90 年代起，一些学者认为我国人口的发展却出现了与此相反的趋势：高素质的人口在总人口中所占比例在不断缩小，而低素质人口所占比例在扩大，这就是人口素质的逆淘汰问题。事实上，我国城乡之间以及东部与中部、西部之间在社会经济发展、人口的健康素质和教育素质上存在显著差异，以及长期以来城乡实施不同生育政策的现实，共同构成了"人口逆淘汰"问题提出的背景和基础。

坚持"人口逆淘汰论"者认为，因为存在着城乡差别和地域差别的计划生育政策，农村人口增长快于城市，农村人口在总人口中的比例不断上升，又由于农村人口低素质的状况，农村人口比例上升最终造成了全国人口整体素质的下降。

反驳"人口逆淘汰论"者认为"人口逆淘汰"的论证存在很多问题。以动态方式考察人口数量变化，却以静态数据进行人口素质的比较，只对数据做简单对比,而没有放到一个过程中去考虑,因此其结论很难有说服力。此外,他们通过对城乡相对生育率变化的分析得出了相反的结论,即差别的人口生育政策并没有导致"人口逆淘汰",而是起到了减缓人口素质逆淘汰的作用。我国实施城乡有别的计划生育政策以来,不仅没有扩大城乡和地域生育水平的差别,反而缩小了城乡生育水平的差别;改革开放后我国城镇化速度加快,城镇人口比重不断上升,并没有出现高素质城镇人口比重不断下降的趋势;农村人口的健康教育素质伴随着我国社会经济的发展也在不断提升,是推动全国人口整体素质上升的重要力量。这些事实有力地反驳了"人口逆淘汰论"者。因此关于中国人口素质正处在逆淘汰过程的说法,在理论上站不住脚,也没有任何事实根据,只是一种前提并不存在的"假说"。[1]

(三)"人口逆淘汰"问题再思考

我国人口总体的健康教育水平在不断提升,不存在"人口逆淘汰"问题,但城乡之间的水平、垂直流动受到多种制度的"制约"。城乡人口不仅在户籍上,在享有的教育、卫生、福利等方面存在着差别,而且在教育、卫生等公共资源投入和配置上也存在差别。这些因素阻碍了我国人口素质的提高,影响了我国全民素质的提高和从人口大国向人力资本大国的转变。[2] 为此,要实施从"人口大国"转向"人力资本大国"的发展战略。城乡人口在健康教育素质与健康教育资源分布和投入上存在差距。对于处于健康教育弱势的乡村人口,国家应采取更大力度的"补偿性"政策,加大健康教育投入,有效缩小城乡差距。只有乡村人口的健康教育素质得到全面提升,才能实现全体国民人口素质的提升,才能实现从人口大国向人力资本大国的转变。

在考察人口质量的同时,需要对国家财政公共支出加以考察,反思经济增长与民生发展的双重关系,提高财政透明度,不断加大福利支出,通过第三次分配实现公平与效率的双赢。

2023年6月13日,中共中央办公厅、国务院办公厅印发了《关于构建优质

---

[1] 翟振武、侯佳伟:《人口逆淘汰:一个没有事实根据的假说》,《中国人口科学》2007第1期,第10—17页。

[2] 李建新:《城乡社会"断裂"与"人口逆淘汰"再思》,《人口学刊》2010年第1期,第3—9页。

均衡的基本公共教育服务体系的意见》,明确提出:"推动城乡整体发展。以推进城乡教育一体化为重点,加快缩小县域内城乡教育差距。适应国家人口发展战略和服务乡村振兴战略、新型城镇化战略,……优先发展乡村教育,……服务农村边远地区提高教育质量。"相信随着国家一系列政策的实施,未来我国城乡之间人口的受教育机会会更加均等,教育质量和健康水平的差异会有明显的缩小。

小　结

人口质量是人类具有的认识和改造世界的能力,它在经济发展中的作用越来越重要。测量人口质量的指标分为直接指标和间接指标。人口数量和人口质量之间存在替代转换关系,控制人口数量有利于提高人口质量。影响人口质量的因素主要有遗传和社会环境因素,通过教育可以有效地提高人口质量,并由此推动社会经济的发展。

思考题

1. 什么是人口质量?
2. 什么是现代优生学?
3. 对所谓"人口逆淘汰",你如何看?

推荐阅读

陆杰华等:《新时代人口素质论》,中国人口出版社 2019 年版。

杨晓明:《中国人力资源开发:基于人口、健康与教育视角》,知识产权出版社 2019 年版。

第十章 婚姻家庭结构

从个人的角度看,每个人都拥有一定的亲属关系,这种依靠血缘和姻缘建立起来的关系网络是个人的初级社会关系。家庭作为一种核心的社会制度对人口生产、再生产和迁移有着重要的影响。

第一节 婚姻家庭结构的基本概念和理论

家庭是由婚姻、血缘或收养关系所组成的社会生活的基本单位,也是人口再生产的基本单位。家庭制度是关于家庭的性质、关系、功能、权利和义务的一整套规范体系,是整个社会制度的重要组成部分。

一、从婚姻到家庭

传统社会,婚姻是男女两性依一定的法律、伦理和风俗的规定建立起来的夫妇关系。它是家庭成立的标志和基础。

(一)婚姻和婚姻制度

婚姻制度是社会规定的有关夫妇关系建立的一整套社会规范,任何社会都有特定的婚姻制度。婚姻作为一种社会制度形式已有上千年的历史,虽然历经变化,但其本质一直没有改变,即通过建立男女两性特定的社会关系实现人口的再生产。人们常常会以为婚姻的基础是爱情或性爱关系,但是在许多有着相对性自由和恋爱自由的社会中,婚姻仍然存在。费孝通认为,"婚姻关系和两性关系并没有绝对的联系","婚姻是社会为孩子们确定父母的手段。从婚姻里结成的夫妇关系是从亲子关系上发生的"。在他看来,婚姻的意义"是在确立双系抚育"。①

婚姻制度一直是人类通过建立稳定的两性关系进行人口生产和再生产的最有效方法。当讨论人类为什么要建立婚姻制度时,它必然地要与生育联系在一起。婚姻制度是人口生产和再生产的必要前提。"婚姻的意义就在建立这社会结构中的基本三角。夫妇不只是男女间的两性关系,而且是共同向儿女负责的合作关系。在这个婚姻的契约中同时缔结了两种相联的社会关系——夫妇和亲子。这两种关系不能分别独立,夫妇关系以亲子关系为前提,亲子关系也以夫妇关系为必要条件。这是三角形的三边,不能短缺的。"②中国传统上认为"男大当婚,女大当嫁",传宗接代是婚姻的主要目标,以至于妻子因不能生育而被休掉或不能生育的妻子主动为丈夫纳妾成为常事。现代社会,各种法律法规使婚姻制度更加完善和制度化。对于个人来讲,婚姻成为生命周期中重要的一环,具有文化和社会标签的作用。

就婚姻的配偶人数来说,人类社会曾经有过一妻多夫制、多夫多妻制、一夫多妻制、一夫一妻制等。现代社会,人类具有了更多的选择性,是否结婚成为个人的行为,婚姻变迁成为社会变迁中最敏感和最深刻的变迁。

现代法律规定,婚姻是有条件的,基于社会需求和个人生理需求可分为禁止结婚条件和结婚必备条件。禁止结婚条件主要有:禁止近亲结婚,禁止有某些遗传病者结婚,禁止一方或双方有配偶者结婚(1950年公布实施的《中华人民共和国婚姻法》第一次明令禁止重婚、纳妾,废除了一夫多妻制)。从结婚必备条件看,可分为主观条件和客观条件。主观条件是指当事人的意愿。2021年1月1日起施行的《中华人民共和国民法典》第一千零四十六条规定:"结婚应当男女双方完全自愿,禁止任何一方对另一方加以强迫,禁止任何组织或者个人加以干涉。"客观条件主要是婚龄要求和婚姻登记要求。当事人必须达到法定的婚龄

---

① 费孝通:《乡土中国 生育制度》,北京大学出版社2020年版,第154、157页。
② 同上书,第187页。

第十章 婚姻家庭结构

才能结婚。在中国,只有经过婚姻登记确立的婚姻关系才能得到法律的承认和保护。

(二)婚姻的测量

婚姻状况是一个国家或地区15岁及以上人口在婚居方面的构成。人口构成中婚姻状况通常分为未婚、已婚(有配偶)、丧偶(配偶已死亡,本人并未再婚)、离婚(与配偶已解除婚姻关系,本人并未再婚)等。通过对结婚率、平均初婚年龄和离婚率等指标的测量可进行婚姻分析。

结婚率是指一定时期(通常为一年)内每1000名15岁及以上人口中结婚事件的发生数,即全年结婚对数。用公式表示为

$$结婚率 = \frac{年结婚事件发生数}{年平均人口数} \times 1000‰$$

平均初婚年龄是指初次结婚者的平均年龄。人口学强调女性的初婚年龄。用公式表示为

$$平均初婚年龄 = \sum \frac{各年龄初婚人数 \times 初婚年龄}{各年龄初婚人数之和}$$

离婚率是指一定时期(通常为一年)内每1000名15岁及以上人口中离婚事件发生数,即全年离婚对数。用公式表示为

$$离婚率 = \frac{年离婚事件发生数}{年平均人口数} \times 1000‰$$

不婚率是指已达到育龄期末仍未结婚的人数占相应年龄组总人数的百分比。一般是指达到育龄期末处于未婚、丧偶或离婚状态的人。

从全球看,婚姻正发生一些明显的变化。(1)个人择偶自由,晚婚成为普遍趋势。(2)婚姻形式多样。有些人采取法定注册婚姻的形式;有些人实行同居,而不仅仅是婚前同居。(3)处于非在婚状况的人口占有相当比例。非在婚状态以独身为主,包括未婚独身、离婚独身和丧偶独身等。(4)离婚率上升。20世纪60年代以来欧美各国出现了离婚率跳跃式增长。但离婚率上升并不简单地意味着婚姻制度的解体。(5)在婚姻多样化的条件下,非婚子女数量增多。20世纪60年代以来,西方工业国家已不把非婚生育视为道德污点,未婚母亲增多。在一些国家,家庭政策和社会福利政策的措施日益有利于未婚母亲。(6)"亲生

抚育的原则"发生变化,一些孩子是在非亲生父母身边长大的。(7)一些国家出现了同性婚姻。

二、家庭和家庭结构

(一)家庭功能

费孝通认为,家庭在人类学上有明确的界说,是指由亲子所构成的生育社群。亲子关系形成家庭结构,生育和抚育则是家庭的基本功能。

美国功能主义社会学家塔尔科特·帕森斯(Talcott Parsons)则认为,家庭的两个主要功能是初级社会化和使人格稳定,由此社会得以稳定发展。家庭有多种功能,历史上,家庭是社会的生产单位、生育单位和生产技术传授单位的综合体。现代社会,家庭功能发生了很大的变化,但是家庭的生育功能、经济功能和满足情感需要的功能依然存在,且生育功能是最基本和最重要的功能。马克思、恩格斯说:"每日都在重新生产自己生命的人们开始生产另外一些人,即繁殖。这就是夫妻之间的关系,父母和子女之间的关系,也就是家庭。"①

帕森斯关注到第二次世界大战后,家庭功能减弱,家庭规模缩小,核心家庭成为主流。他认为,家庭是在社会分化过程中从其他社会结构中高度分化出来的一个单元。家庭(the family)指的是孤立的核心家庭(the isolated nuclear family),现代家庭从亲属单元中分离出来,实现了结构最小化和功能专门化;它不同于前现代的扩大家庭,新的核心家庭的结构稳定性建立在小家庭内的性别角色分工上。成年男性成员的功能是通过职业系统中的工作挣钱养家,赢得家庭地位,他是家庭中的"重要领导者";成年女性成员的功能是生育、养育孩子和处理家庭内部事务。这种角色分工秩序是建立在生物性别差异基础上的。核心家庭在社会系统中发挥社会化功能——塑造儿童的个性,稳定成人的个性。②

帕森斯关注的是人类社会生活中由核心家庭满足的基本社会需求。在现代社会,人类的基本需要要求亲人相爱、下一代健康成长、老年人老有所养等等,因此

---

① 《马克思恩格斯选集》第1卷,人民出版社1995年版,第80页。
② 参见 Talcott Parsons and Robert F. Bales, *Family, Socialization and Interaction Process*, Free Press, 1955。

家庭的生育、抚育、养老是基本功能，还有经济的、精神的、情感的、性的等多种功能。

帕森斯功能主义的婚姻家庭理论受到性别研究的挑战，后者认为这一理论强化了夫妻之间"男主外，女主内"的功能主义的性别分工。家庭作为性别分工的基本单位，掩盖了女性的社会贡献。同时，家庭并不是简单的利益共同体，性别利益的分化和劳动性别分工会使家庭成为性别不平等的内生机制。

无疑，家庭是个体与社会间联系的一座桥梁，是两者间的中间单位。人口社会学仅对个体进行研究很难揭示人口怎样适应居住空间、怎样在亲属网络中得到帮助和保护等与生育率变化和死亡率变化相关的问题。因此加入家庭研究可以更加细致地揭示社会和个体间的互动关系。现代社会，在避孕药具普及的情况下，生育子女以及生育子女的数量绝非个人的事，而是夫妻双方共同决策的结果，它与家庭的生存策略和发展策略紧密相关。第二次世界大战后，世界范围内家庭结构和居住地安排发生了巨大变化，使越来越多的学者注意到家庭在人口生产和再生产中的作用，出现了家庭人口学（family demography）。

（二）家庭规模

家庭结构是家庭中成员的构成及其相互作用、相互影响的状态以及由这种状态形成的相对稳定的关系模式。家庭结构包括两个基本方面：一是家庭人口要素，即家庭规模大小，由多少成员组成；二是家庭模式要素，是家庭成员之间相互联系的方式。

第一，家庭规模也称为家庭户规模。家庭可分为大家庭和小家庭，人口较多的称为大家庭，人口较少的称为小家庭。大家庭多与低生产力水平相联系，当生产力发展时，家庭规模逐渐缩小。进入20世纪后，由于人们自觉地控制生育，家庭规模进一步缩小。家庭规模并非越小越好，如果1—2个人的家庭占有较高比例的话，说明没有子女或很少有未成年子女的家庭在增加，这意味着孤寡老人或独居生活老人会较多。这种萎缩型家庭规模不利于人口再生产。

第二，一夫一妻制是基本的家庭模式，在此基础上还可分为完整家庭/核心家庭与破损家庭。完整家庭/核心家庭是指夫、妻和子女共在的家庭，与此相对应,破损家庭是指夫、妻和子女三方中至少缺其中一方面的情况,包括丧偶、离婚、未生育子女或子女夭折的家庭。另外一种通行的分类方法是按家庭的代际层次和亲属关系把家庭分为核心家庭、主干家庭和联合家庭。核心家庭是由夫妻或者夫妻和他们未婚子女所组成。主干家庭是由祖父母、父母和子女组成的家庭。联合家庭是由两个或更多的核心家庭组成的,通过双亲与子女关系的延伸而结合在一起。在这些家庭类型中还可以细分出其他的类型。

随着教育水平和收入水平的提升以及生育率的下降,传统几代人生活在一起的大家庭越来越少,家庭小型化已成为现当代家庭规模的变化趋势。形成这一现象的原因是复杂的:第一,人们总是希望有独立门户的隐秘性和独立性,但其前提是人们的收入足以支撑独立生活。第二,较低的出生率导致每个人的亲属关系减少。第三,人们的偏好改变。文化变化给隐私赋予了更大的价值。第四,女性日益独立,女性有能力养活自己,而不像传统社会那样以婚姻关系为基础依赖男性。此外,年轻人更早地离开父母、越来越多的退休老人独自生活以及离婚率提高等,也促进了家庭小型化。

(三) 家庭的发展变化与人口再生产

家庭的生育文化发生变化。传统农业社会,家庭构成了最基本的生产和生活单位,家庭人口数量成为家庭财富积累的重要基础。农业社会中,人几乎无法离开家庭而生存,甚至没有子女的家庭都难以为继。在中国人"不孝有三,无后为大"的传统观念下,有一整套有关收养、过继的制度,凸显了子女对个体、家庭和社会延续的重要意义。现代社会,经济发展使个人摆脱了对家庭的依赖,个人日益独立和充满了自主性,削弱了生育在社会和家庭中的重要性,不婚、自愿不生育、离婚等现象日益增长和普遍。

家庭类型多样化。1960—1983年,美国家庭户总数增加了50%,单亲家庭却增加了175%,单人户增加了173%,父母双亲核心家庭下降了21.3%。1992年,单亲家庭已达1100万户,其中900多万户是由单身母亲(和子女)组成。[①]

[①] 查瑞传、曾毅、郭志刚主编:《中国第四次全国人口普查资料分析》下,高等教育出版社1996年版,第141页。

生育日益成为个体的自主选择。自愿不生育家庭有增加的趋势。自愿不生育家庭也称为"丁克"(DINK)家庭,"丁克"是"Double Income, No Kids"首字母缩写的音译,其含义为"双份收入,不要孩子"。丁克就是无子女婚姻,被认为是一种不为子女所缠、夫妻个性得到最大发展的生活方式。20 世纪中期,这种不生育的风气受到欧美等发达国家青年的推崇,在英美等国出现了宣传不育生活方式和维护不生育夫妇权利的各种组织,如美国的"全国双亲选择协会"和英国的"全国自愿不生育协会"等。丁克家庭挑战了人类的生育习俗。1960 年,美国30 岁以下的"已婚"妇女中只有 20%没有生育过孩子,1975 年这一数字上升到32%,15 年间上升了 60%。[1]

三、家庭理论

(一) 家庭生命周期理论

家庭生命如人的生命一样,有着从生至死的过程,反映了一个家庭从形成到解体的过程。家庭生命周期研究强调家庭随着时间的各种变化。一般把家庭生命周期划分为形成、扩展、稳定、收缩、空巢与解体六个阶段。表 10-1 显示了每一阶段的起始与结束的人口事件。

表 10-1　家庭生命周期与人口事件

阶段	起始	结束
形成	结婚	第一个孩子出生
扩展	第一个孩子出生	最后一个孩子出生
稳定	最后一个孩子出生	第一个孩子离开父母家
收缩	第一个孩子离开父母家	最后一个孩子离开父母家
空巢	最后一个孩子离开父母家	配偶一方死亡
解体	配偶一方死亡	配偶另一方死亡

---

[1] 〔美〕阿尔温·托夫勒:《第三次浪潮》,朱志焱、潘琪译,生活·读书·新知三联书店 1983 年版,第 279 页。

通过对家庭生命周期的研究可以对生育、死亡和迁移这些基本的人口过程进行更深入的剖析。

家庭生命周期和个人的生命历程有着内在和永久性的联系。如果我们观察一对刚结婚的夫妻，他们的家庭会经历一个人口由增长到减少的过程。一般来说，从结婚到生育子女，家庭规模在婚后5—20年内达到某一最大值，此后随着孩子离家，家庭再次萎缩，直至有人死亡。在不同的文化中，每个阶段的长度存在明显差别。对生育影响最大的因素是家庭形成的时间（婚龄）和空巢期的长短。

对家庭生命周期理论的批评在于，这一研究的理论框架是以核心家庭为基本案例，难以解释主干家庭和其他扩大家庭等家庭形式，也没有涵盖单亲家庭和自愿不生育家庭等。因此，有些学者使用"家庭生命历程"的概念来取代家庭生命周期，对家庭进行更细致的分析。

（二）家庭的现代性理论

家庭现代性理论是解释现当代婚姻家庭变迁中全球范围内出现的家庭不断小型化、功能逐渐外化和个人主义价值观不断彰显的现状的理论。

第一，在经济理性的作用下，从择偶到婚姻关系建立再到决定是否生育，理性选择理论将人们的婚育行为纳入其中，考察经济理性对人们婚育的影响。

第二，理解亲密关系的转型。20世纪90年代，吉登斯提出了亲密关系的新理想型——"纯粹关系"（pure relationship）的概念。纯粹关系是指在亲密关系中人们的目的是寻求情感满足，而不是经济利益最大化；这种关系不受外部社会结构的影响，且可能会颠覆现代体制。两种要素促使纯粹关系产生，一是"可塑的性"（plastic sexuality）。现代避孕技术和性革命使性成为个人化的、可塑的财产（property）。二是融汇的爱（confluent love）。当性快感处于核心位置时，男女之间的地位是平等的，且没有明确指向异性关系和家庭。纯粹关系完全是个体化的，平等的个体之间相互寻求和提供性满足和情感满足，个体化成为关系产生和维系的关键。纯粹关系的出现意义深远。一方面，它促成了私人领域日常生活的民主化。从亲密关系到家庭和亲属关系，父母与子女之间的关系趋于平等化，"强制性权力让位于权威关系"。另一方面，这种关系是"作为整体的个人生活伦理的一种根本转变",其日常生活伦理从自然地获得家庭和亲属关系转变为要通过"协商性承诺"组织家庭和亲属关系。①

第三,个体化家庭成为二次现代性的主要内容。贝克(Ulrich Beck)和贝克-格恩斯海姆(Elisabeth Beck-Gernsheim)指出,从前工业社会到后工业社会的历史进程中,家庭经历了两次转变。第一次转变是从前工业社会的"需要的共同体"(community of need)到帕森斯提出的核心家庭。需要的共同体本质上是一个劳动的经济单位;核心家庭是这一共同体失去经济单位的功能后的修正形式。第二次转变是个体化历史进程中,从核心家庭到"后家庭时代的家庭"(the post-familial family)。第一次转变受到福利国家发展和政策的影响,它使个人能够脱离对家庭的经济依赖。第二次转变则得益于女性主义思潮的发展,它瓦解了核心家庭中的团结义务。这并不意味着家庭的崩解,而是家庭获得了一种新的历史形式——个体化家庭。个体化家庭极不稳定,因为家庭不再是一个整体,而是个体的联合体,其联合有很大的弹性。婚姻的解体和接续中,亲属关系有了更大的流动性和不确定性,成为"选择性亲密关系"(elective affinities)。现代社会的核心制度是为个体配备的,个体化已经摧毁了社会共存的既有基础。但个体化不会危及社会整合,反而是社会整合得以可能的条件。传统上,家庭是社会结构的一部分;而现在,个体化自身正变成社会结构。传统让位于现代性与反思性,它们构成了个体化的结构背景,个人生活不再通过家庭整合个体的方式,而是在个体联合的基础上建立新的伦理框架。② 事实上,传统和现代是一个过程,并没有严格的界限。

女性权力的崛起深刻地影响了家庭中的婚育模式、传统社会家庭内性别分工的模式。因女性的经济独立,其在家庭内的依附性发生变化,双职工家庭和夫妻合作的支持性伙伴关系成为重要的家庭实践。

---

① Anthony Giddens, *The Transformation of Intimacy: Sexuality, Love, and Eroticism in Modern Societies*, Stanford University Press, 1993, pp. 96-109.
② 〔德〕乌尔里希·贝克、伊丽莎白·贝克-格恩斯海姆:《个体化》,李荣山、范譞、张惠强译,北京大学出版社2011年版,第31页。

第二节 中国的婚姻家庭结构

一、中国人口的婚姻及其变化

中国是一个崇尚婚姻、生育和家庭的国家,而在现代化的过程中,中国的婚姻家庭正发生革命性的变化。

(一)婚姻基本状况及变化

在中国文化中,生育只能在婚姻内进行,因此婚姻制度成为影响生育的间接因素。在没有避孕药具的条件下,婚龄影响着生育率,早婚提前了男女结合的时间,延长了妇女一生的性生活和再生产周期。传统农业社会对于男性劳动力的需求导致了普遍的初婚年龄偏早,由此可能期盼早育。

人口的婚姻状况一般可分为两大类:一类是在婚,另一类是不在婚。在婚状况(有配偶),可分初婚和再婚两类;不在婚(无配偶),又可分为未婚、丧偶和离婚三类。通常人口统计以四种分类来表现一个人的婚姻状况,我国历次人口普查或抽样调查均采用这种分类。(见表10-2和表10-3)

表 10-2　1982年中国人口分年龄婚姻状况　　　　　　　　单位:%

年龄	未婚		有配偶		离婚		丧偶	
	男	女	男	女	男	女	男	女
15—19	99.07	95.62	0.91	4.33	0.01	0.04	0.00	0.00
20—24	71.98	46.45	27.82	53.33	0.16	0.17	0.05	0.05
25—29	23.59	5.27	75.70	94.32	0.47	0.24	0.24	0.18
30—34	8.84	0.69	89.67	98.56	0.85	0.28	0.63	0.47
35—39	6.77	0.28	90.83	98.21	1.14	0.29	1.25	1.21
40—44	5.71	0.20	90.52	96.66	1.50	0.30	2.28	2.84
45—49	4.37	0.18	89.75	93.36	1.89	0.33	3.99	6.12
50—59	2.98	0.21	86.55	82.19	2.02	0.48	8.44	17.12

资料来源:根据国务院人口普查办公室、国家统计局人口统计司编:《中国1982年人口普查资料(电子计算机汇总)》,中国统计出版社1985年版,第478—481页整理计算。

第十章　婚姻家庭结构

表 10-3　2020 年中国人口分年龄婚姻状况　　　　单位:%

年龄	未婚		有配偶		离婚		丧偶	
	男	女	男	女	男	女	男	女
15—19	99.71	98.88	0.28	1.11	0.00	0.01	0.00	0.00
20—24	91.14	80.38	8.71	19.34	0.15	0.26	0.00	0.01
25—29	52.93	33.19	45.86	65.40	1.19	1.34	0.02	0.07
30—34	20.55	9.33	76.39	87.86	3.00	2.63	0.07	0.18
35—39	9.36	4.12	86.33	91.92	4.18	3.54	0.13	0.42
40—44	5.74	2.13	89.46	92.97	4.51	3.96	0.29	0.94
45—49	4.44	1.26	90.86	93.11	4.10	3.76	0.59	1.88
50—59	3.13	0.59	91.88	91.28	3.28	2.94	1.71	5.19

资料来源:根据国务院第七次全国人口普查领导小组办公室编:《中国人口普查年鉴 2020》中册,中国统计出版社 2022 年版,第 1318—1337 页整理计算。

表 10-2 和 10-3 给出了我国 15—59 岁人口在两个时点上的婚姻状况。可以看到,20 世纪 80 年代初期,我国 20 岁以下的早婚现象已不多见,近百分之百的该年龄段男性未婚。不过女性存在一定的早婚现象,有 4% 左右的女性进入已婚类别。在 20—24 岁年龄组里,平均约有 40% 的男女进入婚姻殿堂,其中男女的差别明显。这一年龄段的女性有 53.33% 已婚,而男性的这一比例只有 27.82%,显示了男女初婚年龄的差别。25—29 岁年龄组的女性已有 94.32% 在婚,而男性的这一比例是 75.70%。在 30—34 岁、35—39 岁年龄组,在婚男女的比例基本达到了高峰(约 94%),其中绝大多数女性在婚(约 98%),男性的在婚比例约为 90%。40 岁之后,男女在婚的比例开始减少且变化速度不一。到 50—59 岁,男性在婚的比例下降至 86.56%,而女性仅为 82.19%。在 35—39 岁时,女性在婚人口的比例比男性高出 7.38 个百分点,但在 50—59 岁时,男性则高于女性 4.37 个百分点,这说明女性婚姻解体的速度要快于男性。我国男女在婚比例高的另一面是不在婚状态比例较低。可以看到,无论男女在 50—59 岁年龄组处于未婚的比例并不高,尤其是女性。虽然这是一个截面数据,但从年龄别婚姻状况的差异性上看,男女两性人口最终选择未婚的并不多。这表明,我国依然是一个"婚姻至上"的社会,能够结婚的男女都会选择结婚,特别是女性。50—59 岁男性未

婚比例明显高于女性,并不意味着男性愿意保持独身状态,而可能是因为没有合适的伴侣可找。

20世纪80年代,从不同年龄组的离婚状况看,男性离婚率虽整体高于女性,但我国人口总体的离婚率比较低且比较平稳。在15—59岁人群中,人口的丧偶比例从35岁以后开始明显升高,45岁以后男女丧偶状况呈现出显著差别,如由45—49岁到50—59岁组,男性丧偶比例由不足4%上升至超过8%,而女性则由6.12%迅速攀升到了17.12%,这种变化差距反映了我国中老年男女人口死亡水平的较大差异,而这一差异也解释了45—59岁年龄段男女在婚状况的变化差异。

进入21世纪,我国人口的婚姻状况与20世纪80年代相比有不少相似之处也出现了较大的变化。首先,2020年的男女在婚的年龄别比例变化与1982年的趋势是相似的,虽然在水平上略有不同。2020年的我国男女结婚的时间比三十多年前的男女要晚。进入20—24岁年龄段,男性只有8.71%在婚,而女性已婚的比例明显高于男性十几个百分点。这显示出男性结婚年龄晚于女性的特点。但不同之处在于,2020年男性在50—59岁都未达到92%的在婚比例(事实上,直到60岁后男性在婚比例才开始有所下降),而女性的在婚比例峰值(93.11%)则是出现在45—49岁年龄组,较20年前有所推迟。但在50—59岁组,男女在婚比例均为92%左右,这显示出与30多年前较大的不同。

事实上,2020年我国人口在婚状况的这些变化主要得益于人口健康水平的提高。由于死亡水平的降低,丧偶的男女人数在逐步减少。在低死亡水平条件下,平均预期寿命延长,获益的是中老年人群,所以从1982年到2020年,中老年人口中丧偶比例大大降低,特别是女性人群。如45—49岁女性人口的丧偶比例由1982年的6.12%降到了2020年1.88%;同期,50—59岁年龄组的女性丧偶比例更是由17.12%下降到5.19%,这是男性人口死亡水平下降的结果。

比较2020年和1982年两个时点上我国人口的婚姻状况,可以归纳出以下几个特点。其一,更多的年轻男女推迟了他们的婚姻,20—24岁已婚的男性比例在30多年间降低了近20个百分点,已婚的女性比例降低了约34个百分点,未婚男性的比例则从1982年的71.98%提高到了2020年的91.14%,未婚女性比例从 46.45% 提高到了 80.38%。男性在各个年龄段上的未婚比例都比女性高。无论哪个年龄组中,男女的未婚比例在 2020 年都比 1982 年高。但细观察两个时点上男女未婚比例的变化,我们发现男性未婚的比例始终高于女性,男女未婚比例之间的差距除了 25—29 岁和 30—34 岁两个年龄组之外,其他的年龄组差距在 2020 年都比 1982 年的要小;这说明相比过去,有更多的女性而不是男性保持独身没有经历过婚姻生活。其二,男女在婚状态性别差异较大。女性结婚年龄比男性早,相比 1982 年,2020 年 20 多岁的女性在婚比例明显下降。男女 45 岁以前的在婚比例都低于 1982 年,但男性在 45 岁之后、女性在 50 岁之后的在婚比例高于 1982 年。其三,丧偶的男女比例呈现出下降趋势,特别是 35 岁及以上的年龄组。相比 20 世纪 80 年代,2020 年各个年龄段上的丧偶比例都在下降,尤其以女性丧偶比例下降最为明显,这意味着更多女性受惠于男性死亡水平的降低。其四,相比结婚人群,离婚人群的比例在两个时点上都比较小,离婚在我国依然是一种不常见的婚姻状态。1982 年全国人口普查时,我国 30 岁及以上的离婚比例维持在 0.28%—2.02%;但到 2020 年,我国 30 岁及以上人群的离婚比例有所提高,离婚比例基本上在 2.63%—4.51% 之间波动,同时,男女离婚比例之间的差异有所减小,整体上男性高于女性,但女性群体的离婚比例相比 1982 年有明显提升。改革开放 40 多年来,我国人口婚姻状况内部发生了不小的变化,但在维持婚姻家庭上仍保持着相对稳定性。

(二)婚姻挤压和婚配人口性别结构失衡现象

所谓婚姻挤压(marriage squeeze),是指婚姻市场上可供选择的男性与可供选择的女性之间比例失调,导致部分男性或部分女性不能按照传统的偏好和习惯择偶的现象。婚姻挤压是社会学、人口学等相关学科研究的一个重要领域。婚姻挤压的形成主要是因为适婚男女的性别比失常。这一年龄段性别比的失常与出生人口性别比、年龄别死亡人数以及一个地区迁移流量的大小和迁移的性别结构有关。在中国,人们普遍认为婚姻挤压与出生人口性别比偏高有直接的关系。

表 10-4 数据显示,1990 年第四次全国人口普查时我国低龄组(0—4 岁)人口性别比已经失衡;到 2000 年,失衡现象有所加重且年龄组扩大;2010 年低龄

组失衡现象有所缓和;到2020年,低龄组性别比失衡现象进一步缓和。以2010年第五次全国人口普查数据为例,0—14岁人群的性别比严重失衡,而且是年龄越小,失衡越严重。这一时点上的人口结构比例的失衡是几十年前出生人口性别比失衡的结果。这种失衡进入更高年龄组,特别是婚龄组时,就会引起婚姻挤压。当失衡强度较弱时,婚配人口的婚姻挤压现象不突出,但当失衡强度很大时,挤压的压力就会十分大。试想在一个性别比为122的婚配人口中,如果男女的适婚年龄差别不是太大,那么就会有22%的男性难以找到合适的配偶。

表10-4 我国0—19岁人口分年龄性别比变化(女=100)

年龄	年份			
	1990	2000	2010	2020
0—4	110.22	120.17	119.13	110.98
5—9	108.23	115.42	118.66	113.71
10—14	106.88	108.81	116.24	115.03
15—19	105.37	105.43	108.17	116.12

资料来源:根据国家统计局历次人口普查资料和历年统计年鉴整理。

单从人口学的角度讲,在婚龄期的人口性别比明显偏高的条件下,婚姻挤压现象有三种不同的类型:第一种是婚配人群年龄结构年轻化型;第二种是婚配人群年龄结构波动型;第三种婚配人群年龄结构持续老化型。

我国自20世纪80年代早期以来,出生人口性别比一直高于正常水平,出现了人口史上罕见的不正常现象。目前我国人口进入持续稳定的低生育水平期,人口年龄结构基本处于持续老化的状态,且少有波动。在这种情况下,性别结构与年龄结构对婚姻市场的挤压同方向,将会出现婚姻市场上女性长期短缺,男性长期过剩。也许在不久的将来,第三种类型的婚姻挤压现象在我国将会占据婚姻市场的主导地位。

适婚男女的婚龄差会不会缓解这种类型的婚姻挤压程度呢?事实上,这样的可能性微乎其微。中国和世界其他各地的传统,以及由于男性和女性心理年龄上的特点,都没有偏离男大于女的夫妻年龄组合结构模式。而世界各国的法律包括我国大多是对这种传统的进一步巩固,从法定初婚年龄就可看出端倪,世界各国包括我国都是男性的法定初婚年龄要大于女性。实际上中国社会中夫妻年龄差别的数据一直说明有男大于女的现实存在。① 例如,1990年全国调查的数据显示,在当时的人口中,高年龄组的夫妻中丈夫大于妻子的比例要远远高于年轻夫妻。年轻夫妻中夫妻年龄差为0岁的占25.9%,丈夫大妻子1岁的占25.9%,大2岁的占20.6%,大3岁的占13.2%。② 年轻人中的婚配模式基本固定在丈夫最多大妻子3岁,而妻子比丈夫年龄大的比例微乎其微。这种婚配模式难以在短期内有很大的改变,因此这种模式会在一段时间内加剧婚姻市场上的男性婚姻挤压问题。

虽然年龄性别结构是人们婚姻的人口基础,但现实生活中的婚姻并不仅仅与男女年龄性别结构有关。社会经济地位因素对婚配模式的影响可能更大。如果我们根据各种社会因素把社会上的男女地位分成甲、乙、丙、丁四个等级,男女婚配的模式多是男比女强的阶梯型婚配模式,即甲男乙女、乙男丙女、丙男丁女,在这样的婚配模式下,这个社会上最终剩下来未婚配的可能就是甲女丁男。以受教育程度为例,男博士娶女硕士、男硕士婚配女学士……最后剩下的可能是女博士和男文盲。值得注意的是,在"剩余"的这两类群体中,女博士更多占据主动和优势地位,而男文盲则属于被动和劣势地位。现实生活中,这种由社会地位和婚配偏好决定的婚配模式会从另外一个侧面让已经由年龄和性别结构失调引发的婚姻市场"挤压"更明显。

2020年以后,我国"婚姻市场"已经发生了重大的变化,这是因为持续的出生人口性别比失衡的人口主体已经完全进入婚配期,并且呈现出男女婚配期老化型的年龄结构,出现了男性适婚人口绝对过剩的局面,形成了明显的婚姻挤压。从2020年全国人口普查数据可以看到(见表10-5),在考虑男女婚差为2岁的条件下,22—34岁男性与20—32岁女性的性别比在98.61—148.20之间,22—30岁男性与20—28岁女性的性别比在116.60—148.20之间,呈现出同方向的明显婚配挤压现象。目前在我国男大女0—3岁的婚配模式下,由于婚配人群性别比结构波动且失衡不严重,所以人们依然可以相对容易地找到配偶。但

---

① 参见曾毅主编:《中国八十年代离婚研究》,北京大学出版社1995年版,第30—40页。
② 周云:《家庭成员年龄特点与家庭养老》,《中国人口科学》2000年第2期,第30页。

是随着婚配年龄人口的性别比持续大于 100 且远离 100,并呈现出老龄化年龄结构时,男性人群寻找配偶的压力会越来越大。

表 10-5　2020 年我国 20—34 岁男女人口数及性别构成单位

年龄	男性	女性	同龄性别比（男比女×100）	同龄男女人数之差	两岁之差性别比	两岁之差男女人数之差
20	7 742 857	6 820 490	113.52	922 367		
21	7 389 412	6 546 097	112.88	843 315		
22	8 078 183	7 171 626	112.64	906 557	118.44	1 257 693
23	8 103 460	7 222 510	112.20	880 950	123.79	1 557 363
24	8 362 083	7 504 957	111.42	857 126	116.60	1 190 457
25	9 042 474	8 103 973	111.58	938 501	125.20	1 819 964
26	8 845 171	7 981 817	110.82	863 354	117.86	1 340 214
27	9 588 428	8 710 507	110.08	877 921	118.32	1 484 455
28	9 975 395	9 085 250	109.80	890 145	124.98	1 993 578
29	10 710 802	9 803 515	109.25	907 287	122.96	2 000 295
30	13 463 923	12 509 159	107.63	954 764	148.20	4 378 673
31	13 094 627	12 356 576	105.97	738 051	133.57	3 291 112
32	12 335 076	11 702 635	105.40	632 441	98.61	-174 083
33	13 315 974	12 630 879	105.42	685 095	107.76	959 398
34	11 662 208	11 074 133	105.31	588 075	99.65	-40 427

资料来源:国家统计局编:《中国统计年鉴 2021》,中国统计出版社 2021 年版,第 62 页。

二、中国家庭结构

(一)中国家庭结构的变迁

自 1949 年中国人口开始转变至 21 世纪初,家庭发生了较大的变化:一是平均家庭户规模显著减小;核心家庭比例大幅度上升;三代家庭户仍是中国家庭中重要的家庭类型之一。[①]

[①] 曾毅:《中国人口分析》,北京大学出版社 2004 年版,第 101 页。

从表10-6可以看出，核心家庭已经成为当代中国主要的家庭结构类型，虽然到2000年时，比例有所减少，但仍然不改其核心地位。

表10-6　三次全国人口普查中不同类型家庭的构成　　　　　　单位:%

普查年份	核心家庭					直系家庭				复合家庭			单人家庭	缺损家庭	其他	合计
	一对夫妇	父母子女	父母一方和子女	扩大	小计	二代直系	三代直系	四代直系	隔代直系	小计	二代复合	三代及以上复合	小计				
1982	4.78	52.89	14.31	—	71.98	—	16.63	0.52	0.66	17.81	0.11	0.88	0.99	7.97	—	1.02	100.00
1990	6.49	57.81	9.50	—	73.80	—	16.65	0.59	0.66	17.90	0.09	1.06	1.15	6.32	—	0.81	100.00
2000	12.93	47.25	6.35	1.62	63.15	2.37	16.63	0.64	2.09	21.73	0.13	0.44	0.57	8.57	0.73	0.26	100.00

资料来源：转引自王跃生：《当代中国家庭结构变动分析》，《中国社会科学》2006年第1期，第96—108页。

（二）中国家庭正从大家庭向核心家庭以及家庭小型化转变

中国的家庭规模有不断缩小的趋势。生育率、死亡率和人口政策的变化深深地影响着家庭规模。有调查表明，80年代以来，家庭规模与总和生育率的相关系数为0.6934。[1] 回顾历史，常常说的三代同堂的大家庭模式是不是主流模式是存疑的。1930—1940年，中国平均家庭户规模为5.6人，1953年为4.3人，1982年为4.36人；1990年第一次下降到4人以下，为3.94人，2000年进一步下降到3.45人，比1990年下降了12.4%。生育率下降和居住安排的变化是家庭户规模缩小的主要原因。[2] 2020年第七次全国人口普查数据显示，中国家庭规模为2.62人，家庭规模继续缩小。

（三）从夫居传统正在变化

在传统中国，从夫居普遍存在，父系血缘和女到男家的居住方式构筑了一个广大的亲属关系体系。虽然在农村中已婚女性对于娘家来说是外人，但是和丈夫一起独立门户改变了已婚妇女的家庭角色，同时一些地方也开始出现男到女

---

[1] 查瑞传、曾毅、郭志刚主编：《中国第四次全国人口普查资料分析》下，高等教育出版社1996年版，第121—122页。

[2] 曾毅、王正联：《中国家庭与老年人居住安排的变化》，《中国人口科学》2004年第5期，第2—8页。

家居住的情况。这个问题值得更进一步研究,它关涉妇女的地位变化。

(四)少子老龄化使家庭养老压力增大

20世纪80年代早期中国开始了人口年龄结构的转型,2001年老龄社会的形态基本形成,其突出特点是中国人口老龄化速度快、时间短。总和生育率下降带来的结构性老龄化,即"少子老龄化"。随着人均寿命的延长,女性平均预期寿命比男性长4岁左右,大中城市老龄化问题凸显。

(五)家庭生活质量提高与总抚养比的提高

计划生育政策的实施和社会经济发展提高了家庭生活质量。根据国家统计局发布的消息,1978年,全国居民人均可支配收入仅为171元,2009年突破万元大关,2014年突破2万元大关,2019年突破3万元大关,目前(2024年)正向4万元大关迈进。2017年,全国居民人均可支配收入达到25974元,扣除价格因素,比1978年实际增长22.8倍,年均增长8.5%。按照2010年标准,改革开放之初,全国有7.7亿农村贫困人口,贫困发生率高达97.5%。2017年末,全国农村贫困人口减少为3046万人,累计减少7.4亿人,贫困发生率下降至3.1%。2021年2月25日,习近平在北京举行的全国脱贫攻坚总结表彰大会上宣布,中国脱贫攻坚战取得了全面胜利,完成了消除绝对贫困的艰巨任务。党的十八大以来,中国组织实施了人类历史上规模最大、力度最强、惠及人口最多的脱贫攻坚战,现行标准下9899万农村贫困人口全部脱贫,平均每年脱贫1000多万,相当于一个中等国家的人口。改革开放40多年来,人民生活发生了翻天覆地的巨大变化,中国从占世界1/5的人口温饱不足的状态转变为全面建成了小康社会。随着居民生活质量和人口质量持续提升,人口老龄化日益加剧,2020年与2010年相比,总抚养比出现大幅上升。(见表10-7)

表10-7 就业者负担人口比及抚养比 单位:%

年份	就业者负担人口比	人口自然增长率	家庭少儿抚养比	家庭老年抚养比	总抚养比
1978	1.40	12.00	54.63	7.97	62.60
1989	1.04	15.04	41.53	8.40	49.93

单位:%(续表)

年份	就业者负担人口比	人口自然增长率	家庭少儿抚养比	家庭老年抚养比	总抚养比
1997	0.77	10.06	39.58	9.23	48.81
2005	0.72	5.89	28.19	10.69	38.88
2010	—	4.79	22.30	11.90	34.20
2020	—	1.45	26.20	19.70	45.90

资料来源:中华人民共和国国家统计局编:《中国统计年鉴2006》,中国统计出版社2006年版,第37、39页;中华人民共和国国家统计局编:《中国统计年鉴2011》,中国统计出版社2011年版,第94页;国家统计局编:《中国统计年鉴2021》,中国统计出版社2021年版,第15页。

三、对中国家庭的研究

近年来,人口社会学领域对婚姻家庭的研究有所增加,主要研究议题集中在以下几个方向。

(一)有关婚姻稳定性的研究

这方面的研究多关注择偶、婚姻稳定性和离婚。有学者用"阶层内婚制"概念解释了中国人的婚姻中同类联姻现象普遍,即人们在择偶时遵循从相同或相似的阶层群体中挑选配偶这一婚配模式。在社会变迁的条件下,基于职业、教育和收入的差别使得新生的阶层等级出现,阶层多元化,同时阶层内婚制越来越显著。[①] 还有学者更进一步指出,中国社会婚姻匹配结构趋于相近性匹配模式,即"门当户对",婚姻双方的个人社会经济条件和家庭经济地位呈高度正相关。但统计并不能支持"门当户对"提高了婚姻稳定性的假设,只有同类户口的配对降低离婚风险有较显著和一致的影响,个人观念的变化也会影响到婚姻稳定性。[②]

---

① 张翼:《中国阶层内婚制的延续》,《中国人口科学》2003年第4期,第39—47页。
② 陆益龙:《"门当户对"的婚姻会更稳吗?——匹配结构与离婚风险的实证分析》,《人口研究》2009年第2期,第81—91页。

（二）对中国家庭结构变化影响因素的研究

家庭社会学中的现代化理论认为家庭的发展和变迁与社会生产方式的发展和变化紧密相连。工业化的生产方式会对传统的家庭制度、家庭功能、家庭结构产生全面影响。家庭功能弱化、核心家庭以及关系平等将成为现代家庭的普遍特征。在这一理论下，诸多学者将中国婚姻家庭中的婚龄推迟、生育意愿下降、家庭规模缩小、性关系自主、夫妻关系平等和养老社会化等视为社会变迁的同步性发展。这一理论的重要意义在于，它将婚姻家庭的变迁上升为社会变迁的一部分，把现代性有关理性、自我、进步的理念融入对人口变迁的理解。

中国家庭结构的变动大致受到三种力量的作用：（1）父子、兄弟分爨的影响。父母和已婚子女彼此经济自立是对直系家庭和复合家庭最主要的瓦解力量，早在20世纪60年代中期，中国同爨共财的复合家庭就已处于消失的边缘，直系家庭主要存在于只有一子的家庭。当时家庭的核心化主要是为分爨行为所推动，与人口控制政策没有直接关系。（2）计划生育政策的影响尤其是对夫妻核心家庭的作用。独生子女政策不会对核心家庭总量变动产生直接作用，但对夫妻核心家庭具有明显推动作用。政策的时间效应在2000年前后开始显现。（3）人口迁移流动的影响。受教育水平产生的影响，在城镇居民身上表现得更为明显，受教育水平越高，迁移率越高。实际上，计划生育政策对家庭结构的影响也主要通过"独生"或"少生"子女的迁移流动来表现。[①]

（三）以夫妻关系或以代际关系为主轴研究家庭关系

有研究认为，中国家庭关系的主轴呈现出夫妻关系与代际关系双轴并重的格局，家庭结构、居住安排、孝道观念、夫妻关系质量、性别均会显著影响到家庭主轴的选择。这种双轴并重的家庭模式既不同于传统父权家庭模式，也不同于家庭现代化理论描述的以个人主义为导向的西方核心家庭模式。它既涵盖了子代包括女性在现代家庭中的地位和权力的上升，也体现了传统父系家庭和代际关系的强韧性。

人口流动的时代背景下，夫妻分离流动对家庭关系主轴亦有影响。婚姻资

---

① 王跃生：《当代中国家庭结构变动分析》，《中国社会科学》2006年第1期，第96—108页。

第十章 婚姻家庭结构

源理论认为,个人通过婚姻除获得经济资源外,还有情感性支持。空间上的分离不仅会使夫妻之间的日常互动更为困难,情感性支持的提供也可能随之减少,关系的亲密度也会降低,婚姻质量受到影响。因此,夫妻长期分离居住在影响婚姻质量、导致情感疏离的同时,很有可能导致夫妻关系的重要性下降。

代际同住安排会影响到人们对代际关系的认同,人们的居住状况不仅是工具性的、基于理性主义的选择,还体现了代与代之间紧密的情感联结。代际同住在主客观层面增加了关系的亲密性。家庭关系主轴的选择呈现出性别差异,男性更加注重与父母的关系,更看重大家庭;而女性更注重与子女的关系,更看重小家庭。家庭是一个被社会性别化了的领域,男性更为认同父权传统,女性和自己小家庭的关系更为密切。[1]

(四)对家庭的功能主义研究

这一研究传承于费孝通的"乡土本色"的视角,强调社会变迁是人们从空间上熟悉的社区向陌生人社区的变化;而人与人之间的关系反映为基层结构上的"差序格局",人们在"格局"上的差别会引出不同的道德观念,形成各自行为规范的信念。正是在这一意义上,中国国家、市场、家庭及个人的存在是一种"网络",具有相对性,而不是有着严格边界的绝对存在,因此人们的生老病死也不是个人的事,而是与其相关的"社会网络"里的事。有研究认为,中国传统社会拥有财产和宗祧的主体是家系。中国传统家庭处理家庭财产和宗祧问题时采取的原则是家系主义。与家系主义相联系的有两个概念:一是男性主义,二是血统主义。男性主义的体现是,只有男性才能构成家系,女性后代是不能构成家系的。男人的妻子虽然被认为是家庭的一员,但也不构成家系。她不能成为家庭的法人代表,不能代表家庭处置家庭财产。因此中国的家庭是男性主义的,妇女在这个制度中仅仅处于附属地位。血统主义是家系主义的另一个构成因素。家系主义的一个理想就是家系的永远延续,即血统的永存。在中国文化中,血统的永存是一种文化价值,血统的中断被认为是悲剧,是一种要尽力避免的现象。家

---

[1] 赵凤、计迎春、陈绯念:《夫妻关系还是代际关系?——转型期中国家庭关系主轴及影响因素分析》,《妇女研究论丛》2021年第4期,第97—112页。

系主义原则对于目前农村的社会生活仍然产生着广泛而深刻的影响。① 有学者指出,中国农村的父权制度是深深植根于乡土社会的。② 从性别角度看,"家"作用于女性的财产关系、情感模式和与代际相关的人生价值。

（五）对家庭劳动性别分工的研究

现代生活中,人们的劳动性质发生改变,出现了有报酬的劳动和无报酬的劳动,其本质是家庭和劳动场所的分离,前者多是社会的、有组织的劳动,后者是家庭内部的劳动。在整个工业化的过程中,家庭成为商品的消费场所,而不是生产场所,家务劳动变得"不可见"了。家庭共同利益和男女两性间不同的利益需求存在着明显的张力。有研究发现,离婚对于女性而言有正面影响也有负面影响。正面影响是女性在离婚后变得更加自由、独立和自信,其生活能力有所提高。而负面影响则与其前夫相关,离婚后女性会感受到无助和缺乏家庭归属感。③

（六）风险家庭研究

风险家庭是指家庭处于失稳状态,这些失稳状态包括失独家庭、空巢家庭、流动家庭等,这些风险特别潜伏在中国社会的底端。风险家庭需要相关公共政策的完善和支持。在人口转变的大背景下,由于家庭成员的不可替代性、家庭结构的不稳定性和居住方式的分离性,家庭风险从隐性向显性转变。以空巢家庭为例,与人口老龄化相伴的是高龄化、少子化、失能化、空巢化等问题。空巢化具体指家庭中因子女外出工作或学习,老年人独自生活的一种现象。2014年的一项调查表明,在50岁及以上有子女的家庭中,子女或子女配偶均不在本户居住的空巢家庭占40.3%。随着年龄的增加,家庭空巢率也不断增长,空巢老人占老年人总数的一半。其中,独居老人占老年人总数的近10%,仅与配偶共同居住的老人占41.9%。④

---

① 高永平:《中国传统财产继承背后的文化逻辑——家系主义》,《社会学研究》2006年第3期,第167—187页。
② 金一虹:《中国新农村性别结构变迁的研究:流动的父权》,南京师范大学出版社2015年版,导言,第19页。
③ 易松国:《离婚的后果:离婚女性的定量分析及思考——以深圳市为例》,《江西社会科学》2006年第5期,第162—166页。
④ 陆杰华、汤澄:《人口转变背景下风险家庭表现形式、成因及公共政策再建构》,《河北学刊》2016年第3期,第145—151页。

风险家庭研究十分重要,它体现出在人口转变下家庭的脆弱性,家庭需要国家和社会诸多力量的支持。

目前,中国社会需要性别平等的家庭政策,以此增强人们对婚姻和家庭的信心,使家庭成为每个家庭成员梦想启航的地方,为人口长期均衡发展和社会长治久安奠定坚实基础。

小　结

婚姻是男女两性依一定的法律、伦理和风俗的规定建立起来的夫妇关系。家庭是由婚姻、血缘或收养关系所组成的社会生活的基本单位。婚姻家庭制度是人类建立稳定的两性关系进行人口生产和再生产的最有效办法,婚姻、家庭的模式和规模与人口生产和再生产之间相互影响。中国是一个重视婚姻和家庭的国度,婚姻具有普遍性,虽然中国的婚姻和家庭传统发生了一些变化,但是婚姻和家庭依然支撑着中国人口的生产和再生产,家庭也需要国家和社会的支持。

思考题

1. 试述婚姻变化的趋势及其对人口增长的影响。
2. 什么是风险家庭?分析中国风险家庭面临的问题和可能的解决办法。

推荐阅读

姜全保、李树茁:《性别失衡与婚姻挤压》,社会科学文献出版社 2019 年版。

〔美〕威廉·J. 古德:《家庭》,魏章玲译,社会科学文献出版社 1986 年版。

王跃生:《社会变革与婚姻家庭变动:20 世纪 30—90 年代的冀南农村》,生活·读书·新知三联书店 2019 年版。

第十一章

人口空间结构和城镇化

第一节 人口分布和城镇化

一、人口分布的基本概念和基本状况

人口分布是一定时间内人口在地理空间上的结构。人口分布的分类方法主要有两种:一是依照人口的行政区划进行分类,分为国家、省、市等,社会、经济和人口统计一般使用这一分类方法;二是按照人口居住地类型以及社会条件、经济条件和自然条件的差异进行分类,如山区和平原、城市和乡村等,这种人口统计表现出人口空间分布的社会经济意义。

人口分布是一个动态过程,即人口再分布。人口再分布的方式有两种:一是扩散型人口再分布,指通过人口迁移不断拓展居住空间的过程;二是内聚型人口再分布,指人类发展出一种人口不断聚集的形式,经由人口密度的不断增强形成人口生存战略,城镇化过程是人口不断内聚的过程。人口再分布过程体现了人类不同历史发展阶段的社会组织结构和政治结构以及生产力发展水平。

从宏观角度上,人口分布状况可按照城—镇—村三种基本社区形式分类。三种社区存在功能互补:城市社区是社会的经济、政治、文化中心;农村社区是国民经济和城市发展的基础;小城镇社区是城乡之间的纽带和桥梁。我国正在推进新型城镇化建设,新型城镇化是以城乡统筹、城乡一体、产城互动、节约集约、生态宜居、和谐发展为基本特征的城镇化,是大中小城市、小城镇、新型农村社区

第十一章 人口空间结构和城镇化

协调发展、互促共进的城镇化。2013年12月,习近平总书记在中央城镇化工作会议上指出:"如果城镇化目标正确、方向对头,能走出一条新路,将有利于释放内需巨大潜力,有利于提高劳动生产率,有利于破解城乡二元结构,有利于促进社会公平和共同富裕,而且世界经济和生态环境也将从中受益。"

(一)人口分布的测量

以行政区划为单位测量某地区人口数以及人口规模及其变化是一种简单的人口分布的测量方法,对不同行政区划内的人口数量进行排序可分析一国人口分布的详情。

1. 人口密度和人均可耕地面积

人口密度是指某一时点单位土地面积上居住的人口数,通常以每平方千米常住的人口数(人/平方千米)来表示,反映了人口在地域分布上的稠密程度。公式是:

$$D = \frac{P}{A} = \frac{人口总数}{总面积}$$

人口密度的倒数为面积指数(a),是指在一个区域内人均占有土地面积数。公式是:

$$a = \frac{A}{P} = \frac{总面积}{人口总数}$$

人口密度高的地区称为人口稠密地区,人口密度低的地区称为人口稀疏地区。人口密度常用来评估人口规模与资源、生态环境之间的关系。但人口密度的高低并不能直接说明一个地区所拥有的资源数量,因为土地面积包含沙漠和高原面积。人口经济密度是指一个地区的人口规模与支持它的经济条件之间的对比关系。衡量一国或一个地区的经济发展水平的指标有综合指标和单项指标。综合指标有:国内生产总值、国民收入和能源消耗总量等。单项指标有:工业总产值、工业总收入、能源生产总值或总产值、钢铁或其他主要工业产品总产值、农业总产值、农业总收入、农用耕地面积、耕地面积、农业中拥有机械动力数量、粮食或其他主要农牧产品产量(或产值)等。使用不同的经济总量指标可以得到不同的人口经济密度指标,如人均可耕地面积,公式是:

$$人均可耕地面积 = \frac{可耕地总面积}{人口总数}$$

2. 人口集中系数

人口集中系数是反映人口相对土地分布均匀程度的指标。公式是:

$$C = \frac{1}{2} \sum_{i}^{k} | P_i - S_i |$$

其中,C 为人口集中系数,P_i 为 i 地区人口在总人口中的比例,S_i 为 i 地区土地面积在总面积中的比例,k 为地区数。显然,人口集中系数越小,则人口相对于土地分布越均匀;反之,说明局部区域人口集中的程度较高。

3. 城市(镇)化指标

城市(镇)化水平是一个国家或地区的城市人口占总人口的比重。测量的关键问题是如何界定城市人口。公式是:

$$城市(镇)化水平 = \frac{某地区城市人口数}{该地区总人口数}$$

在城市规划中还常常使用居住密度、总住户密度和纯住户密度等指标。居住密度是指每单位面积上的居民人数。总住户密度是指每单位面积上的建成区(纯建筑用地,加上建成区内的绿化和公共设施面积)的居民人数。纯住户密度是指每单位纯建筑用地上的居民人数。

(二) 影响人口分布的因素

人类生存的自然环境和种种文化、经济、政治、历史因素共同形成了色彩斑斓的世界人口分布图。

第一,人类所处的自然环境状况决定了人口分布的基本轮廓。自然环境因素包括气候、地形、土壤、水资源、地形和各种能源等,它们影响着人类生存的难易程度并直接决定人口分布的稀稠状况。从气候条件看,世界人口主要集中于亚热带和中纬度区域,而在高纬度的两极地区以及大部分的热带地区,人们都难以定居。从地形条件看,地球上90%的人口都居住在海拔400米以下的地区,因为冻土地和干旱地都不适宜人类生存。从资源条件看,随着工业革命的开展和全球工业化进程的加速,能源和矿物资源的分布也影响了人口的分布,尤其是煤炭、石油等基础能源的分布状况直接影响了城镇化的发展和人口聚居。水资源是人类得以生存的必要条件,因此水资源丰富的地区人口就较密集。土壤的品质直接影响植物的生长,土壤肥沃之地粮食易于丰产,人类易于存活。此外,地理位置也决定着人口分布,通常交通运输条件良好的地区,人们容易到达,因此水陆交接处的海港或河港就成为人口集中地区、成为大都市。

人类会选择适宜生存之地,因此,自然条件优越、资源丰富的地区人口较稠密,自然环境恶劣的地区人口较稀少。特别是人类社会发展的早期,自然环境的状况,如地形、气候、植被、水源与矿产资源等因素直接决定了人口分布状况。随着人类适应和改造自然能力的增强,人类受地理环境的限制越来越小,但自然环境因素始终是人类赖以存在和发展的基础。人口在空间上的分布决定了人们的生活方式,如游牧生活方式、农业生活方式、工业生活方式。

第二,人口分布状况是历史积淀的结果。遵循任何现有的人口分布都可以寻找到人口发展的时间轨迹和生动的文化并发现资源的历史故事。一定历史时期的社会政策、经济条件、自然环境的变化都会影响到人口分布。一些地区发展成政治、军事和文化中心,而一些地区则成为不毛之地。

第三,生产力发展水平影响人口分布。人类的生活方式和生活梦想建立在一个社会可能达到的生产力水平上,原始社会的人们难以想象人类如何挤在一个"火柴盒"般的高楼中生活,虽然住在高楼中的现代人梦想回归自然,但是人类却难以舍弃那些给人类带来极大便利的电力和通信设备。以生产力发展为先导的现代化进程以不可逆转的方式影响了人类生产和生活的空间结构。与生产力发展水平紧密相关的全球劳动分工导致了人口的集聚或分散,促成了城市人口的迅速发展和现代生活方式的形成。

第四,人口过程的方方面面影响人口分布,人口迁移是人口再分布的主要方式,人口的出生和死亡过程直接作用于一个地区人口的增减,形成基本的人口空间分布状态。人口增长带来人口不断再分布的过程,体现了人类不断寻找可能生存的新领地的种种努力。在现代意义上,城镇化的发展呈现出对个人发展的重视,这深刻地作用于人们的生育观念,呈现出生育意愿上的城乡差异。

第五,经济和科学技术发展综合地影响人口分布。19 世纪和 20 世纪,人类利用资源的方式决定了世界人口分布的格局。以英国为例,第一次世界大战前,大批的劳动力集中在各个煤矿中,全国矿工人数达 100 多万,占全国劳动力总数的 6%。因为那是一个以煤炭为世界最基本源动力的年代,在那样的年代里有了煤炭就有了一切。随着石油替代煤炭,煤矿被废弃,英国仅剩不到 3 万的矿工在煤矿上劳作。① 再如"铁锈地带"(rust belt)的概念,原专指美国东北部五大湖附近工业化初期的钢铁生产地区,它们一度非常兴盛;而随着服务业的兴起,重工业纷纷衰败,工厂被废弃,机器布满了铁锈,因此它们被称为铁锈地带。此后,铁锈地带泛指工业衰退的老工业区。与铁锈地带相对应的概念是"阳光地带"(sun belt),指新兴工业区,在美国以硅谷和斯坦福大学为代表。② 人类的新发现是无限的,创造能力是无止境的,未来人口分布存在多种可能性。

(三) 世界人口分布的基本状况

世界人口分布经历了一个漫长的历史过程,世界人口密度不断增长。自有人类以来,人口分布格局不断变化,其变化轨迹是:人类的定居范围不断扩大,人口密度不断上升。表 11-1 描述了全球人口密度的增长状况。

表 11-1 全球人口密度的变化估计

年代	文化阶段	人口密度/人/平方千米
百万年前	旧石器时代早期	0.004
30 万年前	旧石器时代中期	0.02
2.5 万年前	旧石器时代晚期	0.04
1 万年前	中石器时代	0.04
9000—2000 年前	新石器农耕时代	0.01—1.0
310—210 年前	农耕及工业时代	3.7—4.9

---

① 转引自〔美〕莱斯特·瑟罗:《资本主义的未来——当今各种经济力量如何塑造未来世界》,周晓钟译,中国社会科学出版社 1998 年版,第 65 页。

② 参见〔美〕贾斯汀·霍兰德:《城市兴衰启示录——美国的阳光地带与铁锈地带》,周恺、董丹梨译,中国建筑工业出版社 2020 年版。

(续表)

年代	文化阶段	人口密度/人/平方千米
60—10年前	农耕及工业时代	11—16
现在—2000年	农耕及工业时代	<46

资料来源：李亦园：《人类学与现代社会》，水牛出版社1984年版，第164页。

从各大洲情况看，人口分布不均衡。亚洲人口最多，其中，印度、中国、印度尼西亚等国人口较多。影响人口不均衡分布的原因有：(1)自然环境。地球上尚有35%—40%的陆地无人居住，全球70%的人口集中分布在约占陆地面积14%的土地上。超过一半的人口居住在离海岸200千米以内的沿海地区。随着海拔的上升，人口密度迅速下降。(2)历史原因。人类最早分布于亚、非、欧三个人类起源地，此后不断向其他地区迁徙。亚洲人口最多，约占世界总人口的三分之二，其次是非洲，再次是欧洲，其余为北美洲、南美洲和大洋洲。(3)经济发展水平。在发达地区，因为有更好的经济前景、更高的生活水平和更多的就业机会，人口密度通常较高；而落后地区经济发展缓慢，生活条件较差，使得其人口密度相对较低。

二、城镇化过程

（一）城镇化的基本概念

城镇是指由非农业活动人口组成的、占有一定空间的人口聚集地。城镇有以下特征：第一，城镇具有相对庞大的人口规模。根据2014年公布的《国务院关于调整城市规模划分标准的通知》，我国将城市划分为五类：城区常住人口50万以下的城市为小城市，50万以上100万以下的为中等城市，100万以上500万以下的为大城市，500万以上1000万以下的为特大城市，1000万以上的为超大城市。第二，城镇人口主要从事非农业劳动。第三，城镇是多功能的社会、经济、文化和科学聚集地，尤其与代表生产、运输、技术、科学信息、通信和其他活动领域的发展的最新进程密切相连。第四，城镇多是行政中心。

城镇化也称为城市化，是指农村人口向城镇转移的过程，城镇和乡村代表着两种不同的生活方式。19世纪初，大概只有不到3%的全球人口居住在城市；到

20世纪末,全球约有一半的人口生活在城市中。发达国家的人口城镇化率在75%以上,而大多数发展中国家的城镇化率较低。发展理论认为,人口从农村向城市的转移是国家实现现代化的必经之路,城镇化是实现个人、群体和社会在空间上的专业化分工及相互依赖的必经之路。

（二）全球的城镇化状况

工业革命以来,全球经历了人口城镇化过程,进入20世纪后这一过程更为明显。目前发达国家基本完成了人口城镇化,城镇人口占到75%以上;发展中国家正在经历城镇化过程,与发达国家有不同的城镇化道路。

发达国家在城镇化早期,其城镇化水平略落后于工业化发展,工业化不断促进城镇化的发展,其发展的动力机制是工业化的"拉力"。19世纪90年代,欧洲城镇化水平低于制造业的就业水平,到20世纪60年代,欧洲的城镇化水平超过制造业就业水平的一倍。随着工业,特别是制造业人口占社会总人口比重的提高,城市人口按比例增长。霍利斯·钱纳里(Hollis B. Chenery)及其同事选择了27个变量分析世界银行经济和社会数据库中近百个国家和地区,描述了积累、资源配置和收入分配的10个基本过程。当人均收入超过500美元时,典型的特征是城市人口在总人口中所占比例大;当超过700美元时,工业劳动力就业超过初级商品生产劳动力就业;当收入水平超过2 000美元时,这个收入转换的过程才得以完成。一般来说,城市人口达到总人口的75%时就会趋于稳定。[①]在城镇化基本完成后,可能会出现城镇人口向城郊的回流。

发展中国家的城镇化水平常常会超过工业化水平,出现与工业化水平脱节的"城市膨胀"现象,涌现出"没有工业化"的城市,这是以农村剩余劳动力和农村相对贫困为"推力"的发展机制;发展中国家人口的快速增长和迁移可能是城镇化发展的动力。同时,城市中存在大量的非正式经济,并面临严峻的环境风险,城市边缘可能出现大量的"贫民窟"。全球化为发展中国家的城镇化带来了新的活力,甚至不少城市加入世界级"全球性城市"的行列。

资本主义催生了特大城市,其发展体现为两大特征:一是特大城市具有优越

---

① 〔美〕霍利斯·钱纳里、莫尔塞斯·塞尔昆:《发展的格局:1950—1970》,李小青等译,中国财政经济出版社1989年版,第2、5页。

第十一章 人口空间结构和城镇化

的地理位置,易于吸引投资和人才;二是稠密的人口构成了巨大的市场,加剧了资金和人才的流入,为剩余价值的生产提供了巨大的潜力。以伦敦、纽约和东京为代表形成了"全球性城市",巨型跨国公司以及大量金融、技术和咨询服务机构都把总部设在全球性城市,构成了高度一体化的世界经济的指挥中心,其影响力超出一国国界。①

法国学者亨利·列斐伏尔(Henri Lefebvre)以马克思主义理论为基础提出城市空间的政治经济学。他强调城市空间是资本主义的产物,注入了资本主义的发展逻辑,城市是空间、日常生活和资本主义社会关系的再生产。美国学者大卫·哈维(David Harvey)指出,城镇化是资本主义动态发展过程中的一部分,资本主义创造的人造环境使得城市空间的生产负载了资本主义生产的矛盾,伴随着资本城镇化的是资本主义整个社会关系的城镇化。在城市空间中,工作场所和劳动者的生活场所相分离,资本主义通过重组生产过程、控制系统和消费过程满足资本主义发展的需要,资本的流向决定了城市的兴衰。②

经济地理学强调劳动力的流入带来城市发展;新经济地理学强调城市是规模经济活动集聚的结果。保罗·克鲁格曼提出了新的"中心—边缘模式"的城市和农村的发展模型,中心是以工业为主导的发展区域,边缘是以农业为主导的区域。在贸易自由化和规模经济上升的情况下,工业和劳动力会集中到中心地区,边缘地区成为农业区。这是一种"集聚效应",一个地区的比较利益不仅依赖其要素禀赋,也依赖经济的初始分布状态。③ 随着中心地区的发展,其离心力会逐渐增加,因此在一些位置上会产生新的集聚中心,带来新城市的发展,在那里向心力和离心力重新达到平衡,这种周而复始的过程,既满足了市场的需求,也推动了城市的有效发展。

在城镇化发展的过程中,政府治理的力量越来越受到关注,这意味着政府有责任建立良好的"人居环境"以提升城市的竞争力,包括提供良好的教育系统、公共交通、廉价住房、安全的法治环境和充满活力的文化资源。

---

① 参见〔阿根廷〕丝奇雅·沙森:《世界经济中的城市(第5版)》,周振华等译,格致出版社2020年版。
② 参见蔡禾主编:《城市社会学:理论与视野》,中山大学出版社2003年版,第九章。
③ 参见 Paul R. Krugman, *Geography and Trade*, MIT Press, 1991。

第二节 中国的人口分布和城镇化

一、中国人口的空间分布

中国人口的空间分布既与世界人口的空间分布有相似性，也有其独特性。

（一）中国人口密度疏密差异大

2020年，"七普"数据显示，中国人口密度为每平方千米147人，比2010年"六普"时增加了4人，大约是世界平均人口密度的3倍。目前，我国土地资源已利用的部分超过总土地面积的三分之二，剩余部分是难以利用的沙漠、戈壁、冰川以及永久积雪、石山、裸地等。土地资源总量大，但人均占有土地少，人均耕地面积较少。第三次全国国土调查结果显示，2019年底，我国耕地面积为19.18亿亩，人均耕地面积为1.36亩，低于世界人均耕地面积。

我国人口密度疏密差异很大，从表11-2可以看出：人口密度最高的是上海，每平方千米达3923人；最低的为西藏，每平方千米仅为3人。

表 11-2 2020年全国各地区（不包含港、澳、台）人口及人口密度

单位：万人，万平方千米，人/平方千米

地区	人口	面积	密度	地区	人口	面积	密度
总计	140 978	约 960	147	河南	9937	约 17	585
北京	2189	约 1.7	1288	湖北	5775	约 19	304
天津	1387	约 1.2	1156	湖南	6644	约 21	316
河北	7461	约 19	393	广东	12 601	约 18	700
山西	3492	约 16	218	广西	5013	约 24	209
内蒙古	2405	约 118	20	海南	1008	约 3.4	296
辽宁	4259	约 15	284	重庆	3205	约 8.2	391
吉林	2407	约 19	127	四川	8367	约 49	171
黑龙江	3185	约 46	69	贵州	3856	约 18	214
上海	2487	约 0.634	3923	云南	4721	约 39	121

单位：万人，万平方千米，人/平方千米（续表）

地区	人口	面积	密度	地区	人口	面积	密度
江苏	8475	约10	848	西藏	365	120.28	3
浙江	6457	约10	646	陕西	3953	约21	188
安徽	6103	约14	436	甘肃	2502	约43	58
福建	4154	约12	346	青海	592	约72	8
江西	4519	约17	266	宁夏	720	约6.6	109
山东	10 153	约16	635	新疆	2585	约166	16

资料来源：人口数据引自国务院第七次全国人口普查领导小组办公室编：《中国人口普查年鉴2020》上册，中国统计出版社2022年版，第2—3页；面积数据引自"中华人民共和国行政区划统计表"，http://xzqh.mca.gov.cn/statistics/2020.html，2023年12月30日访问。

（二）人口分布的胡焕庸线

1935年，我国地理学家胡焕庸首次发现了著名的瑷珲—腾冲人口地理分界线，从黑龙江省瑷珲到云南省腾冲画一条线：此线的西北占全国土地面积的较大部分（64%），而人口却占极小比例（4%）；此线的东南占全国土地面积的较小部分（36%），人口却占绝大比例（96%）。虽然新中国成立以来西部地区有了很大的发展，有了一定的人口迁入，但人口分布格局没有大的改变。

1990年第四次全国人口普查数据表明，此线东侧人口仍占全国人口94.1%。这条线是人口空间分布线，也是经济不均衡发展的分界线。2010年第五次全国人口普查数据表明，东南—西北两部分人口比重为93.68∶6.32，胡焕庸线仍然是中国人口的重要地理分界线。2020年第七次全国人口普查数据显示，全国人口分布格局没有发生变化。胡焕庸线以西我国面积最大的四个省份分别是新疆、西藏、内蒙古和青海，土地面积合计为476.28万平方公里，占全国总面积的49.61%；总人口合计为5947万，仅占全国总人口的4.22%。

二、中国城镇化的发展历程

中国的城镇化是近现代的产物。明清以后，具有资本主义萌芽性质的手工业、商品生产在中国东部地区率先发展。1840年的鸦片战争使中国开始了现代意义上的城镇化进程。对外贸易在沿海沿江地区的繁荣发展使城镇化在这些地区发展较为迅速。这使我国城镇化初期具有：第一，被动开放和半殖民地色彩，是外生型的城镇化；第二，城市分布不平衡，集中于沿海地区；第三，城市的性质主要是消费功能；第四，城乡对立严重。

1949年，我国城镇人口占全国总人口的10.64%。从1949年至20世纪80年代前后，国家按计划推进城镇化，包括规划城市布局、城市人口规模、城市的性质和功能等。如新中国成立初期，国家制定了合理利用东北、上海等老工业基地，重点发展内地工业，改变沿海偏重的工业布局方针，带动了内地城市的发展。其后，又实施了发展西部的"三线战略"等，使城镇化的区域差别得到了较大的改善。但是严格的户籍管理制度导致了城乡人口的二元分割。1978年，我国城市人口占总人口比重较1949年有了一些提升，但比例仍然较低（17.92%），城镇化进程滞后于工业化发展。城镇化是现代化的必由之路。改革开放前，由于人口就业压力巨大、大城市基础设施建设严重不足以及城乡二元结构等方面的现实国情，我国城镇化进程较缓慢。改革开放后，我国的城镇化水平快速提升，1978—2018年，全国总人口增长1.5倍，而城镇人口增长4.8倍；城镇人口占总人口比重由17.92%增加到59.58%，平均每年提高1.04个百分点。党的十八大以来，党和国家高度重视城镇化建设，明确提出实施以人的城镇化为核心，以提高城镇化质量为导向的新型城镇化战略，短短几年间，涉及十几亿人的新型城镇化建设取得重大进展，人口管理向自愿落户和自由流动迈出了一大步。[①] 在中国共产党的坚强领导下，我国经历了世界历史上规模最大、速度最快的城镇化进程。虽然与发达国家80%的城镇化水平仍有一定差距，但我国城镇化仍处于持续发展的过程中。2023年政府工作报告指出，过去五年，我国常住人口城镇化率从60.2%提高到65.2%。

有学者把改革开放以来中国的城市化进程大致分为三个阶段：第一阶段是1978—1985年的"非农化阶段"；第二阶段是1986—2000年农村人口向城市聚集的"城市化阶段"；第三阶段是2000年以来的城市扩张和"城市群形成阶段"。[②]

[①] 《人口总量平稳增长 人口素质显著提升——新中国成立70周年经济社会发展成就系列报告之二十》，https://www.gov.cn/xinwen/2019-08/22/content_5423308.htm，2023年12月30日访问。

[②] 参见李培林等：《当代中国城市化及其影响》，社会科学文献出版社2013年版。

三、中国城镇化发展模式和特点

历史条件、政策及体制和社会经济发展等多种因素决定了中国城镇化的特点,使我国形成了具有自身特色的城镇化发展模式。

费孝通总结改革之初至少有三种城镇化发展模式。一是苏南模式。它以大城市为依托,以社队企业为基础,实行社区所有制的小城市发展模式。二是温州模式。它是自发型城镇化模式,以家庭作坊为基础逐渐发展为联合企业,实现城市规模不断扩大的发展模式。温州是沿海地区的侨乡,人口密集,人多地少,人口压力促进了家庭作坊式的经营走向"联合",成为合作性质的集体所有制,由此实现了城镇化。三是珠江模式。它以香港为中心形成了若干层次的同心环形地带。第一环是深圳和珠海经济特区,第二环是广州附近的东莞、中山、顺德、南海等地,西江流域有望成为第三环。在香港把许多劳动密集型的工厂或车间向珠江三角洲转移过程中,实现了珠江三角洲地区的人口城镇化。[①] 费孝通强调小城镇发展的战略,其关怀在于:其一,"志在富民",探索以农民为主体的乡村工业化进程;其二,以城乡一体化为导向,探索优先发展小城镇的城镇化道路;其三,以经济的体系化良性运行为核心,探索区域经济共同体合理布局的发展模式。随着这一发展模式影响的日益扩大,国家颁布一系列推动小城镇发展的文件,从而使小城镇的数量剧增。[②]

大城市的发展主要依靠经济发展。一是注入式城市发展模式,即依靠外部资金的直接投入,如国家或外商的直接投资(如深圳市)等。二是自发式的城市发展模式,即依靠地区自身的力量,通过经济发展建立起来的城市(如温州市)。三是混合式的城市发展模式,即既有自身经济发展,又有相当规模的外部生产要素的投入(如洛阳市)。[③]

2006年,国家"十一五"规划纲要提出把城市群作为城市化的主体形态,后又在《全国主体功能区规划》、"十二五"规划、《国家新型城镇化规划(2014—

---

① 费孝通:《从沿海到边区的考察》,上海人民出版社1990年版,第165—178页。
② 沈关宝:《〈小城镇 大问题〉与当前的城镇化发展》,《社会学研究》2014年第1期,第1—9页。
③ 张琢主编:《当代中国社会学》,中国社会科学出版社1998年版,第180—181页。

2020年)》、"十三五"规划等文件中提到城市群,发展城市群对推进城镇化的重要性毋庸置疑。城市群一般是以一个以上特大城市为核心,由三个以上大城市为构成单元,依托发达的交通通信等基础设施网络形成空间组织紧凑、经济联系紧密并最终实现高度同城化和高度一体化的城市群体。如长江三角洲城市群、京津冀城市群、粤港澳大湾区、成渝城市群、长江中游城市群、中原城市群、关中平原城市群等。

户籍制度长期影响城镇化进程。一方面,大量的农民工为城市发展做出贡献;另一方面,他们又无法享受到城镇化发展带来的好处。随着城镇化的推进,解决农业转移人口工作生活困境,提供相关服务,不仅更为重要,而且更加紧迫。国家发展改革委印发的《2022年新型城镇化和城乡融合发展重点任务》提出,2022年中国将坚持把推进农业转移人口市民化作为新型城镇化的首要任务,重点针对存量未落户人口深化户籍制度改革,健全常住地提供基本公共服务制度,提高农业转移人口融入城市水平。

人口城镇化有效地控制了中国人口增长。研究表明,在农村、城镇同样的生育率与死亡率假设条件下,有人口城镇化方案的人口可比无人口城镇化方案的人口在21世纪中期减少1.3亿以上。同时,当生育水平较高,特别是农村生育水平较高时,人口城镇化对控制人口增长的影响更大。[①]

人口空间结构的转变带来消费方式的变化。人口城镇化引发消费结构升级,如城镇化对居民食品消费的影响较强,并通过人口年龄结构的转变和产业结构的变迁影响居民消费结构。城市人口消费的示范效应会推动城镇人口的消费既有自主性,又有嵌入性,生存型消费外会增加享受型和发展型消费。

党的十八大以来,以习近平同志为核心的党中央高度重视新型城镇化工作,明确提出以人为核心、以提高质量为导向的新型城镇化战略。2013年12月,习近平总书记在中央城镇化工作会议上强调:"推进城镇化是解决农业、农村、农民问题的重要途径,是推动区域协调发展的有力支撑,是扩大内需和促进产业升级的重要抓手,对全面建成小康社会、加快推进社会主义现代化具有重大现实意义和深远历史意义。"2022年5月6日,中共中央办公厅、国务院办公厅印发

---

① 曾毅:《中国人口分析》,北京大学出版社2004年版,第36—43页。

了《关于推进以县城为重要载体的城镇化建设的意见》,全面系统提出县城建设的指导思想、工作要求、发展目标、建设任务、政策保障和组织实施方式等。县域的城镇化是要把产业留在县域,特别是将公共服务水平提升至与经济发展水平、人口收入水平相对等的地位。截至 2020 年底,我国有 1881 个县市,普遍出现了农民到县城买房子、向县城集聚的现象。县域经济的发展,特别是由互联网打通的县域经济的发展将开创中国新型城镇化发展之路。

小　结

人口分布是在一定时间内人口在地理空间上的结构,人类社会经历了人口扩散和人口内聚的空间变化。人类适应和改造自然能力的增强改变了人们居住的空间状态,从依适合生存的自然型居住转向由工业化推动的城镇化发展。发达国家和发展中国家有不同的城镇化发展道路,工业化是发达国家城镇化的重要推动力,资本主义发展推动了全球特大城市的产生和发展。中国人口的空间分布不均衡,东南人口密度远高于西北人口密度。中国城镇化发展受到半殖民地半封建社会的影响,具有历史特征。新中国成立后,计划经济体制和户籍制度深远地影响着人口分布,特别是城乡差异。改革开放后,我国城镇化水平快速提升,人口空间结构发生重大转型,城镇人口已然占据多数,城镇人口的生活方式和消费模式不断升级。新型城镇化加速城乡融合发展。

思考题

1. 试述中国人口分布的特点。
2. 试分析中国新型城镇化的特点。

推荐阅读

蔡禾主编:《城市社会学:理论与视野》,中山大学出版社 2003 年版。
李培林:《村落的终结——羊城村的故事》,生活书店出版有限公司 2019 年版。
刘凤朝:《经济社会发展对人口空间分布影响研究》,科学出版社 2013 年版。
〔美〕陈金永:《大国城民:城镇化与户籍改革》,北京大学出版社 2023 年版。

第四编　人口变迁与社会变迁

推动人类社会不断发展或变动的力量是什么？这是无数社会科学家在探索的基本问题，答案可能有着仁智差别。但是其中有两种力量不能忽视：一是人口的力量，二是物质的力量。本编讨论人口力量和其他社会变迁力量，如环境的、物质的、文化的、政治的力量是如何相互作用推动社会发展的，分析人口和社会变迁的关系、人口和生态系统的关系、人口政策和人口的发展战略。

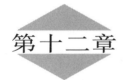

第十二章

人口和社会变迁

社会变迁是一个无时不在发生的过程,本章所讨论的社会变迁是指社会结构和基本制度发生的改变,这些社会变迁与人口变迁相互作用。

第一节 人口变迁的历史与动力

衣食住行是人的基本物质需求,马克思主义唯物史观认为,物质生活的生产方式决定社会生活、政治生活和精神生活的一般过程。人类亦是有精神需求的,黑格尔主张通过"精神"的辩证运动来把握世界历史的本质。人口的发展总是与社会变迁相伴随。

一、人口变迁和社会变迁的相互作用

正如"人口转变"一章所言,人类经历了从高死亡率控制的人口缓慢增长期,到死亡率得以控制和下降的人口快速增长期,再到人们自觉地控制人口增长的低生育率的平稳的人口发展期。这一人口变迁的过程与社会变迁同步,二者相互作用,难分因果。

社会变迁是指社会经济、文化、政治、技术所引发的社会结构和社会制度的变迁,是社会生活中最重要和最本质部分的改变。人口变迁是社会变迁的重要组成部分。人类在地球上至少存在几百万年了,人口增长的速度非常不均衡,

全球人口倍增时间不断缩短。19世纪初以前,人口在绝大多数的时间里以极其缓慢的速度增长,公元前1万年,世界人口大约为600万,直到1804年,世界人口才突破10亿。当今世界人口是20世纪中期的三倍多。1950年,全球人口约为25亿,而到2022年11月中旬,这一数字已达80亿,自2010年以来增加了10亿,自1998年以来增加了20亿。预计在未来30年,世界人口将增加近20亿,从目前的80亿增至2050年的97亿,并可能在21世纪80年代中期达到近104亿的峰值。此后,世界人口将趋于稳定。人类的生存既取决于自然环境的承载力,也取决于文化、经济和技术发展以及社会组织机制和政治制度。

(一)历史唯物主义视野下的人口增长

历史唯物主义认为,用生产力发展水平对人类的历史阶段进行划分可分为原始农业社会、农业社会、前工业社会、工业社会等。生产力发展水平具有历史连续性,从时间上进行划分,可分为古代、近代和现代三个时期。从社会形态的性质进行划分,可分为原始社会、奴隶社会、封建社会、资本主义社会和共产主义社会。从人类使用工具和技术的发展进行划分可分为旧石器时代、新石器时代、铜器时代、铁器时代、中世纪和现代等等。对历史的分期应当注意以下问题:(1)历史并非以研究者的主观分期为标准的发展脉络,任何历史分期都是相对的。(2)历史是人类所经历的漫长过程,世界人口进入某一历史阶段的时间不尽相同,同一时空下人类经历着不同的历史阶段。但进入现代社会后,各国发展有趋同趋势。

人口增长和社会变迁之间并非简单的因果关系,而是相互促进式关系,具有同步发展的规律性。人口增长刺激社会变迁,社会变迁带来人口增长。

第一,农业社会的进步与人口增长之间是相互促进的关系。第一次农业革命的开始以人口增长为动力。人口的增长增加了人类对食物的需要,当野生食物不能满足人口增长的需要时,人类开始自觉地寻找办法满足自我发展的需要。人口增长的压力引发了人类从采集业到农业的转变。正是农业革命使人类第一次获得了食物保证,第一次永久定居下来,丰富的食物供应进一步导致了人口的增长,并发展出更高级的社会组织。人口增长和农业发展之间形成了循环式的互动发展。随着农业革命的成果在世界范围内的推广,人口不断增加;同时,它又使更多的人去开垦土地并带来更多的人口增长。

第二次农业革命主要源于农业生产技能的提高,这一时期人口的增长与农业技术的发展依然呈现出循环增长态势。一方面,人类无法摆脱物质资料发展水平对人口数量的限制。当人口增长超过生产所能负载的人口的限度时,增长的人口便不能与生产资料相结合,就会出现过剩人口,导致生活水平的下降、社会财富分配的不均和战争的发生,进而导致人口死亡率上升和人口减少。另一方面,当人口减少时,可供人类生存的生产资料就会相应增长,人口会再度增长。此外,人类的农业生产能力、知识和技术水平在与自然界的斗争中不断提高,当人类学会从自然界获得更多的物质生活资料时,人口总量就会跃上一个新的台阶。因此在第二次农业革命期间,人口增长的速度主要取决于生产力在质和量上的发展程度。

农业社会的人口增长呈循环和缓慢的阶梯式增长,不同台阶间人口增长的状况受到自然环境因素和社会政治因素的影响。就自然环境而言,农业社会生产能力的发挥主要取决于气候的变化,某种天灾的发生不仅可以使粮食减产,还可能导致某些疾病的产生。社会政治因素主要是统治者的更替、战争和社会财富的分配状况等。阶梯式增长依赖人类从自然界获得物质生活资料能力的本质性进步,当生产力水平得以提高时,社会人口总量也就跃上一个新的台阶。

第二,工业革命改变了农业社会人口增长的方式。工业/产业革命有各种各样的定义。布罗代尔(Fernand Braudel)认为,产业革命就是由木柴和木炭文明过渡到铁器和煤炭文明。他举了两个数字,1789年,欧洲燃烧了2亿吨木柴,到1840年,便降至1亿吨。1790年,欧洲生产了60万吨铁,1810年升至110万吨,1840年进一步达到280万吨。这是技术变化导致的经济后果。[①] 工业革命是以生产力水平的本质改变为前提的,它带来的成果极快地转化为可为人类使用的物品,它使地球可养活的人口数量有了空前的发展。因此,工业革命成为人口增长的力量。工业社会的人口增长由此具有两个主要的特点。一是人口出

---

① 〔法〕费尔南·布罗代尔:《资本主义的动力》,杨起译,生活·读书·新知三联书店1997年版,第98页。

现了前所未有的增长。二是促进人口增长的内在机制发生了根本性的变化。农业社会依靠简单的生产工具和设施进行生产,生产能力依靠劳动者的体力支出进行判断,劳动力的多少决定了社会财富量。工业社会人力资本成为生产能力提高的根本,人口增长不仅意味着人口数量的增长,还意味着人口质量的提高。

人口增长依赖人类获取自然资源的能力,即社会生产方式,因此每次生产方式的变迁都会带来人口数量的变化。当前的全球化涉及全球范围内的物品、人口和信息的日益增长的多向流动;同时,它也增加了个人、群体和国家间的相互依赖,人们越来越意识到人类同属全球共同体。

马克思提出相对过剩人口理论。相对过剩人口是指劳动力的供给超过了资本对它的需求,从而形成了相对过剩人口。随着资本积累的增长和资本有机构成的增加,必然出现两种完全对立的趋势:一方面,资本对劳动力的需求日益相对地甚至绝对地减少;另一方面,劳动力的供给却在迅速地增加,不可避免地造成大批工人失业,产生相对过剩人口。相对过剩人口,是在资本主义制度下表现出的特有的人口规律。

新马克思主义学派关注当代资本主义带来的世界经济的发展,并由此论述发展中国家的人口问题。发展中国家的人口问题是发达国家要使发展中国家永远成为其依赖者,使发展中国家的过剩人口永远成为其最廉价资源。发展中国家只有依靠自己的力量,在摆脱发达国家控制的情况下,才能解决自身的人口问题。

(二)技术发明与人口变迁的理论

技术发明推动人口变迁的理论有两个主要的假说:一是发明拉力假说,认为技术发明推动人口发展;二是人口推力假说,强调人口增长推动了技术发明。二者的理论核心皆是分析人口增长与技术发明之间的关系。

1. 发明拉力假说

发明拉力假说(invention-pull hypothesis)强调科学技术的发明和运用对人口增长的推动作用。技术发明是偶然的,但其结果是必然地带动了人口的增长。

这一理论的代表人物是卡洛·奇波拉,其著作《世界人口经济史》①是这种理论的代表作之一。他指出,人口本身有自然的增长趋势,但一定的生产资料所能维持的人口总量是有限的。当人口不断增长达到极限时,人均占有生产和生活资料的份额就会减少,人均生活水平也会下降,这时人口死亡率将随之升高。在这一严峻的形势面前,人们使用各种方式节制人口增长,使人口数量逐渐达到一种相对稳定的停滞状态。这时某些技术发明出现了,这些技术发明增强了人类的生产能力,能为更多的人提供生活资料,于是人口增长了。这种人口增长可以一直维持到这种新的生产能力蕴含的生产潜能被耗尽为止。那时,人口增长会再度停滞,人口总量再度稳定。此后,随着新发明的出现和运用,人口再次出现新的从增长到稳定的周期性运动。人口总量就是在这种周期循环运动中不断迈上新的台阶。

美国经济学家朱利安·西蒙(Julian L. Simon)认为,人类的资源状况受到人类发明能力的限制,人类创新能力的增加与努力解决问题的人脑数量成比例。以煤炭替代木材,以石油替代煤炭,以太阳能取代石油,都是人类创新出来的适应发展的技术。人类的创新活动是与人口增长相关的,温和的人口增长有助于人类福利的改进。② 发明拉力假说较好地解释了工业社会人口增长的动力。

2. 人口推力假说

人口推力假说(population-push hypothesis)认为,新技术的发明、运用和推广有赖于人口的增长,即人口增长是新的技术发明、运用和推广的必要条件。

人口推力假说可以追溯到经济学大师亚当·斯密。亚当·斯密认为,人口密度越高就越能刺激劳动的专业化和技术的发展。人口密度增加会带来较大的市场,并导致职业的专门化和劳动生产率的提升。职业的专门化又会导致技术的进步,进而促进人口的增长。

人口推力假设的代表人物之一博塞拉普在《人口和技术变化:一项长期趋势研究》中指出,有两种力量使新技术得以产生和推广。第一种力量是家庭人

---

① Carlo M. Cipolla, *The Economic History of World Population*, 7th ed., Penguin Book, 1978.
② 〔美〕朱利安·L.西蒙:《人口增长经济学》,彭松建等译,北京大学出版社1984年版,第590页。

口的增加。家庭人口的增加导致家庭人均占用土地面积的减少、部分劳动力的闲置和家庭人均收入的减少,这迫使家庭成员改变生产方法,投入更多的劳动力以获得较多的产出量。第二种力量是假设在土地面积相同的情况下,家庭规模的扩大要求维持一个家庭所必需的生活资料也必须增加,这就要求改用新的生产方法和技术,通过追加技术得到更多的土地产出量。两种机制一种是追加劳动,另一种是追加技术,并最终推动了新技术的出现和推广。人口增长与技术发明之间构成了锁链式的反应,推动生产和人口的不断增长。[①]

人口推力假说对于农业社会人口增长具有较强的解释力。在农业社会,劳动力的充足供应是技术进步和生产发展的必要条件。人口增长对农业革命的产生,以及对农耕文明的出现无疑是一大动力。工业革命的情况有所不同,它以节省劳动力、提高劳动生产率为特点,技术发明和创造难以直接由人口推力产生,但人口增长促进了技术发明和创造的及时推广。

在现代性阶段,首要的经济影响是出现了资本主义经济关系。资本主义与此前存在的生产体制有着根本的不同,它蕴含生产的持续扩张和财富的无限积累。在传统体制下,生产水平基本停滞,因为它们与习惯性、常规性需求紧密维系。但是,资本主义促进了生产技术的不断革新,科学也日益被卷入这个过程,现代工业中技术创新的速度远快于此前任何类型的经济秩序。[②] 今天的互联网技术促进了时间和空间的压缩,信息交流日益促进全球社会的形成。人工智能的出现给人类社会带来了前所未有的机遇和挑战。

二、人口变迁的社会学理论

(一) 冲突理论

冲突理论认为,人口增长导致的直接后果是资源紧缺和相关社会矛盾。纵

[①] 参见 Ester Boserup, *Population and Technological Change: A Study of Long-Term Trends*, University of Chicago Press, 1981;〔丹〕埃斯特·博塞拉普:《农业增长的条件:人口压力下农业演变的经济学》,罗煜译,法律出版社 2015 年版。

[②] 〔英〕安东尼·吉登斯、菲利普·萨顿:《社会学(第八版)》上册,李康译,北京大学出版社 2021 年版,第 148 页。

第十二章 人口和社会变迁

观历史,无论是经济性资源还是象征性资源,在历史的任何阶段都是相对紧缺的。依照冲突理论的观点,社会系统中各个子系统之间并不是通过协调关系来维持生存的,各个子系统为了自己的利益而行动,资源紧缺不可避免地会产生冲突,社会正是通过各个子系统之间的竞争和冲突形成相互制约从而维持稳定和发展。某个子系统一旦强大起来就会有新型的冲突,因此人类历史表现为周期性的冲突不断。

与人口增长相关的社会冲突表现在以下方面:(1)通过领土扩张解决人口压力导致的冲突。这种冲突主要存在于农业社会,有两种类型。一种是从社会中分离出一个群体,它离开原有的社会到别的地方去定居,如开拓殖民地。另一种方法是一些或全体社会成员向不太拥挤的边远地区移动以扩展产粮区。两种领土扩张都会引发领土冲突,甚至可能导致战争。(2)人口压力导致社会财富的重新分配。中国历史上的每次农民战争都与人地关系的矛盾相关联,农民战争最朴素的要求就是"均贫富",要求重新分配社会财富。在某些社会,人口压力导致的资源紧缺甚至演化为激烈地控制人口的手段,如杀婴、杀老等。(3)人口压力导致的冲突成为社会解组的直接或间接原因。人口和资源的矛盾很有可能导致社会群体、制度或社会体系不能发挥其功能,各个利益集团力量关系的改变会引发冲突,冲突的结果是有可能重建社会制度。

吉登斯认为,随着资本主义的发展,民族国家会取代城市,成为新的权力容器,在转变的过程中,结构性矛盾从生存性矛盾中分离出来,并逐渐取得了统治地位,人类的社会组织不再与自然界有任何相对应之处,自然界沦为生产扩张的一种手段。① 生存性矛盾的弱化意味着人类控制了高死亡率,人口进入高速发展阶段。现代工业的人造环境成为现代社会中比比皆是的景象。国家监视着人口的活动,包括对人们生育行为的监控,生育行为成为国家事务的一部分,各国开始制定人口政策,用人为的力量控制人口的增减。

目前,"全球化"仍在继续发展,这是世界性的社会关系强化的过程。这一过程把彼此远离的地方连接起来,由此出现了四个全球性的发展方向。一是世

---

① 〔英〕安东尼·吉登斯:《社会的构成——结构化理论大纲》,李康、李猛译,生活·读书·新知三联书店1998年版,第229—304页。

界资本主义经济体系；二是国际性劳动分工；三是民族国家制度；四是世界军事秩序。吉登斯认为，时至今日，资本主义国家已成为世界经济体系的主要权力中心，各种不确定因素增加。这一切皆对人口增长带来严重的威胁。吉登斯寄希望于社会运动解决这些危机，如劳工运动、环保运动、和平运动以及解放政治，用反思重建自我，并思考"种的延续"的意义和人类历史的责任。

（二）制度主义理论

所谓制度是为决定人们的相互关系而人为设定的各种规则。制度主义理论强调制度变迁是决定社会演进的主要方式，是理解历史变迁的关键。面对社会变迁，关键的问题是：决定不同民族和国家走上不同发展道路的因素是什么？为什么有着相同人口压力的社会有着不同的社会变迁路径？人类都是从采集和狩猎时代走过来的，为什么发展道路的差异使世界演进为在宗教、伦理、文化、政治和经济方面根本不同的社会？制度主义理论认为，人类对经常出现的人口压力所做出的反应是不同的，有的是降低人口出生率，有的是开拓殖民地，还有的是发明新技术。但无论如何，人类都是通过建立相对稳定的制度安排来减少不确定性的。

涂尔干认为，人口压力是社会发展的动力，人口压力造成的问题只能通过更有效地利用土地和劳动力来解决，这必然导致劳动分工的发展。劳动分工和组织化程度的加强提高了工业组织的效率，为人口增长提供了可能。涂尔干的思想深受达尔文和斯宾塞进化论的影响，但他的进化观更多地把社会系统的构成视为分析单位，由此人类进化的历史就可以抽象为社会系统构成的变化。社会变迁就是人口从一种简单的、单质的、依靠强有力的束缚性文化法规的机械团结向复杂的、异质的、依靠较少束缚性文化法规的有机团结的转变。人口密度的增长和相关的资源争夺是工业社会分工发展的重要前提，劳动分工减少了对资源的直接竞争，并有效地扩大了资源，增加了人口增长的可能性和人们对高密度人口的社会适应能力。

诺思认为，人口与资源的压力是经济史的核心问题，也是研究问题的起始点。（1）历史上存在着两个重要的人口与资源比例的转折点，可称之为第一次和第二次经济革命。（2）在两次革命之间存在着马尔萨斯所说的人口压力，

第十二章 人口和社会变迁

有时可以通过社会的相应调整来克服人口压力,有时可以通过改变资源基数的经济制度效率的提高来克服人口压力。第二次经济革命使人口增长时自然资源的收益递减未对人类构成威胁。因为工业革命是以资源基数的扩张和技术进步为基础的。①

汤因比(Arnold J. Toynbee)在《历史研究》一书中用人类缓解人口压力的方法来解释古希腊各城邦不同的发展道路。② 他强调了制度建设对于社会进步的意义。汤因比通过对古希腊三个主要城邦的研究指出,统治者对人口压力的不同反应导致了不同的历史选择,虽然这三个城邦领袖的素质与决断能力的差别决定了他们决策的方向,但引导他们做出决策的先决条件是人口压力把发展道路的选择问题摆在了他们面前。科林斯城邦和卡尔基斯城邦面对人口压力采取的对策是在西西里、意大利南部、色雷斯和其他地方夺取农业土地,这种具有殖民色彩的土地掠夺方法,只扩大了它们的疆域范围,并没有改变它们的生产方式与生活方式,也就是说没有制度的变化。斯巴达城邦采用了侵略邻邦的办法来满足人民对土地的要求,结果是培养了斯巴达人的尚武精神,使斯巴达人的生命军事化,从而适当地改变了希腊社会某些原始的社会制度。雅典城邦的做法是使农业生产专业化,对外输出粮食,并兴办了与此相适应的制造业,这种制度性的变化产生了新的商业阶级。为了适应新阶级的需要,雅典的政治家成功地进行了政治和经济改革,为整个希腊社会的发展开辟了道路。

哈贝马斯认为,社会变迁的本质是社会组织原则(或理解为组织社会的内在机制)的变迁。当组织社会的原则遭到破坏时,社会变迁必然发生。他把人类历史上的社会形态分为三种类型。一是原始社会形态,二是传统社会形态,三是自由资本主义社会形态。每种社会类型都有占主导地位的组织原则,组织原则的变化构成了社会变迁的过程。哈贝马斯认为,"年龄和性的至高无上的作用"构成了原始社会的组织原则。社会组织原则的核心是亲属制度,家庭结构决定了社会交往的总体状况,家庭维护着社会和系统的整合。哈贝马斯认为,正

---

① 〔美〕道格拉斯·C. 诺思:《经济史中的结构与变迁》,陈郁、罗华平等译,上海三联书店 1994 年版,第 15—16 页。

② 参见〔英〕阿诺德·汤因比:《历史研究(插图本)》,刘北成、郭小凌译,上海人民出版社 2005 年版。

是人口增长破坏了原始社会的组织原则,引发了危机。这种危机的主要形式是社会系统丧失了同一性。进入传统社会,社会异质性不断增长,阶级的产生与阶级斗争以及生产力的发展对人们信仰观念的冲击导致了危机。在自由资本主义社会,危机的形式表现为无法解决的经济控制问题,工人变成了商品并被异化。总之,原始社会和传统社会,人口数量影响着社会的结构。但随着科学技术和社会异质性的增长,人类自身的分化将影响社会变迁。人类生产的利益分化和表达分化构成了人们的政治行动。①

关于人口变迁的社会学理论还有文化变迁的理论。相关理论已在第三章有所讨论,即人们对于生育的态度与观念直接作用于人们的生育意愿,不再赘述。

第二节 中国人口与中国社会

一、中国历代人口

(一)历史上的人口

本节以夏朝作为起点,对不同朝代的人口依时间顺序进行分析。中国人口的历史变迁可以从表12-1中略见一斑。这些数据一般由官方统计,是征税劳役的副产品。这些历史资料本身具有许多"水分",加之历史漫长更是无从考证。因此,这些数据只是了解中国历史人口的起点和进行人口变迁研究的基本线索。

从中国人口发展的轨迹看,进入近代社会之前,人口数量的变化经历了三个主要的发展阶段。第一阶段从夏至西汉末年(公元前21世纪到公元初),2000多年间人口沿着一条缓升的总量线波动,直至接近6000万。第二阶段从东汉至明末(公元初到17世纪早期),1600多年间人口围绕着一条水平的总量线上下波动。第三阶段从明末至清后期(17世纪早期到19世纪中期左右)约200年,人口沿着一条向上倾斜的总量线波动,人口最终达到4.3亿左右。②

---

① 参见〔德〕尤尔根·哈贝马斯:《合法化危机》,刘北成等译,上海人民出版社2009年版,第20—27页。
② 查瑞传主编:《人口学百年》,北京出版社1999年版,第7—8页。

表 12-1　新中国成立前的历代人口变化

年份	朝代	人口/万
公元前 21 世纪	夏禹时期	约 1355
公元前 221	始皇帝二十六年	约 2000
2	西汉平帝元始二年	5959
105	东汉元兴元年	5326
280	西晋太康元年	1616
609	隋大业五年	4601
755	唐天宝十四年	5292
1110	北宋大观四年	约 10 000
1235	南宋端平二年	5800—6400
1293	元至元三十年	7000 多
1393	明洪武二十六年	6054
1578	明万历六年	6069
1685	清康熙二十四年	10 171
1724	清雍正二年	12 611
1741	清乾隆六年	14 341
1812	清嘉庆十七年	33 370
1912	民国元年	40 582
1928	民国十七年	47 479
1949	中华人民共和国	54 167

（二）历代人口的兴衰[①]

1. 夏、商、周、秦的人口

夏、商、周、秦四代共经历了 1800 多年，人口的兴衰也是四起四落。对这一

[①] 此部分涉及的数据，除特殊说明外，均参考袁祖亮：《中国古代人口史专题研究》，中州古籍出版社 1994 年版，第 5—32 页。

时期人口的统计,魏晋间的皇甫谧在《帝王世纪》一书中称,夏禹时(约公元前21世纪)中国人口数为 13 553 923 人,还详述了周成王和周庄王时期的人口。其后,南朝宋史学家范晔在《后汉书》中,唐代史学家杜佑在《通典》中引用过这些数据。因此,有的统计学者认为这些统计数字是"我国最早的统计数字资料"。但可疑的是,其后商代的人口、土地统计数字,反倒由于"殷因于夏,六百余载,其间损益,书策不存,无以考之"(《后汉书·郡国志》)。据河南殷墟出土的甲骨文的记载,并没有人口方面的统计数字,一般只有商代的登人、军事、祭祀与田猎等方面的统计数字,而且这些数字在 1000 以上的,一般只有概数;1000 以下的数字,才有具体的百、十、个位数。因此,我们认为夏代虽可能进行过人口与土地统计,但上述统计数字不太可信,不宜称之为"我国最早的统计数字资料"。① 因为没有建立完善的人口统计制度,所以夏、商、周时期的人口数据可信度不高。公元前 221 年,秦始皇兼并六国,建立中国历史上第一个中央集权制的封建王朝,此时全国人口约为 2000 万。但此后的岁月,一些青壮年都被拉去服劳役或兵役,加上秦末频发战争,至西汉初年,人口降至 1500 万—1800 万。

2. 两汉人口

西汉初年(前 206),刘邦入咸阳,受封为汉王。后虽经楚汉之争,但这些战争的规模并不大,人口得到恢复。汉文帝时全国恢复秩序,施行"与民休息"的政策,国情好转,后景帝继位,继续降税,实施"无为而治"和对北方匈奴的怀柔政策,由此产生了著名的"文景之治",人口迅速恢复,成倍增长。公元前 120 年,人口恢复到 4000 万以上。公元 2 年(西汉末期),全国总人口约 6000 万。

由于王莽的弊政,人口锐减。《汉书·食货志》言:"及莽未诛,而天下户口减半矣。"王莽被杀以后,天下仍动乱不已,人口继续下降。57 年,登记人口数仅为 2100 万。此后,东汉经过休养生息,人口开始逐渐恢复。157 年,登记人口增加至 5600 多万。

3. 三国、两晋、南北朝和隋代的人口

3 世纪初的几十年是中国历史上的动乱年代,群雄蜂起,人口锐减。有学者

---

① 《先秦统计史》,https://www.gov.cn/test/2005-06/08/content_4910.htm,2023 年 12 月 30 日访问。

估计,三国时期人口约为 1400 万—1500 万。① 西晋 280 年时,人口为 1616 万(《晋书·地理志》)。但这时人口统计的"水分"比较大,因为三国时期实行多种赋税的改革,如实行田租、户调和力役三项,所谓户调是按户征收绢锦。到晋和南北朝,按户征收的办法也越来越普及,而且比重增大,这迫使一些百姓为了减少负担尽量并户,隐户漏口的现象极为普遍。

西晋王朝的君臣不励精图治,且昏庸无度,使中国经历了长达 400 年之久的分割局面,东晋十六国、南北朝到隋代以前的 200 多年间缺少人口资料。十六国期间战乱不断,人口低水平徘徊。

581 年,隋朝建立,但它是个"短命"的王朝,杨坚开国,杨广败国,前后只存在了 38 年。隋文帝在位期间(581—604)实行利民兴邦和均田制政策,人口得到恢复。隋炀帝登基之初,人口继续增长。609 年,全国登记人口数为 4601 万。随着隋炀帝的奢华和好战,人口再次受损。

4. 唐朝和五代的人口

624 年,唐基本统一中国,全国人口数逐渐回升。贞观年间,出现了"海内升平,路不拾遗,外户不闭,商旅野宿焉"(《资治通鉴》)的景象,一些隋末流落到塞外的人口纷纷回归,使总人口继续增加。中宗神龙元年(705),人口达 3714 万。经开元盛世,天宝十四年(755),人口达 5292 万,这一人口数量成为中国人口发展史上的转折点。后来的安史之乱和唐朝末年的王仙芝起义、黄巢起义使人口大减。

5. 宋代人口

从 960 年赵匡胤"黄袍加身"到 1279 年陆秀夫背负赵昺跳海而亡,宋朝经历了 319 年。在此期间,辽、夏与北宋长期并存,后又有金、元的崛起,因此下文的人口数量是各部分加总的结果。北宋建立之初,人口有 2000 多万,到徽宗大观四年(1110)人口总数在 1 亿上下,成为中国人口史上重要的里程碑。随着金兵的入侵和北宋帝国的溃败,人口减少。此后,蒙古兴起,残酷的战争使中国人口跌入低谷,到南宋灭亡,全国人口又回到了 5000 多万。

---

① 段纪宪:《中国历代人口社会与文化发展》,中国科学技术出版社 1995 年版,第 31 页。

6. 元代人口

元是一个鼎盛的王朝，但关于人口的统计数字记载较少。元世祖至元三十年（1293），人口数为7000多万。到1343年，人口增到8500多万，这是元代人口的峰值。① 1351—1368年出现了全国大动乱，刘福通的反元起义使人口下降。此时人口增减有了新的特点。一是人口下降的速度与以往不同。此前的社会动荡常常带来人口三分之一或一半的锐减，此次社会动荡人口损失幅度不如以往剧烈。二是人口活动的重心发生变化。南方人口达到76%，人口的重心从黄河中下游转移到长江以南、云贵高原以东。自然条件的改变提高了农业生产率，为人口稳定增长提供了可能。

7. 明代人口

明洪武二十六年（1393），人口很快上升到6000多万。明代人口一个非常明显的特征是每逢新君继位，户口统计数总有一次减少。人口一直在5000万—6000万之间升降。这种状况与统计有关，因为自魏晋以后，历代王朝主要是按户征税，因此在户数的问题上，官府与百姓的冲突是尖锐的，百姓力求隐漏。后来开始实行"一条鞭"的税制，以户丁为计量征税的劳役制度，主要财政收入靠田赋，而不是户赋。到万历九年（1581）一条鞭法全面推行，由于按亩计征，所以官府只考察田亩数，不再关心户口的增减，户口数量统计上的隐漏随之减少。

8. 清代人口

清代中国人口上了一个新台阶。清代初期，人口只有几千万。而到了乾隆六年（1741），人口上升到1.43亿。乾隆二十七年（1762），人口增加到2亿。乾隆五十五年（1790），人口增加到3亿。短短的50年间，人口大幅增长，翻了一番多。道光十四年（1834）人口突破4亿。此后，直到19世纪中期，人口稳定在4亿多。② 尽管太平天国期间，总人口有所损失，但总体上，清代人口快速增长，奠定了中国现有庞大人口的基础。人口增长之快被称为"清朝人口增长之谜"。

对此，有以下几种解释。第一，人口数字的可信度问题。学者们对清朝人

---

① 关于元代人口数，主要参考葛剑雄：《中国人口发展史》，四川人民出版社2020年版，第248—253页。

② 何炳棣：《明初以降人口及其相关问题1368—1953》，中华书局2017年版，第331—333页。

口,尤其是初期人口增长持怀疑态度,认为统计上可能存在某些纰漏。明末清初,政府在统计时其对象发生了变化。乾隆六年以后,政府按照"大小男妇"统计所有的人口,而以前是统计丁或户口数。"摊丁入亩"政策实施前,许多百姓为逃避赋役,少报人口。因此,乾隆以前的统计人口数可能远低于实际人口数。

第二,清朝的"太平盛世"利于人口增长说。这一观点认为,清朝人口的增长有赖于清早期的国泰民安。康熙二十年(1681)平定"三藩之乱"至雍正时期的 70 多年出现了"太平盛世"的景象,"丁男不知兵革之患,亭障从无烽燧之警"(《皇朝文献通考》卷十九)。自然灾害相对较少,"人寿年丰",没有大规模的灾荒和瘟疫。自然条件和社会环境为人口增长提供了有利条件,加之较为庞大的人口基数,使人口增长的潜能得以释放。

第三,"新技术引进说"。这一观点认为,玉米、红薯和花生的引入,扩大了土地利用的前景。由于这些作物对土地的要求不高,把许多在原来耕作制度下不能利用的土地都引入农业生产,这大大开拓了耕地面积,提高了土地赡养能力,为新增人口提供了生活资料。同时,人口的增加意味着有更多的人力可用于种植双季稻,加强了精耕细作。[①] 由此使粮食产量赶上了人口的增长。

第四,"制度变迁说"。这一观点认为,清朝实施的奖励垦殖和轻徭薄赋的政策有力地鼓励了人口增长。(1)顺治元年(1644)提出"荒地,无主者,分给流民及官兵屯种;有主者,令原主开垦;无力者,官给牛具籽种"。即制定了各州、县、卫无主的荒地,允许流民及当地官兵屯种,无力耕种者,官方给耕牛、用具与种子,第二年补还一半,第三年全部补还的政策。顺治元年,河南、河北有荒地 94 500 余顷,以其人少,交由当地驻兵屯种;次年,顺天地区实行"计兵授田法",每守兵可耕种 10 亩地,其耕牛、种子由官方资助。康熙时对地方官实行"有田功者升,无田功者黜"。许多无地的人浪潮般涌入偏远的地区,开荒种田,新垦殖的土地面积能够养活更多的人口。(2)招募流民。顺治六年(1649),命各省招募流民,编入当地户籍,以垦荒种地为业,官府不得先征税,不得私派杂税;六年后,按熟地纳税粮。顺治十年(1653),允许四川荒地由当地百姓自由开垦。康

---

① 〔美〕费正清、刘广京编:《剑桥中国晚清史(1800—1911年)》上卷,中国社会科学院历史研究所编译室译,中国社会科学出版社 1996 年版,第 116—118 页。

熙八年(1669),对无人耕种的剩余土地,"召民开垦",此类田地称为"更名田",所有权转入民户,"永为世业",与民田"一例输粮"。据统计,这批田产有20多万顷,分布在近10个省区内,多属肥沃之地,受到广大农民的欢迎。到康熙十年(1671),全国的垦荒始见成效,大批流徙的农民陆续返籍。① 稳定的生活使全国可耕地和人口均有显著增长。(3)轻徭薄赋的制度改革。康熙五十一年(1712)规定:"编审人丁,据康熙五十年征粮丁册定为常额,其新增者谓之'盛世滋生人丁,永不加赋'。"全国征收丁税的总额固定下来,赋税的增加不再随着人口的增加而增加。清初赋役负担繁重,康熙继位后免除了明末繁重的三饷和杂派。此外,还整肃了吏治和户籍制度。这些政策把人口稳定在土地上,有效促进了人口增长。

9. 民国人口

1911年的辛亥革命推翻了帝制,建立了中华民国。此番改朝换代并没有像古代战争一样,留下巨大的人口空白,巨大的人口惯性使战争对人口削弱的势能减弱。虽然经过抗日战争和解放战争,人民经历了血雨腥风,战场上死伤无数,但是幅员辽阔未经战火区域的人口增殖填补了战区的人口损失。战争只是相对减缓了人口增长的速度。古代战争造成人口的损失主要不仅是在战场上,而且是在田野里,破坏了农业再生产过程,使人口成千成万地饿死;而现代战争对人口的削弱主要局限在战场上。因此,1911—1949年38年间人口增长了1亿多,达到5.42亿。

二、中国人口变化规律

中国是一个农业大国,人口增长的内在变化规律不可避免地与漫长的封建社会和农业生产的发展历史相联系。

(一)农业社会人口变化的内在规律

古代中国作为一个封建的农业国家,人口的增减变化遵循农业社会人口变化的一般规律:人口增长和农业发展之间呈现循环式运动,人口随农业生产力水

---

① 李治亭:《清康乾盛世》,河南人民出版社1998年版,第226—232页。

平的发展呈现阶梯式增长。①

第一,由于封建小农经济的局限性,人口增长基本处于高出生率、高死亡率和低人口自然增长率的低水平均衡状态。

第二,人口增长呈阶梯式上升,每一台阶人口的增长都反映了农业生产力水平的提高。中国人口数量的变化经历了一个漫长而复杂的历史发展过程,每一次人口增长高峰都与农业生产力水平的提高有一定的关系,标志着封建经济进入新的发展阶段。(1)劳动密集型集约化农业的发展促进人口增长。黄河中下游地区大约从春秋战国时期起,农业生产开始由粗放型转向集约型。《管子·治国》载:"常山之东,河汝之间,……中年亩二石,一夫为粟二百石。"说明秦汉时期,农业的集约经营已较发达,粮食单位面积产量已具规模,其人口增长达到第一个台阶。三国魏晋时期,北方的农业经营又变粗放,粮食产量亦复降低。魏晋至唐宋,南方经济得到开发,中国经济重心逐渐南移。宋代,粮食产量有了显著的增加,保障人口数跨上了一个新的台阶。明清时期粮食亩产又有所增长,平均亩产也有大幅提升。②(2)扩张耕地面积促进人口增长。宋朝以后,中国人口上了一个新台阶,这主要依靠耕地面积的扩大。各种垦荒活动不断从黄河流域向长江流域发展,各种湖泊、沼泽不断被开垦出来。罗伯特·布伦纳(Robert Brenner)在论述欧洲资本主义的农业基础时指出,在封建农业经济中,生产上的主要投资不是用在以更多、更好的生产手段武装劳动者上,而是用在新的农业地盘上。殖民化、开辟新的耕地才是封建生产发展和改进的原型。土地垦殖造成了对劳动力的大量需求,而大片森林、沼泽、荒草有待开垦的状况又为人口增殖展示了广阔的前景。(3)通过改进粮食作物的品种提高单位产量促进人口增长。高产水稻的推广、马铃薯的引进成为养活上亿人口的物质基础。

第三,结构化机制促进人口阶梯式增长。一方面,农业社会生产力提高的机制是追加劳动力的边际效益,即劳动密集型的集约农业造成了对劳动力的大量

---

① 肖晓珍:《中国古代农业社会人口变化规律》,《延安大学学报(社会科学版)》2005年第6期,第83—86页。
② 余也非:《中国历代粮食平均亩产量考略》,《重庆师范学院学报(哲学社会科学版)》1980年第3期,第8—20页。

需求;另一方面,人口增长进一步推动了集约化农业在内涵和外延上的发展,由此带动了人口的阶梯式增长。这种结构性关系虽然在太平盛世会在一定地域形成人口压力,出现人土矛盾的人口相对过剩和劳动力边际效益递减的现象,但随着耕地面积的扩大、农业集约化程度的提高、粮食产量的提高,劳动力的边际效益在相当长的历史时期内没有明显下降,而是有所上升。这反映了中国古代劳动密集型集约农业发展的潜力是长期存在的,这使人口增长的内在机制在微观上及短期内难以改变。因为就家庭来说,存在着对劳动力增长的无限需求,这助长了早婚多育的生育行为,并在观念形态上推动了人口的不断增长。

(二) 人地矛盾和王朝交替

在长期的封建社会中,人口与资源的关系主要表现为人口与土地资源的关系,地少人多是中国封建社会的一种常态。据研究,在北宋以前人均占有耕地面积大体上能维持在 10 市亩左右。北宋后,人均占有耕地面积下降到 10 市亩以下。到 19 世纪下半叶,人均耕地面积不足 3 市亩。[①] 在封建社会的生产力水平下,人口增长与土地之间的内在紧张和矛盾是无法避免的,当人口超过农业生产能力的极限时,劳动力不仅无法带来财富,还会因生产资料和生活资料的短缺成为相对过剩人口。人地紧张引发的阶级矛盾必然会引发激烈的冲突,历史上每一次农民起义都是以人地矛盾为内涵的阶级冲突的表面化和激烈化。这种冲突的结果一方面是改朝换代式的政权更迭,另一方面是由战争导致的人口锐减相对缓解了人地关系。历史学家范文澜把人口的波段变化视为朝代的波段、政治的波段,用人口的增减说明古代朝代的盛衰。

因此,中国人口变迁的另一个重要特点是人口的兴衰与朝代的兴亡具有同步性和周期性的大起大落。封建王朝的初期,人民生活安定、有保障,人口开始缓慢增长;王朝中期人口增长加快,人口总量达到高峰;王朝后期人口增长停滞;新旧王朝交替之际人口则急剧下降。这种人口时而猛增时而锐减的状况成为中国人口缓慢增长中的鲜明特点。举例看,西汉平帝元始二年(2),中国人口已达 5959 万,此后是长达十年的绿林、赤眉大起义,到 57 年,人口已减少到 2100 万。

---

① 赵冈、陈钟毅:《中国土地制度史》,新星出版社 2006 年版,第 116 页。

又经东汉的一段太平,157年,人口再次增加到5600多万。再如,隋末农民大起义,人口由609年的4601万降到唐朝初年的2000多万。"安史之乱"使盛唐的人口由755年的5292万锐减到760年的1699万,减少了2/3。北宋中期的"靖康之乱"亦是如此。

这种周期性人口波动与封建农业社会周期性经济危机相一致。农业社会的人口发展规律表明,战争、自然灾害等对人口的杀伤力极大,但人口锐减后又会在适当的条件下发生报复性反弹。当社会经济条件转好、农业生产迫切需要新生劳动力时,人口会在极短的时间内聚集和增长。

(三)人口压力和封建土地制度间的互动关系

人地矛盾在引发王朝更替的过程中也促进着封建土地制度的不断完善,而相对完善的封建土地制度又再一次刺激了人口的增长。回顾中国土地制度的演变,人口压力是促进土地制度不断完善的内在机制。

夏朝建立(公元前21世纪)以前,人们处于一种没有固定居所的生活状态,土地是没有主人的。殷商时期,人们曾长期滞留在原始的游农阶段,土地是公有的。人们在最早开发的经济区——黄河中下游的冲积平原上以游移不定的方式耕种土地。殷周之际,人口不断增殖,导致游农或游耕的先决条件——地广人稀的状况发生了变化,人地矛盾使土地公有难以维系。由此,周人完成了一项伟大的历史变革:变公有土地制为一种公有与私有兼顾的土地制度——井田制。所谓井田制是实行"计口授田",它把耕作者固定在土地上,由此产生了长达数千年之久的封建的人身依附关系。井田制涉及四方面:一是夏殷周三代的土地不是无主的了;二是土地的主人是统治阶级全体;三是统治阶级为了榨取农民的劳力,将田授于民,夏时一夫五十亩、殷时一夫七十亩、周时一夫百亩;四是农民耕种的收益无条件地分一部分给统治阶级,叫作养君子,这一部分大约有十分之一(什一)。[①] 这一制度既可使耕者有其田,同时又可把农民固定在土地上,内在地鼓励了人口的生育。一方面,男性劳动力的多少决定了人们占有土地的规模;另一方面,井田制比游农和游耕方式更有利于人们的生育行为。

---

① 周谷城:《中国社会史论》,齐鲁书社1988年版,第43页。

秦孝公执政至新莽时期出现了所谓"富者田连阡陌，贫者无立锥之地"的土地高度兼并的状况，废井田、开阡陌。伴随着开阡陌，又出现了土地兼并。王莽时期更名为天下田曰王田，再次进行授田或均田制。其均田制的做法有两点。一是田归公有，授人民耕种，私人不得买卖。二是授田之数：田丁八口以下之家占地超过一井（900亩）者，分余田与宗族邻里乡党；原无田者，按制度授田，即一夫一妇授田百亩。这种土地制度虽未成功，但收到了相当的效果，所以魏齐之时，虽有兵灾但人民不饥，虽有暴政而人民不贫。

从宋朝开始，再次出现了土地集中的状况。一方面，官吏广置土田，私买民田；另一方面，乡间的土豪侵占民间田产，导致政府税收减少，乡间贫户增多。元代，对汉民的剥削加重。明朝的土地剥削制度更为严重，如万历四十六年（1618）加天下田赋。后又加军饷，导致人地矛盾达到极点，各地农民不堪重负，起义不断，人口波动很大。清朝，开始鼓励开垦，进行了大量的赋税制度和土地制度的变革，康熙五十一年（1712）规定"永不加赋"。雍正即位后，又实施"摊丁入亩"的政策，推行单一的土地税制，鼓励了人口大幅度的增长。

上述种种土地制度其本质都是封建制的，没有改变使每个家庭拥有土地耕种的运作机制，以家庭为单位的土地制度保障了人们最基本的生存（人口生产），同时又鼓励了人口的再生产。总之，封建的土地制度虽然历经战争和改朝换代，但以家庭为单位的小农经济并没有改变，由此使鼓励人口增长的机制不断完善，它不仅促进人口增长，还抑制了新的动力机制（如资本主义）的产生。

与人地矛盾相关的制度是中国历史上以户为单位管理人民的"编户"制度。在春秋战国时期，各诸侯国兼并不断，诸侯为求富强，开始设置户籍制度，以有效掌控人口，因此男女老少都要登录在册，称为"编户"。到西汉时，政府实施"编户齐民"制度，这一制度包括：（1）定义人口——被政府正式编入户籍的地主、自耕农、佣工、雇农等。（2）编户齐民既是行政管理制度，又是赋税制度。通过人口的管理建立的赋税制度使中央能直接或间接干涉地方各封国，由此县制社会逐渐普及，中国的社会结构正式从分封制转为郡县制。"丁口"为男女人口，男为"丁"，女为"口"；从赋役的角度看，当时认为"丁"的登记更为重要，成丁男子是真正的承担劳役的人。①

(四)地区间不平衡的人口增长

中国幅员辽阔,各地区生产力发展水平有着较大的差异,全国各地人口增长的状况各不相同。人口数量伴随着地域开发呈阶段性增长。战国至秦汉时期,人口增长主要集中于黄河中下游地区。唐宋时期,人口增长主要集中于长江下游、江淮地区。明清时期,边疆地区得到了开发,各边疆地区人口增长成为中国人口增长主要的份额。(见表12-2、表12-3)

表12-2 西汉平帝元始二年(2)黄河中下游五省人口和人口密度

省区	人口总数	面积/平方千米	人口密度/人/平方千米	占全国人口百分比
河南	13 041 581	167 000	78.10	22.48
河北	7 045 707	220 000	32.03	12.10
山东	12 033 889	154 000	78.10	20.75
山西	2 861 122	157 100	18.20	4.93
陕西	3 273 016	195 800	16.70	5.64
上述五省总计	38 255 315	893 900	42.80	66.00
全国	58 005 734	9 600 000	6.04	100.00

资料来源:赵文林、谢淑君:《中国人口史》,人民出版社1988年版,第50页。

表12-3 明孝宗弘治四年(1491)长江中下游四省人口和人口密度

省区	人口总数	面积/平方千米	人口密度/人/平方千米	占全国人口百分比
江苏	9 802 405	108 000	90.76	10.66
安徽	3 973 370	139 900	28.40	4.32
浙江	13 633 837	101 800	133.93	14.82
江西	11 865 229	164 800	72.00	12.90

---

① 参见宋昌斌:《编户齐民——户籍与赋役》,长春出版社2004年版。

（续表）

省区	人口总数	面积/平方千米	人口密度/人/平方千米	占全国人口百分比
上述四省总计	39 274 841	514 500	76.34	42.70
全国	91 979 878	9 600 000	9.58	100.00

资料来源：赵文林、谢淑君：《中国人口史》，人民出版社1988年版，第375页。

到清代，长江中下游和黄河中下游地区的人口密度更高。1685年，表12-2、表12-3中所述省区平均人口密度为50.53人/平方千米。1790年，上述九省人口密度高达139.4人/平方千米，这一人口密度甚至高于当今一些国家的人口密度。[1]

（五）多民族人口和文化的融合

中国的历史是几十个民族不断融合的历史。元朝、清朝都是少数民族建立起的王朝。

多民族融合的过程中，中华大地一直享有共同的文化。以至于英国哲学家伯特兰·罗素（Bertrand Russell）曾认为，"中国实为一文化体而非国家"。共同的文化和象征使汉族与少数民族的融合过程相对迅速和容易，几十个民族在文化上具有相当高的同质性，这种同质性赋予国家强大的内聚力。美国政治学家卢西恩·派伊（Lucian W. Pye）认为，中国历史上从没有认同危机，只有权威危机。[2] 里格利认为，中国多民族融合状况得益于中国的教育与官员选拔制度，它是同化少数民族的一整套技术。一方面，一些少数民族人口接受正统文化教育，并使其中的优秀者成为民族地区的地方官员；另一方面，汉族将发达的农业技术推广到落后的少数民族，不仅提高了那里的劳动生产力，也使他们得到看得见、摸得到的实际利益。[3]

---

[1] 赵文林、谢淑君：《中国人口史》，人民出版社1988年版，第474页。

[2] 转引自孙立平：《传统与变迁——国外现代化及中国现代化问题研究》，黑龙江人民出版社1992年版，第112页。

[3] 参见 E. A. Wrigley, *Population and History*, McGraw-Hill Book Company, 1969。

多民族融合的共同文化特征之一是享有基本的生存文化,以农业为固定不变的生产方式,土地是提供人口衣食之用的唯一来源。相信"有人此有土,有土此有财,有财此有用"(《礼记·大学》)。农业劳动就是生存劳动,与土地的密切关系使中国的重农思想不断强化,"重本抑末"使历代王朝走不出农业经济的羁绊。以血缘家庭为基础组织经济生产的方式形成了多福多寿多男子的崇拜生育的文化。

(六)理解中国人口变迁的理论视角

1. 东西方人口发展比较研究

李中清和王丰通过与马尔萨斯对话指出,集体主义的"东方"与个人主义的"西方"之间的二元对立的意识形态可能夸大了集体主义的作用。虽然中国被视为集体主义具有压倒性优势地位的国家,但个人总是能够发挥一定程度的主观能动性。中国的人口体系在以下几方面表现出明确特征:(1)死亡率与溺女婴行为。在古代中国,对人口死亡率的显著影响不是来自饥荒和瘟疫,而是个人的实际干预。中国历代王朝建立了许多补偿歉收的制度,包括遍布全国的仓储系统。作为这种制度的结果,死亡率在整个18世纪直至20世纪早期保持得相当稳定。18世纪溺女婴的行为即使不是所有地区都有,也存在于很多地区。在全国初生女婴中平均被溺死的比例可能达到10%,甚至男婴也会遭此厄运。溺女婴成为调节子女数量和性别的方法。(2)过多的女婴死亡,伴随着习俗上男性和女性之间婚龄的相当差异,产生了中国人口体系的第二个特征——性别失衡的婚姻市场。女性普遍结婚且早婚,而男性结婚较晚;可婚女性的短缺使相当部分的男性不能结婚。与中国男性婚姻受到制约相反,女性总是普遍结婚。这表现得与西欧完全相反。(3)中国的低婚内生育率几乎抵消了中国妇女的早婚和普遍结婚的影响力。西方已婚妇女在未采取避孕措施情况下的总和生育率平均为7.5—9,而中国已婚妇女的总和生育率则为6或更低。(4)低生育率和低存活率在某种程序上催生了收养子女制度。人的能动作用主要在集体的而非个体的水平上发挥。为了使集体这个整体效用最大化,中国人不断按集体情况的要求调整人口行为。① 总之,对中国人口发展的解释要以理解中国文化中的集体主义为前提,这种集体主义以家与家文化为主。

2. 家庭史中的人口与社会变迁

用婚姻家庭变迁来解读中国人口变迁是一条理解中国社会变迁的重要线索。有学者通过童养媳婚姻、中国的家庭结构、溺婴等现象来分析中国人口的生死与迁移。②

李中清和康文林通过对辽宁地区家谱、碑记中十八九世纪的人口记录和20世纪对从记录中挑选出来的农村家庭后代的回溯性调查开创了对中国家族人口变迁的研究,构建出一个延续200多年的该地区大规模个人水平的追踪数据库。其中每条记录都包含个人受教育程度和官职等衡量标准,建立了衡量父亲及其家族和家族分支总体特征的解释框架。这一研究表明:在取得公职方面,代际关联有长期的稳定性。父亲在政治上的成功使儿子获得公职的机会增加8倍。1949年前后,接受高等教育方面的代际相关性也有相似的延续性。尽管新中国成立以来,辽宁当地的政治、社会和经济状况发生过多次具有深远意义的变化,但很多人口行为,如社会分层、社会流动等,其惯例和范式却可能变动不大。③用个人生活史和家庭史的方法展示社会变迁,抑或透过社会变迁理解中国的人口与家庭变迁是很好的方法。

三、新中国成立之后的人口

(一) 人口发展变化

1949年底全国总人口为5.42亿,到1957年,总人口达到6.47亿。1949—1957年的八年间,人口净增1.05亿。1959—1961年,受自然条件影响,经济发展出现波折,人民生活水平受到影响,1960年、1961年连续两年人口出现负增长。三年困难时期过后,经济发展状况逐渐好转,强烈的补偿性生育使人口出生

---

① 〔美〕李中清、王丰:《人类的四分之一:马尔萨斯的神话与中国的现实(1700—2000)》,陈卫、姚远译,生活·读书·新知三联书店2000年版。
② 参见李中清、郭松义、定宜庄编:《婚姻家庭与人口行为》,北京大学出版社2000年版。
③ 李中清、康文林:《中国农村传统社会的延续——辽宁(1749—2005)的阶层化对革命的挑战》,《清华大学学报(哲学社会科学版)》2008年第4期,第26—34页。

第十二章　人口和社会变迁

率迅速回升,人口增长进入了 1949 年以来前所未有的高峰期,并一直持续到 20 世纪 70 年代初。1970 年,全国总人口为 8.3 亿。70 年代初,随着计划生育政策的推行,人口增速开始放缓,但是由于人口基数较大,1980 年,总人口为 9.9 亿。80 年代,我国实施了严格的生育政策,但由于新中国成立后"生育高峰"时出生的人口陆续进入婚育年龄,人口总量仍在增速上涨,1990 年全国总人口为 11.4 亿。2000 年,总人口为 12.95 亿。2010 年,总人口为 13.71 亿。2020 年,总人口达到 14.1 亿。可以看出,新中国成立后,我国人口总量由高速增长转向平稳增长,呈现出政策引导型的人口发展模式。

（二）城乡二元户籍制度改革加快推进

1958 年之后,中国建立起城乡二元户籍制度。改革开放后,这一制度开始有条件的松动。随着 1992 年邓小平南方谈话和同年秋党的十四大确定社会主义市场经济体制的改革目标,户籍制度改革也有了明显突破和进展,一系列阻碍劳动力流动的制度得到改革和调整,尤其是小城镇户籍管理制度改革全面推开。2011 年 2 月,国务院办公厅发出《关于积极稳妥推进户籍管理制度改革的通知》,此后,户籍制度改革加快推进,城镇化进程加快,城乡逐渐实现融合发展。

（三）人民生活质量不断提升

中国政府一直坚持不懈地提倡和实施反贫困的战略,并取得了重大进展,人民生活水平不断提升。

1949 年新中国成立后,政府就致力于反贫困斗争。在计划经济体制下,城乡二元结构导致城市平均化的生存状况和农村贫困人口长期存在。据国家统计局的估计,1978 年,中国农村居民年人均可支配收入只有 134 元,农村贫困人口规模达 2.5 亿人。随着"家庭联产承包责任制"的实施,土地制度的变革激发了农村的生产力,贫困人口大幅下降。1985 年,农民年人均纯收入达到 397 元,农村贫困人口减少到 1.25 亿。

改革开放 40 多年的贫困治理,始终是党和国家的重要任务。20 世纪 80 年代中期开始,我国针对区域发展不均衡问题,确立以贫困地区为重点,实施有计划有针对性的扶贫开发政策,先后实施了"八七扶贫攻坚计划"和两个为期 10

年的"中国农村扶贫开发纲要",农村贫困程度进一步减轻,贫困人口继续大幅减少。以现行农村贫困标准衡量,2012 年末我国农村贫困人口 9899 万人,比 1985 年末减少 5.6 亿多人,下降了 85.0%;农村贫困发生率下降到 10.2%,比 1985 年末下降了 68.1 个百分点。党的十八大以来,我国实施精准扶贫精准脱贫,全面打响了脱贫攻坚战,2013—2018 年我国农村减贫人数分别为 1650 万人、1232 万人、1442 万人、1240 万人、1289 万人、1386 万人,每年减贫人数均保持在 1000 万以上。农村贫困发生率从 2012 年末的 10.2%下降到 2018 年末的 1.7%。2021 年,在迎来中国共产党成立一百周年的重要时刻,习近平总书记庄严宣告,现行标准下 9899 万农村贫困人口全部脱贫,832 个贫困县全部摘帽,12.8 万个贫困村全部出列,区域性整体贫困得到解决,完成了消除绝对贫困的艰巨任务。

中国治理贫困的方式是多方面的,发挥了社会主义的优越性。第一,中国农村贫困主要是环境资源型贫困,主要涉及自然条件极差的地区,如干旱缺水的西北地区,受到旱、涝、盐、碱严重危害的华北低平原地区等。极差的自然条件使农业自然生态难以维持人类的生存,人民衣食住行条件相当简陋,生产方式陈旧,产业结构单一。对此,政府创新了有计划、有组织的移民搬迁、异地开发。第二,强调赋能式扶贫。从缓解贫困转变为增强生计的能力,通过教育扶贫、移民开发和劳动力转移、开发农村市场、参与式扶贫等途径,提升农村贫困居民自我发展的能力,推动贫困地区经济、社会、文化和生态环境协调发展。第三,补短板。对因病致贫等现象进行有针对性的帮扶,建立完善的社会保障制度,实现医疗救助。对资金缺乏问题,实行农村金融改革,重点发展普惠金融,增加金融投入。

贫困治理的中国模式表明,执政党的政治能力可转化为一种现代化的国家治理能力。将贫困人口的个人福利上升到国家战略的高度,发挥中央权威的理性化优势,激发地方政府与社会协同治理的活力。以福利分配为导向的贫困治理是一种普遍的人民福利,是基于共同富裕和全面建成小康社会的国家目标,是旨在帮助贫困人口形成致富能力的发展意义上的分配制度。[1] 事实证明,社会

---

[1] 谢岳:《中国贫困治理的政治逻辑——兼论对西方福利国家理论的超越》,《中国社会科学》2020 年第 10 期,第 4—25 页。

主义制度具有在福利分配方面的政治优势。

（四）未来我国人口

从表12-4可以看出，未来中国人口数量将有一个减少的过程，会面临少子老龄化的严峻挑战。另一方面，这将有利于资源的合理运用和人民生活水平的大幅提升。

表12-4 中国人口变化趋势

年份	中方案				低方案			
	总和生育率	总人口/万	0—14岁人口占比/%	65岁及以上人口占比/%	总和生育率	总人口/万	0—14岁人口占比/%	65岁及以上人口占比/%
2030	1.27	141 561	13.1	18.2	0.87	139 341	11.7	18.5
2040	1.34	137 756	10.9	26.2	0.84	131 823	7.5	27.3
2050	1.39	131 264	11.4	30.1	0.89	121 568	7.7	32.5
2060	1.42	120 502	10.4	35.5	0.92	107 269	6.6	39.9
2070	1.44	108 529	9.6	36.9	0.94	91 396	5.1	43.8
2080	1.46	97 291	10.3	40.4	0.96	76 192	5.3	51.6
2090	1.47	86 332	10.3	41.7	0.97	61 710	5.3	57.1
2100	1.48	76 667	9.8	40.9	0.98	48 793	4.6	56.6

资料来源：UNDESA，*World Population Prospects 2022*，https://population.un.org/wpp/Download/Standard/MostUsed/，2023年12月10日访问。

2021年9月28日，中华人民共和国国务院新闻办公室在发表的《中国的全面小康》白皮书中提到：在迈向全面建成小康社会的过程中，人民生活水平显著提高，居民收入持续增长。全国居民人均年可支配收入从1978年的171元增加到2020年的32 189元。城乡居民恩格尔系数分别从1978年的57.5%、67.7%下降到2020年29.2%、32.7%，城乡居民生活质量不断提升。温饱问题解决后，人民对生活品质、品位有了更高的追求，衣食住行不断升级，消费结构从生存型逐渐向发展型、享受型过渡。未来人民生活更加美好，人的全面发展、全体人民共同富裕取得更为明显的实质性进展。

小 结

人口增长与社会变迁之间存在着互动关系。历史唯物主义视角认为,生产力和生产关系的发展影响人口增长。技术发明与人口变迁的理论有两类:一是发明拉力假说,强调技术发明是偶然的,但其必然带动了人口的增长;二是人口推力假说,强调人口增长是新的技术发明、推广和运用的必然条件。社会学理论中的冲突理论、制度主义理论和文化变迁理论从利益矛盾与冲突、制度安排与效率以及文化观念的作用方面解释了人口变迁的内在机制。中国的人口变迁史与中国的农业文明紧密相关,人地矛盾和王朝更替影响着人口的兴衰。由此形成了地区间不平衡的人口增长以及多民族人口和文化的融合。新中国成立后,人民生活水平不断提升,人口出现大幅增长,并呈现出政策引导型的人口发展模式。

思考题

1. 试分析中国的家庭文化在人口发展中的作用。
2. 试分析中国历史上农业人口阶梯式增长的特点。

推荐阅读

〔美〕李中清、王丰:《人类的四分之一:马尔萨斯的神话与中国的现实(1700—2000)》,陈卫、姚远译,生活·读书·新知三联书店 2000 年版。

段纪宪:《中国历代人口社会与文化发展》,中国科学技术出版社 1995 年版。

李建新:《中国人口之殇》,云南教育出版社 2013 年版。

第十三章

人口、环境和可持续发展

第一节 人口和环境的基本概念和理论

人类生存和发展的历史是人类与生态环境不断互动的历史。20世纪60年代,两部重要著作引起全球对环境和人口问题的重视。一部是蕾切尔·卡逊(Rachel Carson)的《寂静的春天》(1962),描写了因过度使用化学药品和肥料而导致环境污染、生态破坏,最终给人类带来不堪重负的灾难;另一部是保罗·埃利希的《人口爆炸》(1968),展示了人口迅速增长带来的种种问题。如果我们把地球看成一个生态系统的话,那么人口和其依赖的环境皆是生态系统的一部分,二者不仅仅是水乳交融的互动关系。本节是站在地球村的立场上来看待生态系统和人口之关系的。

一、生态系统

(一) 生态系统的概念

把地球视为一个生态系来认识人口,需要注意以下几个概念:(1)生物圈。生物圈(biosphere)是指地球上存在生物有机体的圈层,包括大气圈的下层、岩石圈的上层、整个水圈和土壤圈全部。在生物圈中,一切生物有机体都生存在彼此与养活它们的环境资源间的微妙平衡中,它们共同构成了一个相互依存的有机体。(2)食物链。各种能源和无机物是生物体存在所不可缺少的东西。能源直接或间接地来自太阳,无机物则来自土壤和空气。绿色植物把太阳能和无机养分变成有机的、有生命的东西。在一种极为复杂的食物链(food chains)中,植物被动物吃掉,而许多动物又被其他动物吃掉。最后,昆虫、细菌、真菌和其他分解体又将死去的动植物分解,使养分回到生态系统中,构成一个生态循环。

(3)承载力。每个生态系统都有一个能保持各种群数量大小的极限,这个极限称为承载力(carrying capacity)。任何一个种群的数量过大都会使生态环境因为过载而无法满足每个有机体的基本需求,由此导致种群规模面临压力或使种群出现萎缩。承载力的本质是资源过分掠夺的问题,克拉克指出,当细菌被植入一个富含营养碟后,接踵而来的是数量极大的增长,但在培养碟(petri dish)这一有限的空间里,这样的增长难以持续下去,或早或晚,当细菌全体耗尽可得资源并淹没在自己的废弃物中后,停滞和崩溃将替代原有的增长。①

人类社会作为一个系统,是在相对稳定的互动模式中由相互依赖的行动者(个人、组织等)构成的网络,它是生态系统的一部分,这就是"组成部分的概念"。第一,人口是生物圈的一部分,要依靠空气和水而生存。第二,人类是食物链的一部分,要依赖能源和无机物而生存,一旦食物链遭到破坏,人类的生存和发展将会面临危机。第三,人口数量的增长受到承载力的影响。一个地区的生态环境承载能力是指该地区生态系统的自我维持和自我调节能力,资源与环境子系统的供容能力及其可维育的社会经济活动强度以及具有一定生活水平的人口数量。人口规模过大,生态系统的承载力就会被过度使用,人类生存就会受到威胁。近几十年来,人们越来越关注地球是否能够经受得住较之从前增长了几倍的人口和其消费,以及在生态系统的循环过程中某种物种的毁灭对人类的意义。

(二) 自然、自然环境和自然资源

"自然"一词在中文中有着"理所当然"的意思,似乎是外部世界取之不尽的物质世界。吉登斯认为,在20世纪50年代,"自然"一词的使用逐渐让位于"环境"这个术语。环境被定义为人的外界条件或周遭事物,特别是指人们生活或

---

① William C. Clark, "Managing Planet Earth," *Scientific American*, Vol. 261, No. 3, 1989, pp. 46-57.

第十三章 人口、环境和可持续发展

工作周围的情况和条件。它是人类生存于其中的所有那些非人工的、自然的周遭,有时被称为"自然环境",其最广泛的意思其实就是整个地球。①

随着人类的发展,自然或环境被视为资源。资源是复杂的概念,是指自然界和人类社会一切有价值的物质,包括自然资源、资本资源、人力资源和社会资源等等,它强调对人类的价值和可能带来的财富。英国古典经济学家威廉·配第(William Petty)认为"劳动是财富之父,土地是财富之母",他将土地和劳动共同视为资源,并结合起来称为财富。资源内含人的劳动与自然界的结合,如马克思所认为的,自然界为劳动提供对象与材料,劳动把这些自然界的材料变成财富,劳动与自然界的结合是人类财富的源泉。②

自然资源指人类可直接从自然界获得,并用于生产和生活的物质资源。如土地、矿藏、气候、水利、生物、森林、海洋、太阳能等。联合国环境规划署将自然资源定义为:在一定的时间和技术条件下,能够产生经济价值,提高人类当前和未来福利水平的自然环境因素的总称。

自然资源具有如下的特点:(1)价值属性。资源的有用性是人类发展的条件和基础。(2)有限性(可耗竭性)。地球上的任何资源都不是无限的,包括空气、水资源等。(3)可替代性。如从烧木炭到烧煤再到使用石油。(4)可转换性。丰富的自然资源可以转换为丰厚的资本资源,而丰厚的资本资源可提高教育投入并由此导致人力资源的增长。资源转换依赖于人类的发展程度。(5)资源的内涵具有可变性。资源的概念会随着时代的变化而发展,只有把资源与已掌握的技术相结合,资源才具有经济意义。技术越进步,资源的内容也越广泛。自然资源在人类社会发展的早期对人类的发展有着重要的意义,但是随着人类物质文明程度的提高,人力资源、管理资源和信息资源、技术资源和管理资源等的作用逐渐增强。

二、生态系统与人类发展

生态系统(ecosystem,ECO)是指一定空间中的生物群落与其环境组成的系

---

① 〔英〕安东尼·吉登斯、菲利普·萨顿:《社会学(第八版)》上册,李康译,北京大学出版社2021年版,第186页。
② 参见〔德〕马克思:《哥达纲领批判》,人民出版社1992年版,第5页。

统。其中各成员借助能量流动和物质循环形成一个彼此关联、相互作用的统一整体,并在一定时期内处于相对稳定的动态平衡状态。生态系统的范围可大可小,太阳系、地球、某个城市和某一社区都称为一个生态系统。

人类是生态系统中的后来者。据科学家考证,地球已经存在了46亿年,20亿年前,地球上就诞生了生命。自然环境的变化使空气中出现了大量氧气和二氧化碳,海水退却,大块陆地浮出水面,脊椎动物得以生存和发展,进化出最早的人类。生态系统为人类的生存和发展提供了物质基础。

人类是生态系统中的索取者。人类发展史是人类不断从生态系统中获取资源而渐进发展的历史,也是人类不断增加对自然索取力度的历史。在人类发展的早期,人口数量很少,人们依靠大自然的赐予维持生活,人是生态系统中被动的一部分。但随着人口数量的增多、人类智力的发展和技术经验的积累,人类改变环境的能力不断提高。大约七八千年前,作物栽培技术的发现使人类进入新石器革命时代。这一发展使人类第一次在食物来源方面得到了保证,也第一次在一个地方永久地定居下来。这不仅促进了劳动专业化和劳动分工,也意味着人与自然环境关系的变化,自然界开始加入人为的因素,由此引发了大面积的自然地貌沧海桑田般的变化。冶炼技术的出现把人们的注意力引向地壳里的金属,工具的改进加强了人类对自然资源的利用。纺织技术引导人们去寻找适于纺织的纤维。随着文化发展、人口增长和人民生活逐渐富裕,人们的生活必需品和奢侈品的种类扩大了。工业革命后,人类开始视自己是自然的主人,开发自然的力度不断加大,每一种新资源的发现和开发都意味着人类对生态系统索取力度的增加,人类甚至成为生态系统的破坏者。

生物学家保罗·埃利希和能源科学家约翰·霍尔德伦从三个方面分析人口及其相关因素对人类生态系统的影响。他们提出了一个方程式:

$$I = P \times A \times T$$

其中,I 为环境和生态系统,P 为人口数量,A 为富裕水平和消费水平,T 为生产商品的技术。这个简单的方程体现了对环境产生影响的几个不同但相关的维度,生态系统是人口数量、用来生产商品的技术和消费商品的函数。也就是说,生态系统是与人口数量、人口的消费方式以及生产商品的技术能力相关的。

人口、消费和技术三者任何一方的增长都会破坏生态系统,即使人口处于零增长状态,但消费水平的提高和技术开发力度的加强也会对生态系统带来消极影响。① 2022 年 11 月中旬,世界人口已达 80 亿。如此多的人口必然要消费和享受,汽车、空调等现代人类的技术进步和现代生活方式都不断加剧着对生态系统的破坏。人类对于生态系统的影响可能超出人类的想象。

当人类意识到生态系统出现问题时,人类又是生态系统的建设者。相关的社会建构论认为,当人类意识到环境议题意义重大必须采取行动时,政府会采取相应政策加以应对。因此,人们具有怎样的环境知识、如何评价环境问题就变得极为重要。生态系统对于人口的增长、消费的增加以及各类技术的开发并不是简单的承受,而是会做出反应,生态系统对于人类的种种作为具有"知恩图报"和"有仇必报"的特性。当生态系统遭到破坏时,它将威胁人口的生存和发展;当生态系统得到恢复时,人口的生存状况也会随之改善。未来生态系统和人口的关系主要依赖于人类如何对待生态系统,是做一个破坏者还是做一个建设者。

三、现代人口与环境问题

现代人口与环境问题集中表现为自然资源的日益紧缺和人口的持续增长之间的矛盾,人类的生存和发展已面临严峻的挑战。

(一) 土地和粮食是人类生存的根本

人类生活必需的食物,约有 88%靠耕地提供,其余 10%靠草原和牧场,只有 2%来自海洋,就是说人类食物的 98%来源于土地。世界土地总面积为 130.7 亿公顷(不含主要河流和湖泊的水体面积),其中农业用地仅占世界土地总面积的 35.9%。农业用地中耕地不足 15 亿公顷,约占世界土地总面积的 10%。

在人类历史上,人口增长与粮食供给之间存在着尖锐的矛盾。即使在生产力高度发达的今天,发展中国家的人民仍然经受着严重的饥饿威胁。人类农业生产历史可划分为三个阶段。第一阶段是 20 世纪中叶以前,是以扩展种植面积为主增加粮食产量的时代,食物生产的增长大部分来自开垦区域的扩展。第二

---

① Paul R. Ehrlich and John P. Holdren, "Impact of Population Growth," *Science*, Vol. 171, No. 3977, 1971, pp. 1212–1217.

阶段是从20世纪中叶到20世纪80年代初,这一时期粮食作物产量的增长来自适度扩展种植面积、部分来自生产方式的改进。第三阶段是从20世纪80年代初到现在,粮食所有增加的产量均来自提高土地生产率,因为这一时期可用于农业的未开发的区域几乎消失。①

20世纪90年代,人们越来越认识到人类对土地的索取导致了土质的净退化;全球变暖的过程可能会加剧沙漠化,导致作物减产。布朗和凯恩明确把食物安全视为人类面临的最严峻的挑战:"预测在1990年至2030年之间,世界人口将增加36亿,人均粮田将继续下降。从1950年到1990年,它从人均0.23公顷降到0.13公顷。若粮田总面积不变,到2030年,它将降至人均0.08公顷。1950—1990年间,人均粮田的萎缩未曾成为一种威胁,因为农民能够用肥料补偿土地减少。然而近年来,施用肥料的效果陡然下降,即使在许多发展中国家也是如此,许多人正在迅速放弃这一选择。简而言之,政府面临的挑战是找出提高土地生产率的新办法,以补偿人均粮田的继续萎缩。"②

1983年,世界首例转基因作物在美国问世。随之出现对转基因作物产品支持和反对的两种声音。转基因作物是通过操作基本作物的基因组织,有可能提高植物的光合作用率,从而提升作物的产量;或培育出维生素含量高于正常水平的作物;或更可能抵抗病虫害。转基因作物看似是重要的科学技术的进步,但在应用中充满了争议。

(二) 水是人类生命的源泉

人们常常把水视为免费的、可自由使用的、可不断更新的资源。现实却与之相反,人类自身以及工业、农业对水资源的消费正使水资源不断减少。从1950年开始,人类的用水量增加了几倍,地下水水位下降,湖面收缩,湿地消失……与许多其他资源不同,人类对于水有一个相对固定的最低需求——每人每天至少需要100升水用来饮用、做饭和洗漱。联合国教科文组织和联合国水机制共同发布的《2023年联合国世界水发展报告》预测,到2050年全球面临缺水问题的

---

① 〔美〕莱斯特·R.布朗、哈尔·凯恩:《人满为患》,陈百明等译,科学技术文献出版社1998年版,第53页。

② 同上书,第57页。

城市人口可能翻倍。报告指出,过去 40 年里,全球用水量以每年约 1% 的速度增长。在人口增长、社会经济发展和消费模式变化等因素的共同推动下,预计到 2050 年,全球用水量仍将以目前的速度继续增长。全球面临缺水问题的城市人口预计将从 2016 年的 9.3 亿增长到 2050 年的 17 亿—24 亿。人类面临着人口增长和工业增长所带来的水需求翻倍的问题。城市基础设施要面对扩张的人口对水和卫生方面的巨大需求。耗资巨大的水利工程在保证水资源安全的同时,也可能在破坏环境,使人类未来处于风险之中。

（三）植物和动物资源是人类生存的命脉

植物资源包括森林资源、草地资源、野生植物资源和海洋植物资源,其中最主要的是森林资源。2021 年,世界自然基金会发布《全球森林生命力展望——保护现状与对策》,报告显示在 2004—2017 年间,全球多地共有 4300 万公顷的森林消失。另据联合国粮农组织的数据统计,2015—2020 年,全球每年损失大约 1000 万公顷的森林。其中,亚马孙雨林在过去 50 年中失去了 17% 的面积。专家指出,森林是约 80% 已知陆地生物物种的家园,吸收了全球约 1/3 的温室气体,是全球应对气候变化的关键一环。森林丧失和退化潜在地加剧了人类面临的健康风险。

生物资源面临的危机表现为生物的多样性正在减少。生物多样性的减少有三个主要的原因:一是农业生产不断地筛选品种导致基因种类的减少;二是人类对野生动植物栖息地的破坏;三是全球变暖。生物多样性的减少对人类有着深刻的影响,它使人类缺少可利用的潜在的资源;物种的减少可能会对食物链的完整、物质循环和生态系统的平衡产生影响,这些影响可能带来的后果人类还很难认识清楚。

（四）矿物资源蕴藏人类发展的潜能

工业革命开创了系统地开采地球矿藏并加工使用的历史,但与此同时,也导致工业废料充斥于世。如果继续按现有方式开发下去,很多能源将很快消耗殆尽。

总之,全球化带来的环境问题既具有地方性特征又具有全球意义。从污染与废料来看,空气污染、水污染、固体垃圾等的排放本身是地方性的,但对地球上的每个人来说,都具有影响力。因此,发达国家和发展中国家就环境问题制定了多个版本的协议,但环境保护与经济发展之间一直存在分歧。

四、人口与生态系统相关理论

(一)环境意识理论

1. 环境意识

环境意识是指人类对于生态系统以及生态系统与人口关系的解释和认识。人们常说的"大地是母亲"和"人定胜天"等拟人化的说法表达了人类对环境的认识,这些认识是人类世界观和信仰的一部分。不同的环境意识使人类形成对待环境的不同行为方式。

第一,人类社会的早期普遍存在着"天人合一"的环境意识。《老子》有:"人法地,地法天,天法道,道法自然。"主张人的社会秩序适应物的自然秩序。

第二,"人类中心说"。强调自然界与各种自然资源是外在于人类社会的,人类是自然界的主宰。在实践层面上,这种以人为中心的环境意识导致了自16—17世纪以来,欧洲人利用科学和技术对非洲、美洲、亚洲的殖民地进行掠夺性开发,种下了"非持续性发展"的后患。

第三,新生态范式。1961年,奥蒂斯·邓肯提出人口、组织、环境和技术模式,也称为 POET 模式,即 population(人口)、organization(组织)、environment(环境)、technology(技术)。他认为,人口、组织、环境和技术之间是互动的关系,也可称为"生态复合体"(ecological complex)。在这个"生态复合体"内,环境是空间变量,指的是生物物理环境,它影响人类行为,同时又被人类行为所影响。在此基础上,一些学者提出了"新生态范式"的概念。

新生态范式强调自然环境影响社会发展,强调人类作为高级物种同样不能摆脱统治低等物种的生态法则的影响。该范式批判了以"人类为中心"的环境观,称其为"人类豁免范式"(human exemptionalism paradigm, HEP)。新生态范式认为:第一,人类是生态系统中彼此相互依赖的许多物种中的一种。第二,人类事务不仅受社会、文化和技术因素的影响,同时也受自然界中不同物质彼此内在联系的影响,因此有目的的人类行为会产生非预期的结果。第三,人类生活依

第十三章　人口、环境和可持续发展

赖自然环境,同时自然环境对人类生活具有潜在的限制。第四,尽管人类发明及其从中获得的能力可能一时会扩大地球承载力的限度,但人类不可能摆脱生态法则的制约。威廉·卡顿与赖利·邓拉普修正了邓肯的 POET 模式,邓肯模式中的"组织"变量被"社会系统""人格系统"与"文化系统"这三个变量所取代,加上人口与技术这两个变量,它们都是受到环境变化影响的因变量,更是影响环境变化的自变量,这种解释突出了环境的作用。[1]

第四,后现代精神。后现代精神强调人与人之间、人与自然之间的相互联系和依存,后现代思想被视为彻底的生态主义,它为生态运动提供了哲学思想,它认为具有后现代精神的人是一个具有生态意识的人。"在这种意识中,一切事物的价值都将得到尊重,一切事物的相互关系都将受到重视。我们必须轻轻地走过这个世界、仅仅使用我们必须使用的东西、为我们的邻居和后代保持生态的平衡,这些意识将成为'常识'。""这种新的伦理观将成为后现代人的宗教基础,具备这样一种态度的世界公民将会有更好的机会享受平静的生活并与他人和平共处。"[2]

2. 环境意识改变的机制研究

是什么力量促使人们改变其环境意识呢?

传统社会,人们是亲近和依靠自然环境的。但工业化使更多的人不再从土地耕作中直接获得生活来源,商品化的发展使人远离了农业生产本身;城市化的发展改变了人类的居住环境,生活与自然事物相分离,自然甚至被看成是发展的阻碍。因此,工业化、城市化以及消费主义是导致人类无视环境的重要根源。

20 世纪 60 年代后期或 70 年代初,自然环境的恶化引发了对环境问题的关注,特别是大众传媒的宣传,将如空气污染、酸雨、全球变暖、臭氧层变薄、有毒污染等影响人类生存的环境问题呈现在公众面前。

社会心理学的研究发现,人们的环境意识和实际行为之间没有很强的相关性,人们的环境意识很难与其行为发生关联。规范—激活理论(norm-activation

---

[1] William R. Catton Jr. and Riley E. Dunlap, "A New Ecological Paradigm for Post-Exuberant Sociology," *American Behavioral Scientist*, Vol. 24, No. 1, 1980, pp. 15-47.

[2] 〔美〕大卫·雷·格里芬编:《后现代精神》,王成兵译,中央编译出版社 1998 年版,第 227 页。

theory)认为,人们的环境保护意识与行为之间是一个激活道德的社会心理过程,当人们意识到自身行为的消极后果,并担负起这些行为后果的个人责任时,道德规范便得以激活。另一种与环境意识相关的范式是"吉登斯悖论",吉登斯指出:如果人们在日常生活中并未体验到未经证实的全球变暖的危险造成的任何明确可感的影响,他们是不会改变自己具有环境破坏性的行为的,如对小汽车的依赖。但是,一旦他们体会到了全球变暖的后果影响到其生活时,想要采取行动已为时过晚。所以,要通过经济整合和政治整合使各国政府对应对环境问题作出承诺。①

环境与经济发展的关系要求人们反思消费模式。无疑,人类发展带来了消费水平的大幅提高,但大规模消费也带来负面影响。现代消费主义作为一种意识形态,也是一个巨大的陷阱,工业化、资本主义和消费主义相结合,不断激发人类对物质的需求欲望,产品和服务的全球化市场营销方式,促使人们想要的更多,而不会为其提供真正的心满意足。而消费呈现的阶层差异更加剧了消费的欲望。"极简生活"概念的提出,正是应对消费主义的一种新型生活方式。

3. 风险环境理论

人类面临的生态系统绝非原始意义上的生态系统,各种人为的制度化因素加入生态系统,构成了人类生存的新环境,这种环境可以称为风险环境。

所谓风险是指因技术或其他过程而产生物理危害的可能性。这些风险环境包括以下几个方面。

第一,人为造成的化学污染和各种有毒物质导致的环境污染充斥现代社会。(1)有毒物质的污染。(2)农业中的化学污染。广泛使用的杀虫剂和除草剂引起许多健康风险。(3)工业污染。工业污染是指工业生产排放到环境中的化学物质,包括重金属和有机化合物。工业污染更主要的危险在于新技术和化学合成产品出现的速度超出了我们的想象,我们很难迅速地估计人类可能面临的风险。(4)城市污染。作为人类的居住地,相比于乡村,城市存在着各种难以想象的风险,包括城市垃圾、污水、汽车尾气排放以及家庭燃料的燃烧等。在一些发

---

① 参见〔英〕安东尼·吉登斯:《气候变化的政治》,曹荣湘译,社会科学文献出版社2009年版。

第十三章　人口、环境和可持续发展

展中国家,大量污水未经卫生处理,带来各种水传播疾病。

第二,气候变化的风险。2024年3月,世界气象组织(WMO)发布了《2023年全球气候状况》报告。报告指出,温室气体水平、地表温度、海洋热量和酸化、海平面上升、南极海洋冰盖和冰川退缩等方面的纪录再次被打破,有些甚至是大幅度刷新。根据报告,热浪、洪水、干旱、野火和迅速增强的热带气旋造成的痛苦和混乱,使数百万人的日常生活陷入困境,并造成了数十亿美元的经济损失。气候变迁的原因是复杂的,但环境污染肯定是全球气候变暖的原因之一,因为大量二氧化碳的排出使地球有持续变暖的可能。从1824年温室效应(greenhouse effect)的概念被提出,至今已两个世纪,各国气候学家已经对全球变暖这一威胁的某些方面达成了共识。

第三,技术性风险将成为人类面临的最大制度化结构风险。技术风险是不确定的风险,科学家们使用各种办法来确定技术风险。切尔诺贝利发生的不可控制的灾难使技术风险成为全球范围内关注的话题。此外,政治决策也存在风险,滥用决策或决策层的知识缺乏都可能增加技术风险。技术的确造福人类,但许多风险后果是现在难以预计的。以农业为例,众所周知,使用化肥会增加粮食产量,但它会造成土壤质量下降和水质污染。所以,许多国家近几十年来大力倡导发展生态农业,减少化肥和农药使用量。

第四,发达国家与发展中国家的二元发展格局潜在的风险。环境问题把一个曾经以民族国家、宗教、意识形态为基础相互分隔的世界变成了一个同呼吸、共命运的世界。欧洲的一次油船泄漏,全世界的沿海国家不久便能感受到它所带来的威胁。所以,全人类需要在全球范围内树立起"地球村"的理念,这将是一个长期的任务。当今世界是一个以发达国家和发展中国家构成的二元格局的世界,它们具有不同的发展进程和利益需求,相互之间的矛盾常常产生新的问题。一方面,人口在贫困国家最贫穷的地区迅速增长。人口在一个资源匮乏地区要生存只能依靠对环境资源的直接掠夺;而这些地区的经济增长经常被增长的人口所吞噬。另一方面,发达国家进入人口零增长或负增长的消费社会阶段,人口的消费超越了仅追求商品使用价值的程度,符号消费对于资源的浪费使发达国家与发展中国家处在极不平等的地位上。

上述种种都体现了人类面临的全球不平等、贫富悬殊及对环境不同程度的索取,这些都对世界环境构成了威胁。

(二) 可持续发展理论

可持续发展的概念强调经济增长和环境保护之间的良性互动,强调以人为中心的生活质量的提高而非实际收入的提高。

1970年4月22日被确定为第一个"世界地球日",1972年联合国人类环境会议第一次提出了"可持续发展"一词。1974年布加勒斯特会议通过的《世界人口行动计划》指出:人口和发展彼此相关,人口变数影响发展变数但同时也受发展变数的影响,要在世界范围内建立起"人口问题的本质是发展问题"的共识。1987年,挪威前首相格罗·布伦特兰(Gro H. Brundtland)夫人领导的由21个国家的环境与发展问题专家组成的联合国世界环境与发展委员会发表了著名的报告——《我们共同的未来》,报告指出可持续发展是"既满足当代人的需要,又不对后代人满足其需要的能力构成危害的发展"。

可持续发展是一种有别于传统发展模式的新发展模式。关于它的基本共识有以下几方面。

第一,可持续发展是一种战略思想,其核心是人类可持续地发展。1992年6月14日,联合国环境与发展会议上通过的《里约环境与发展宣言》中的第1条原则就是:"人类处于普遍受关注的可持续发展问题的中心。"1994年开罗国际人口与发展大会上通过的《国际人口与发展大会行动纲领》第2章第2条原则强调:"可持续发展问题的中心是人。人有权顺应自然,过健康和生产性的生活。人民是任何国家拥有的最重要和最宝贵的资源。"第2章第3条原则强调:"发展权利必须实现,以便能公平地满足今世后代在人口、发展与环境等方面的需要。"

第二,可持续发展战略强调代际关系,强调满足当代人需求的同时着眼于下一代人。当代人的需求满足不能危害后代的生存和发展。应当建立包括环境质量和资源状况在内的指标体系,形成人类对发展的"理性"关注,使人类进入负责任的时代,开启人口代际"公平"的发展。

第十三章 人口、环境和可持续发展

第三,实施可持续发展战略必须两条腿走路,既要改变传统的发展模式、实现经济技术进步,又要提高人口素质。改变传统发展模式意味着所有经济活动,包括工业、能源、农业、林业、渔业、运输、旅游和基础设施都要以无害生态的方式利用资源,尽可能少地产生废物。同时,经济和科技的发展需要提高人口的身体素质和文化素质。在全球老龄化加速发展的趋势下,要提高人口整体素质,以人口高质量发展支撑社会的可持续发展。

第四,可持续发展战略强调人口结构与经济结构的协调发展,它要求:劳动适龄人口与就业手段、就业结构的协调发展;人口老龄化与养老保障事业的协调发展;人口分布与产业结构、生产力布局的协调发展。

第五,可持续发展战略强调社会公平、公正的制度建设,建立消除贫困、公平分配的制度,消除财富的过分集中和贫困人口。

2015年9月25日,联合国可持续发展峰会在纽约召开,会上正式通过了17个可持续发展目标。具体涉及:无贫困;零饥饿;良好健康与福祉;优质教育;性别平等;清洁饮水与卫生设施;经济适用的清洁能源;体面工作和经济增长;工业、创新和基础设施;减少不平等;可持续城市和社区;负责任的消费和生产;气候行动;水下生物;陆地生物;和平、正义与强大机构;促进目标实现的伙伴关系。经济增长必须具有包容性,才能提供可持续的就业并促进公平。

1. 生态运动

生态运动是指保护环境的社会运动,它正成为政治过程的一部分。1970年4月22日第一个世界地球日的确立是当代生态运动的开端,目的在于唤起广大公众对资源消费与环境污染问题的关注,并促进环境立法和政府环境机构的工作。生态运动的重要意义在于它通过民众活动有意识地影响决策和历史进程,标志着社会成员通过直接的行动影响社会秩序和人类生活的未来。

西方发达国家对早期生态运动的研究显示,生态运动的组织成员多是上中层社会的人,他们多受过良好教育,是所谓的社会精英。但20世纪80年代后,生态运动越来越受到其他阶层的关注,生态运动从精英式的动员向民众式的动员发展,即人们已共同认识到,现代生产方式和生活方式已使每个人生活在一种环境不平等的状态下。汽车制造业的发展使一些没有车的民众受到了生存的威胁,对环境的不满促使广大民众参与到生态运动中。

一些专门的生态运动有:一是反核运动,二是回收有毒废物与其他化学物品的运动,三是适用技术运动。有人提出"生态公民权"的概念,倡导树立环境意识,将自然与自我视为紧密联系的一体,要求人类承担保护环境的新义务,包括对人类之外的动物、对人类的子孙后代和对自然环境的完整无损承担责任。

2. 替代技术

英国经济学家舒马赫所著《小的是美好的》[①]成为替代技术的"圣经",该书强调以"简单、廉价、小巧和无害"的技术替代那些复杂、昂贵和有害的技术。1961年,他到印度工作,为印度政府在农村地区建立小规模工业实现普遍就业的计划提供咨询,在印度的工作使他深深感到发展中国家面临着资金缺乏、劳动力过剩、资源有限的问题。为解决这些问题,他提出替代技术的概念,希望通过替代技术的发展促进经济增长。他的替代技术的思想是建立在反对经济无节制、大规模发展的观点基础上,提供比原始技术优越得多但又比现代高技术更简易、便宜和灵巧的技术,这种技术可以称为中间技术,这种技术符合生态法则,便于合理利用资源并为人的需要服务,而不是把人变成机器的奴隶。因此,他号召发展小规模的工业企业。这些工业企业的特点是:(1)工厂建在人们居住的地区内;(2)既不需要巨额投资,又无须付出昂贵的代价去进口操作技术;(3)生产技术相当简便,但要求熟练的技巧;(4)就地取材,就地使用。他不仅有思想,而且还建立小组进行实践。1977年他去世后,他领导的小组仍在工作。后来麦克罗比写了《小的是可能的》[②]一书,对该小组工作进行了总结。

3. 极简生活方式

面对消费主义的浪潮,极简生活方式倡导和实践一种更为人性化的、经济

[①] E. F. Schumacher, *Small Is Beautiful: Economics as if People Mattered*, Harper and Row, 1973.
[②] George McRobie, *Small is Possible*, Jonathan Cape, 1981.

的、环保的、轻松愉悦的生活方式。对物质、精神和社会关系等诸多方面的"富有"概念重新定义,提出"放下越多,越富有"。持极简生活方式理念的人,批判以欲望和渴求为基础的消费伦理,实践更经济和环保的日常生活。

4. 稳态经济

后现代主义或后现代精神强调重新发现人类的生活方式,追求普遍和谐的人与人、人与自然的关系。与不断追求经济增长相反,稳态经济模式是一种使人口和人工产品的总量保持恒定的经济。稳态经济强调质的发展而不是量的增长,强调不仅要对人口数量加以限制,还要对人工产品数量加以限制,对产品分配的不公平程度加以限制。在农业经济方面,稳态经济倡导实施自力更生的可再生性的农业发展。

第二节　中国人口和生态系统

一、中国的生态系统

从历史上看,中国的生态环境曾经相当优越。据考察,先秦时期,整个中国的森林覆盖率为50%,其中南方森林覆盖率高达90%。进入近代后,1936年,中国森林覆盖率已经下降到8%左右。第一,人口的增长使资源不断被开发利用,人类的迁居活动给大地留下了原始农耕文化的破坏遗迹。第二,长期的小农经济生产模式表现为农业技术停滞不前,人们只有依靠扩大耕地面积来提高农产品产量,从早期黄河中下游平原开垦伊始,历代人民向山、向水要粮食的活动就一直没有停止过,这造成植被减少和大面积的水土流失,破坏了缓冲水旱灾害的水泽,以致水旱灾害频发。第三,经常的战乱导致许多资源被掠夺性开发,战乱时期的短期行为使许多地区处于滥伐、滥牧和滥垦状态,森林、草原和耕地严重退化和沙漠化。以森林覆盖率看,1949年新中国成立时仅为8.6%。

1949年后,中国在很短的时间里恢复了国民经济,并开始有计划地发展经济,初步奠定了工业化基础。由于城市化和工业化发展的规模较小,环境问题还不十分突出。1958年开始的"大跃进"运动改变了"一五"期间经济稳步增长的态势,过度追求经济增长的高速度,没有考虑对环境的影响。

1972年，在斯德哥尔摩召开了人类环境会议，环境保护成为世界性的议题。1973年中国召开了第一次全国环境保护会议，制定了我国环保工作方针和《关于保护和改善环境的若干规定（试行草案）》。

1979年，五届全国人大常委会第十一次会议原则通过了《中华人民共和国环境保护法（试行）》，标志着我国环保工作开始走上正轨。1983年底召开的第二次全国环境保护会议，重申了环境保护在国民经济中的重要地位，将环境保护确立为我国的基本国策。1984年5月，国务院作出《关于环境保护工作的决定》，环境保护开始纳入国民经济和社会发展计划。1988年设立国家环境保护局，成为国务院直属机构。地方政府也陆续成立环境保护机构。1989年国务院召开第三次全国环境保护会议，提出要积极推行有关环境治理、污染防治的八项环境管理制度。

1992年，里约环发大会两个月之后，党中央、国务院发布《中国关于环境与发展问题的十大对策》，把实施可持续发展确立为国家战略。1994年3月，我国政府率先制定实施《中国21世纪议程》。1996年，国务院召开第四次全国环境保护会议，发布《关于环境保护若干问题的决定》，之后还启动了退耕还林、退耕还草、保护天然林等一系列生态保护重大工程。

党的十六大召开以后，党中央、国务院提出树立和落实科学发展观、构建社会主义和谐社会、建设资源节约型环境友好型社会、让江河湖泊休养生息、推进环境保护历史性转变、环境保护是重大民生问题、探索环境保护新路等新思想新举措。

党的十八大将生态文明建设纳入中国特色社会主义事业总体布局，把生态文明建设放在突出地位，要求融入经济建设、政治建设、文化建设、社会建设各方面和全过程，努力建设美丽中国，实现中华民族永续发展，走向社会主义生态文明新时代。2023年7月，全国生态环境保护大会在北京召开，习近平总书记出席会议并发表重要讲话强调，今后5年是美丽中国建设的重要时期，要深入贯彻新时代中国特色社会主义生态文明思想，坚持以人民为中心，牢固树立和践行绿水青山就是金山银山的理念，把建设美丽中国摆在强国建设、民族复兴的突出位置，推动城乡人居环境明显改善、美丽中国建设取得显著成效，以高品质生态环境支撑高质量发展，加快推进人与自然和谐共生的现代化。

尽管我国生态环境保护形势仍然严峻复杂,但可以看到,近几十年来,中国政府制定和实施了一系列严格的生态文明制度。以法治理念、法治方式推动生态文明建设,实施了"史上最严的环境保护法",制定、修订了一系列法律法规,基本形成了生态环境法律法规框架体系,基本实现各环境要素监管主要领域全覆盖。污染防治攻坚战取得显著成效。

二、环境转变论及其对中国的启示

改革开放以来,我国经济增长除个别年份外一直保持较高的水平,即使在亚洲金融危机时期,中国经济也保持了平稳的发展。然而伴随着我国经济的高速增长,环境资源问题却日趋突出。从18世纪工业革命以来,人类与自然的关系发生了根本的改变,人类在创造和享受极大物质财富的同时,也吞下了环境污染和环境破坏的恶果。对传统的"先污染后治理"工业化模式进行反思,寻求新的发展道路,是每个发展中国家的必然选择。发展与环境之间到底是怎样一种关系?如何实施经济发展与环境保护的双赢战略?这都是我们应持续关注和研究的问题。

(一)经济增长与环境转变论

1. 环境的倒U形曲线定理

经济发展与环境之间的关系是什么?纵观世界各国的工业化历程,不难发现,无论是发达的先进国家,还是发展中的后进国家,都经历了或正在经历经济发展中出现的各种环境问题,环境破坏是伴随着经济增长而发生的。20世纪80年代特别是90年代以来,欧美学者对发展与环境的关系进行了许多实证研究,研究结果显示:环境恶化与经济增长之间呈倒U形曲线关系,即环境库兹涅茨曲线(Kuznets curve)。① 在经济起飞初期,环境会伴随着经济增长而不断恶化,经济发展到一定的阶段,环境恶化会得到遏止并伴随着经济的进一步发展而好转。经济增长与环境之间的这种关系,得到了发达国家和发展中国家的数据验

---

① 经济学家西蒙·库兹涅茨(Simon S. Kuznets)在20世纪五六十年代对经济增长与分配不平等的关系研究中发现:经济增长初期,不平等增加;随后伴随着经济发展,不平等度会减少;二者呈现出倒U形曲线关系,由此得名库兹涅茨曲线。将这一曲线应用于环境转变分析,即得所谓环境库兹涅茨曲线。

证,即今天发展中国家的环境恶化,是经济起飞阶段难以避免的暂时现象。

美国学者彼得·罗杰斯(Peter P. Rogers)在对发达国家和发展中国家的实证研究中,验证了经济增长与环境恶化的相关曲线,即环境库兹涅茨曲线。以人均收入作为经济增长指标,以人均二氧化硫排出量作为环境指标,罗杰斯的研究指出,当人均收入达到3000美元时,人均二氧化硫的排出量开始降低。也就是说在经济发展过程中,尤其是初级阶段,伴随着经济增长,人均二氧化硫的排出量会不断增加,当经济发展到一定的水平(如人均收入达到3000美元),环境会开始得到改善。① 美国另两位学者吉恩·格罗斯曼和阿兰·克鲁格则从研究一个环境变量转向研究环境质量。他们的研究指出,环境质量不会随着经济增长而持续不断地恶化下去,相反会伴随着经济的进一步发展而改善。他们的研究发现,反映环境质量的各项指标如二氧化硫、悬浮颗粒物质、生化需氧量(BOD)、化学需氧量(COD)、水中含铅量等与发展的关系都呈现为倒U形曲线,整体环境质量转变的经济变量分界点,为人均GDP 8000—10 000美元左右。②

不同学者从不同的方面描述分析了环境与经济发展的倒U形曲线关系,并且得出了不同环境变量转变对应的不同经济水平,显然这些实证定量分析是富有启发意义的。

2. 环境转变论

经济发展与环境呈现出倒U形曲线关系,已经为发达国家的经验所证实。问题是为什么会有这种环境转变,这是需要进一步回答的。

西奥多·帕纳约托在研究中指出,一个国家的环境资源状况受到五个因素的影响,分别是:(1)经济活动水平或经济规模;(2)经济部门结构;(3)技术水平;(4)环境质量的需求;(5)环境保护的支出和效果。③ 帕纳约托指出,工业增

---

① 转引自 K. F. Jalal, *Sustainable Development*, *Environment and Poverty Nexus*, Asian Development Bank, 1993, p. 15。

② Gene M. Grossman and Alan B. Krueger, "Economic Growth and the Environment," *The Quarterly Journal of Economics*, Vol. 110, No. 2, 1995, pp. 353-377.

③ Theodore Panayotou, "Environmental Degradation at Different Stages of Economic Development," in Iftikhar Ahmed and Jacobus A. Doeleman, eds., *Beyond Rio: The Environmental Crisis and Sustainable Livelihoods in the Third World*, St. Martin's Press, 1995, pp. 13-36.

第十三章 人口、环境和可持续发展

长有双层含义。一方面,增长意味着大量生产,而大量的生产需要大量的资源和能源的投入,因此也就有大量的废弃物排出。另一方面,增长还意味着高附加值的技术引入,而这一切将减少单位产值的投入量和排出量。某种程度上讲,旧的无技术的产业终将被新的产业所替代,环境的绝对污染量会减少。工业增长对环境污染的影响取决于工业化的不同阶段,起初二者的关系是成正比后来是成反比。此外,帕纳约托还指出,环境库兹涅茨曲线转向速度还受到不同发展水平之下政府对环境保护投入的影响。例如,今天发达国家对环境的投入远大于发展中国家,中国近几年随着经济实力的增强也不断地加大对环境治理的投入。同时,还受到不同收入水平群体对环境质量要求的影响。随着收入的不断提高,人们对环境质量的要求越来越高,环境意识也越来越强。显然,政府的高投入和民众的高要求都有助于环境污染的转变。

如果说帕纳约托的研究偏重经济学的视角,那么美国环境社会学家查尔斯·哈珀(Charles L. Harper)的研究则包括经济变量在内的一般社会变量。在研究影响环境因素的模型中,哈珀指出,至少有四种社会变量是环境变化的驱动力:(1)人口增长与规模;(2)制度安排及变迁,特别是与政治经济和经济增长有关的;(3)文化、信仰和价值观;(4)技术创新。[①] 事实上,环境转变并不单单来自经济变量的影响,除了帕纳约托强调的经济因素之外,人口是一个不可忽视的变量。在其他条件不变的情况下,人口规模的扩大意味着资源消费更多,环境污染更严重。同样,文化、价值观也是不可忽视的变量。社会学家强调,我们的物质主义文化(文明)造成了今天的环境问题。西方基督教文化强调人类是上帝的创造物,人类有权力统治自然。西方基督教文化培养了人类对环境征服、开发的精神和态度。自西方工业社会和现代技术出现以来,人类与自然逐渐分离。

随着人们环保意识的增强,一些积极的改变正在发生。后发国家可以借鉴和利用发达国家的经验、技术控制和治理环境恶化,因此在某种程度上可以避免过去那种"先发展后治理"的发展模式。并且,后发国家由于搞清了经济发展与环境保护之间的关系,可以促使环境质量的转变提前发生。

---

① 参见〔美〕查尔斯·哈珀:《环境与社会——环境问题中的人文视野》,肖晨阳等译,天津人民出版社1998年版。

（二）对中国的启示

经济发展与环境之间的倒 U 形曲线关系和环境转变论给予我们很大的启发。第一，环境问题是与发展阶段和发展水平相关的，世界各发达国家的工业化都经历了"先发展后治理"的转变过程。中国的工业化、现代化是在传统的社会、经济和生态自然环境基础之上展开的。在工业化的加速过程中，环境问题伴随着经济高速发展而产生，从这个意义上讲，某些环境问题的出现是不可避免的，有一定的必然性，并且在初期阶段还会随经济发展而恶化。美国在人均 GDP 达到 11 000 美元时，开始全面地治理环境污染，环境质量由此发生转变；日本是在人均 GDP 达到 4000 美元时环境质量发生转变。由于"后发"优势，发展中国家完全不必等到取得发达国家过去那样的经济水平，才开始环境治理。但是，环境问题最终得以解决唯有在加快经济发展中才能实现，这是一个重要的启示。第二，采取多种手段，可以不再重复"先污染后治理"的老路，某种程度上可以超越过去的发展模式，从这个意义上讲，某些环境问题的出现是可避免的，是可超越的。这一点对我国特别是正在加快经济发展速度的地区非常重要。简单地描述和看待经济发展与环境之间的倒 U 形曲线关系，而不探求背后的原因，会产生误解。只有在理论上正确地认识我国环境问题发生的必然性和可超越性，才可能找到正确的发展道路，加快环境质量的转变。[①] 当然，要解决我国的环境问题，实现经济与环境的协调发展，实现可持续发展的目标，还有赖于国家、企业、个人的多方协作和努力，如政府对环境政策法规的严格贯彻和实施，企业环境污染的外部性内部化，民众环境意识的提高，等等。总之，探索寻求一条能够摆脱传统发展模式，解决我国环境问题的"双赢"路线，是我国实现 21 世纪可持续发展的必由之路。

三、中国人口的科学发展

进入工业社会，人类渐渐脱离了几千年来熟悉的农业社会的秩序与文明。

---

① 李建新：《环境转变论与中国环境问题》，《北京大学学报（哲学社会科学版）》2000 年第 6 期，第 105—111 页。

第十三章 人口、环境和可持续发展

以经济快速增长为核心的社会发展改变了人类的生活方式和各种关系结构。因此,在经济快速增长的同时,与发展相关的社会问题被提上议事日程。

1960—1970年是联合国第一个发展十年,发展成为全球性的核心问题。发展被定义为:以促进经济增长为核心的社会发展。这一发展理论的假设是:第一,只要经济发展了,国内生产总值提高了,就会自然地带动社会进步。第二,社会进步是普惠众生的,涉及妇女、贫困人口等。因此,这十年以促进工业发展为核心的经济增长是重要的工作。

进入20世纪70年代,回首前十年的发展特别是发展中国家的发展时,人们发现,所谓发展只是发展中国家走西方工业化的道路。这样一种发展观引发了发展中国家的诸多问题。因为发展中国家在发展的初始条件、历史背景、外部压力、政治制度、国内利益集团的相互关系、社会中的经济思想传统和文化传统方面与西方发达国家有着很大的差异。① 事实表明,发达国家的发展模式、技术进步道路和经济增长模式并不适用于发展中国家。走西方工业化道路在给发展中国家带来经济增长的同时,并没有带来社会和政治进步,一些国家甚至出现了比以往更为严重的社会问题,如贫困、失业、社会不公平等现象。因此,对发展中国家发展道路的反思促使人们重新定义发展的概念。

到21世纪初,发展被看作提高人民生活质量,提高人民构建自己未来生活的能力。这涉及提高人均收入,更平等地享有受教育和工作的机会,更高水平的性别平等,更好的健康和营养状况,更清洁和可持续程度更高的自然环境,更公正的司法体系,更广泛的公民和政治自由,以及更丰富的文化生活。② 也就是说,发展与经济增长不同,它不仅包括更多的产出,还包括产品生产和分配所依赖的技术和体制的变革,包含社会状况的改善和政治行政体制的进步。发展就是使经济增长的益处能够公平地达到每一个人,使每个人获得使自己生活水平不断提高的能力。

目前,在强调经济增长的背景下,改变增长方式是核心问题。有学者在论述

---

① 〔美〕克里斯托弗·埃里森、加里·杰里菲:《工业发展战略和类型的解析》,载谢立中、孙立平主编:《二十世纪西方现代化理论文选》,上海三联书店2002年版,第774页。
② 〔美〕Vinod Thomas:《增长的质量》,本书翻译组译,中国财政经济出版社2001年版,第XXI页。

人口、环境、资源和经济发展的关系时指出,转变经济生产方式在当前经济体制改革和新技术层出不穷的条件下具有巨大的发展潜力。它能够成为持续经济增长和可持续发展的共同支点。转变经济生产方式对于解决人口资源环境问题的意义在于,通过限制低水平层次的重复建设,扩大生产批量和应用新技术减少能耗及材料,提高产品质量,提高最终产品量与中间产品量之比,提高最终产品量与生产废弃物量之比。同时达到节约资源和减少环境污染的目的,更重要的是它并不与提高人民生活水平相矛盾。转变经济增长方式还可以通过调整经济结构来取得,如发展高效益、低物耗、低污染的重点产业。发展环境产业也是转变经济增长方式的重要途径,它可以通过对生产、生活废弃物加以处理,使之变成对环境无害的物质,甚至变为再生资源。[①]

现在,生态文明建设在中国全面小康的背景之下不断稳步加强。2021年,国务院新闻办公室发表的《中国的全面小康》白皮书指出:"坚持系统观念,坚持节约优先、保护优先、自然恢复为主,统筹山水林田湖草沙一体化保护和系统治理,增强生态系统整体性,完善自然保护地、生态保护红线监管制度,筑牢国家生态安全屏障,促进生态环境持续改善。……一个善待自然、青山常在、绿水长流、空气常新、人与自然和谐共生的美丽中国正越来越清晰起来。"

小　结

地球是一个生态系统,人类是生态系统的一部分。人口的增长对生态系统提出了一系列的挑战,全球发展要求有新的环境观。可持续发展理念要求社会的发展做到"既满足当代人需求,同时又不对后代人满足其需要的能力构成危害"。保护和建设人与自然和谐相处的生态系统是我国的一项长期任务,必须确立可持续发展战略来对生态问题作出积极的回应。

---

① 郭志刚:《人口、资源、环境与经济发展之间关系的初步理论思考》,《人口与经济》2000年第6期,第12—16页。

第十三章 人口、环境和可持续发展

◆ 思考题

1. 试述环境意识的类型与产生渊源。
2. 讨论在发达国家和发展中国家中生产与消费可能带来的环境后果。
3. 试述中国可持续发展战略应当关注的核心问题。

◆ 推荐阅读

洪大用主编:《环境社会学》,中国人民大学出版社2021年版。

陈浩:《中国人口资源环境与经济发展》,经济科学出版社2019年版。

第十四章

人口政策和人口发展战略

第一节 人口政策的基本概念和理论

一、人口政策的基本概念

(一) 人口政策

人口政策(population policy)是由政府颁布的旨在影响人口增减、过程、规模、结构或分布的一系列法律法规和措施,是社会政策的一部分。纵观世界各国的人口政策,几乎所有国家都制定了减少人口死亡率的政策,如建立广泛的健康保障制度以确保所有居民享有最低医疗保障。许多国家制定了各种法规以提高劳动安全,减少工作中的不安全因素。在一些学者的眼里,人口政策还应当包括推行各种公共教育计划,使人们认识到计划生育和小型家庭的种种好处。

人口政策有以下几方面的特点:(1)人口政策的制定和实施具有历史性。人口政策伴随着人类对人口变化规律认识的增长而产生和发展,反映了一定历史阶段人类的需求和人类的认识水平。(2)人口政策的制定、实施和评价的主体是一国政府,这是一个政治过程。政府通过制定和实施政策改变人口的数量和结构,包括年龄结构和民族结构等。这表明人口问题是社会问题,只有从国家的视角才能制定出切实可行的人口政策,使国家利益最大化。(3)人口政策是普遍性和特殊性的统一。人口政策的普遍性在于各国都有各种不同类型的人口政策。人口政策的特殊性在于不同国家的人口政策有明显差异,有的是限制人口增长,有的是促进人口增长,还有些是维持现状。(4)人口政策的实施是一整套的"成本—效益"运作过程,与社会发展政策相配套。人口政策实施的成本是各种物质和非物质的投入;效益是这种投入能够为国家和个人带来的益处。由于人口增长的周期相对较长,人口政策的效益是长远的,因此制定和实施人口政策需要有战略眼光。

(二)人口政策的种类

第一,从人口政策的实施方式看,人口政策可分为直接的人口政策、间接的人口政策和隐含的人口政策。直接的人口政策(direct population policies)也称狭义人口政策,直接干预人口规模、人口过程和人口结构。它包括:(1)公共健康和安全政策。其目的是减少死亡率,使更多的人可以活得更健康、更长久。(2)控制生育政策。家庭计划生育政策是要求夫妻有意识地安排生育数目和生育间隔并提供相关服务的政策,如国家提供避孕药具、人工流产和节育技术的政策等。(3)人口迁移政策。要有计划地引导人口流动。

间接的人口政策(indirect population policies)也称广义人口政策,是指那些目标并不是影响人口规模和结构的政策,但这些政策实施的结果却影响了人口规模和结构。1974年,瑞典实施带薪育儿政策,这一社会福利政策不仅鼓励了在职妇女事业的发展,也带来了生育率的上升。再如,与义务教育有关的法律、禁止使用童工的法律法规都历史性地影响了家庭规模和生育率。

隐含的人口政策(disguised population policies)是指一项政策表面上是指向一个单一目标,但事实上它是指向人口目标的。比较典型的例子就是各种有关流产的政策。确立人工流产的合法性非常有效地减少了出生率。

第二,根据人口政策的实施目标可分为内部人口政策和外部人口政策两种。内部人口政策(internal population policies)是一个国家制定的影响本国人口的政策。如计划生育政策只对本国居民具有效力。外部人口政策(external population policies)是一个国家制定的影响其他国家或群体的人口政策。如不同国家对非本国公民入籍的要求各有不同。

第三,根据人口政策的内容可分为限制人口增长的政策和促进人口增长的政策。限制人口增长的政策开始于20世纪50年代之后,20世纪60年代后在发展中国家得到普及,包括降低死亡率政策、鼓励迁移政策和计划生育政策等。80年代后,世界上大约一半的国家明确了限制生育的人口政策。促进人口增长或维持人口现状的人口政策(或称为应对低生育率问题的政策)有多种。例如,日本的人口在2008年达到1.28亿的峰值。随后,日本人口出现明显的少子化、老龄化特征。为减缓人口的下降趋势,日本实施了一系列鼓励生育的政策,如发放生产补助金、儿童抚养补助等。

(三) 人口政策的制定

制定人口政策要求对现存人口的趋势和可预期结果进行评估,了解人口改变的原因以及改变的规律性。制定人口政策的过程包括以下几个方面:

第一,充分了解和评估当前的人口状况和存在的基本问题,确定主要的人口问题和基本问题的主要方面,由此确定人口目标。人口目标具有多元性,包括降低生育率、提高人民生活水平、消除饥饿和种族冲突等。

第二,准确把握人口过程的规律性,了解影响人口过程的各种因素之间的互动关系,尤其是那些可通过政策手段加以调节的原因与结果之间的关系,了解人口过程对国家社会福利状况直接与间接的影响。例如,人口出生率的变化规律在于,某年人口出生率的上升将意味着人口众多一代的到来和一系列的变化——六七年以后进入小学人数的增加,18年以后进入劳动力市场或高等学校人数的增加,25年以后住房数量的增加和五六十年后退休人员的增加以及老年问题的出现。对此,一个国家应当建立各种人口模式(population modeling)来描述人口年龄和性别结构的变化。

第三,人口政策是社会政策的一部分,它必须与其他社会经济政策相联系和配套使用。例如,计划生育政策应当与一系列的子女教育、子女医疗保障制度、个人生活保障制度相关政策相配套。

第四,建立人口政策的反馈和评估机制。人口政策是一个经由实践不断调适更新的政策体系,虽然未来具有不确定性,但是评估未来意味着找到未来人口发展和社会经济发展的趋势,以不断调整和完善人口政策。

（四）人口政策的运作机制

人口政策的实施需要一系列的运作机制，是把人们的行为动机、人口技术和宣传有机地联系起来。

第一，人口技术政策是人口政策实施的第一步。它包括技术水平、生产技术的资金投入、技术的可操作性和有效性等。例如，防止非法移民的人口政策需要一系列配套的海关监测设备。计划生育政策的实施需要一系列配套避孕药具的生产技术。有些避孕药具虽然有效性很高，但如果成本也很高的话，人们就有可能选择成本较低但有效性较差的避孕药具，从而影响到避孕效果直至生育率。因此，生产成本低、使用方便的避孕药具是各国政府通过各种产业政策加以鼓励和引导的。有效的人口技术政策还包括投资和资金政策，如保证必需的专项资金和人力、物力、财力的投入政策。

第二，诱导个人的理性选择。人口政策是政府行为，而处理的却是与每个人切身利益直接相关的生老病死和迁居活动，寻找政府行为和个人利益之间有机的联系是人口政策运作的关键。只有找到使个人利益与社会总体利益相一致的动机才能有效实现人口政策目标。生活中的每个人都有关于生育子女数量、迁移目的地等方面的个人计划，这些个人人口目标对社会总体福利存在着多种可能性。不利的可能性表现为个人的某一行为使自己获益而使他人受损，且受损人没有得到补偿，这时个人行为存在"负向的外在效应"（negative externality）。从家庭的角度看，生育多个孩子可能会形成一定家庭负担，但对整个社会而言却可能是有利的。这种负向的外在效应表明，社会调节机制没有成功地引导个体采取与公共利益一致的方式来获取自身的利益。人口政策有效实施的步骤是提供动机改变人们的行为。与人口的技术政策相比，改变人们行为的人口政策更为复杂。如果说技术政策需要大量投资的话，那么行为政策主要依赖奖惩刺激体系，通过教育政策、土地政策、贷款政策等诱导人们的理性选择。人口政策的目标就是要通过适当的政策干预取得个人行为的正向的外在效应（positive externality），由此促进社会整体福利水平的提高。

在政府目标与个人行为之间找到内在连接是实施人口政策的关键。以生育为例，在人口增长过快的前提下，控制人口生育的关键是建立起减少生育和个人发展之间的正向相关关系。个人的能力是有限的,个人的生育目标与其人生目标之间是一种竞争关系,如果生育更多的子女,可能会阻碍个人事业的发展。在生育数量和何时生育等问题上,个体面临的是多种生活方式的选择,且各种生活方式是不能兼容的,选择一种生活方式就意味着失去另一种生活方式。人口政策中只要能包含使个人充分发展的各种要素,人们就可能放弃生育更多的子女,以实现自己其他的人生目标。总之,人口政策通过对人们生活目标的引导与规范,达到社会利益与个人利益的统一。

第三,认知转变是人口政策实施的关键。社会学最基本的假设之一是观念转变是行为变化的前提。与人口相关的公共教育政策和媒体宣传政策是促成人们认知转变的重要部分。

第四,通过法律、法规规范人口行为。任何政策的实施效果都与这一政策在人群中的强化力度有关,当人口政策以法律的形式加以强化,肯定比民间性的规范更具有约束力。因此,一个国家实施的人口政策不仅要以文件的形式出现,还要以适当的形式反映在法律和国家发展计划中。对人口政策实施状况的重视程度还反映为是否有专门的机构负责人口政策的出台与实施。专门的人口政策机构的基本职能是制定人口政策,协调人口政策和其他社会政策,推动和监督人口政策的实施。从国际上看,有各种各样的专门人口政策机构,有的设立在卫生或计划部门之下,有的是在政府各有关部门间设立跨部门的联合机构,有的在政府系统内单独设立专门机构。

在现实的人口政策运作过程中,以上四步是一个有机的系统。

二、家庭计划、计划生育和生殖健康

各个国家皆有与生殖健康相关的人口政策,大体可分为家庭计划、计划生育和生殖健康政策。

(一) 家庭计划

家庭计划也称为家庭生育计划,是指以家庭为单位考虑自身经济条件和女主人的健康状况而有意识地安排生育数量和生育间隔的措施。家庭计划的核心是节制生育。西方国家节制生育的思想始于马尔萨斯,他在《人口原理》一书中

第十四章 人口政策和人口发展战略

提出了道德抑制,主张通过降低出生率,抑制人口增长。

玛格丽特·桑格(Margaret Sanger)是家庭生育计划运动的创造者,被称为避孕药之母。桑格夫人基于自己的生活经验,深深感到不情愿的生育给妇女带来的困境和生命危险。她坚信避孕和人工流产合法化是减少妇女因生育死亡的状况并使妇女过上幸福生活的关键。1914年,桑格夫人发行了一本倡导节制生育的小册子,随后又发起家庭生育计划运动,毕生致力于推动节育的实施。家庭生育计划运动不但改变了美国公众的态度,而且推动了国际家庭计划运动的开展。后来,她开办了美国第一所节育诊所,成立了美国节育联盟,随后到日本、印度、中国等国家进行宣传运动。1927年,在她的倡导下举办了日内瓦第一次世界人口大会,节育问题成为大会主要议题之一。

家庭计划的基本假设是:由于缺乏有效的避孕知识和方法,世界上多数妇女拥有的子女数多于她们真正需要的数量;避孕和节育可以使妇女拥有她们真正想要的子女数。这一基本假设在现实生活中得到了验证。一项对美国1966—1967年已婚妇女的调查表明,本年度生育的子女有44%是有计划的,但有15%的夫妇生育了根本不想要的孩子。家庭计划之所以受欢迎,是它通常与卫生计划相联系,并得到了许多国际组织,如联合国人口基金会、世界银行等的援助和支持。

随着人们对家庭计划工作的重新认识,国际社会开始使用一个新的概念——"生殖健康"。生殖健康的概念更加全面地关注每一个与生育相关的人,进入90年代,生殖健康的概念逐渐取代了家庭计划。

(二) 计划生育

计划生育是对生育进行预先的设计,从而有计划地控制人口的措施,它代表了由国家推动和实施的家庭计划类型。从宏观角度看,计划生育的主要内容是有计划地控制人口数量、提高人口质量、改变人口结构,使人类自身生产在数量、质量、结构等方面逐步适应社会发展的客观要求。从微观角度看,计划生育是实行晚婚、晚育、少生、优生和优育的政策。计划生育的特点是目标性强、有控制力,因此计划生育也被称为"生育控制"(birth control)。

(三) 生殖健康

在各国实施计划生育的过程中，人们越来越看到生育问题并非单纯是女性生殖的过程，也并非仅与医疗卫生有关，因此人们提出一个新的概念——"生殖健康"(reproductive health)，并以此概念取代"计划生育"和"家庭计划"。

生殖健康的概念是1988年由世界卫生组织提出的。一方面它是指安全健康的妊娠，即孕妇和即将出生的子女拥有安全生育和出生的条件；另一方面它是指有计划的生育，即人们对自己生育的孩子数量、间隔、时间有能力进行有效的控制。它具体表现为：(1)人们享有负责的、令人满意的和安全的性行为；(2)人们有能力生殖，并能自由地决定是否生育、何时生育以及生育几个孩子。因此，生殖健康与家庭计划和计划生育相比，更加强调了人类的自觉行动，所有育龄人口都有权得到充分的生育知识和信息，能够得到安全的、有效的、能负担得起的和能接受的避孕方法，能够获得适当的卫生保健服务。1994年9月在开罗召开的国际人口与发展大会将生殖健康作为基本议题之一。大会明确规定，促进和改善生殖健康，增加女性权益是一项刻不容缓的全球性目标。它赋予生殖健康成为与人类自身可持续发展相关的问题。

生殖健康的具体工作至少包括以下四个方面：(1)生育调节，如避孕、节育、人工流产和防治不孕症等计划生育信息服务，这些服务涉及所有夫妇和个人。(2)孕产妇保健，包括产前、分娩(包括助产)和产后保健，产科并发症的治疗，流产的预防，流产后遗症的治疗，流产后的咨询与计划生育服务等。(3)预防生殖系统传染病，如性传播疾病的预防及生殖系统感染性疾病的治疗，艾滋病的预防；泌尿系统感染、子宫颈传染病、子宫癌、乳腺癌及其他影响妇女健康状况疾病的常规性检查；对有害健康如切除妇女外阴的习俗进行有效的阻止。(4)婴幼儿保健，排除所有致使婴幼儿发病和死亡的风险，使他们健康成长。

第二节 中国的人口政策

如果说西方的人口转变是在经济发达后人们自觉控制生育的结果，那么中国的人口转变是在经济发达之前出现的，是诱导性的人口转变，社会干预的作用

第十四章 人口政策和人口发展战略

大于或先于生育观念的转变。中国生育率的下降受到多种力量的影响,但有三种力量是不可低估的:一是国家计划生育政策,二是经济增长带来的利益诱导和宣传教育,三是人们生育观念的转变。在这多种力量中,计划生育政策对中国生育率转变具有显著作用。

新中国成立之后,我国影响人口行为的法令和举措主要是三种类型的文件:第一类是中共中央文件,第二类是全国人大有关文件和法律,第三类是国务院有关文件和法规。所以,以下讨论和划分我国人口生育政策的历史阶段主要是依据某一时期的政策文件和人口统计事实。

一、人口生育政策兴起与局部实施阶段(1953—1970)

新中国成立初期,百废待举,战争之后人们恢复生产安居乐业,人口生育问题还不是彼时最紧迫的值得最高决策层关注的。1953年我国进行了第一次全国人口普查,人口增长快的现实不仅引起了人口学者如邵力子、马寅初等的关注,也引起了最高决策层的重视,有了避孕节育的讲话指示。[1] 新中国成立以后第一个正式的节育文件是1955年3月1日发布的《中共中央对卫生部党组关于节制生育问题的报告的批示》。批示指出:"节制生育是关系广大人民生活的一项重大政策性的问题。在当前的历史条件下,为了国家、家庭和新生一代的利益,我们党是赞成适当地节制生育的。各地党委应在干部和人民群众中(少数民族地区除外),适当地宣传党的这项政策,使人民群众对节制生育问题有一个正确的认识。"[2]在这个批示的报告中,还特别强调了一点,"中国现在的情况和苏联现在的情况不同,中国现在不能提倡母亲英雄,将来也不一定要提倡母亲英雄"。所以,从1955年这份标志性的文件中至少看到了两个重要的事实。其一,党中央1955年提出节育思想,早于马寅初的《新人口论》的发表时间(1957年7月)。其二,并不是我们过去经常误解的那样:新中国成立之后,我国鼓励生育,向苏联学习提倡英雄母亲。作为国家有执行力的政策文件,中共中央文件中没

---

[1] 梁中堂:《中国计划生育政策史论》,中国发展出版社2014年版,第4—9页。
[2] 彭珮云主编:《中国计划生育全书》,中国人口出版社1997年版,第1页。

有这一条。①

1957年2月,毛泽东提出了计划生育思想;同年7月,马寅初的《新人口论》发表。1958年4月,毛泽东提出"人多力量大"的人口观点。接着,马寅初遭到批判。

随着我国度过三年困难时期,人口迅速恢复到高增长状态。1962年12月出台了《中共中央、国务院关于认真提倡计划生育的指示》。这份文件就四个方面作出了具体指示:"一、在城市和人口稠密的农村地区,认真加强对节制生育和计划生育工作的领导。二、做好计划生育的宣传与技术指导。三、做好避孕药品、用具的生产供应工作。四、关于人工流产及绝育手术问题。"1964年,国务院首次成立国家计划生育委员会。整个60年代,我国的人口和计划生育发生了两大重要变化。一是从1964年开始改变了人口出生率和自然增长率城市高于农村的状况。二是60年代后期人口生育水平呈现下降趋势。②

二、人口生育政策全面实施阶段(1971—1979)

20世纪70年代是我国人口计划生育政策全面实施阶段,是全面实施"晚、稀、少"生育政策时期。1971年7月8日,国务院转发卫生部军管会、商业部、燃料化学工业部《关于做好计划生育工作的报告》,开篇强调:"人类在生育上完全无政府主义是不行的,也要有计划生育。"这标志着我国进入计划生育时代。1973年12月,第一次全国计划生育汇报会上,提出了"晚、稀、少"的具体生育政策。"晚"是指男25周岁、女23周岁以后结婚,女24周岁以后生育;"稀"是指生育间隔为3年以上;"少"是指一对夫妇生育不超过两个孩子。1978年3月,第五届全国人民代表大会第一次会议通过的《中华人民共和国宪法》第五十三条规定"国家提倡和推行计划生育"。计划生育第一次以法律形式载入我国宪法。同年10月,中共中央批转《关于国务院计划生育领导小组第一次会议的报告》,明确提出"提倡一对夫妇生育子女数最好一个,最多两个"。由于措施有力,这段时间的计划生育取得了明显成效,总和生育率由1970年的5.81下降到1979年的2.75。

---

① 参见李建新:《毛泽东时代的人口政策与人口转变》,载任远主编:《历史的经验:中国人口发展报告(1949—2018)》,经济管理出版社2019年版,第94—118页。

② 国家人口和计划生育委员会编:《中国人口和计划生育史》,中国人口出版社2007年版,第83页。

三、"一孩"生育政策实施阶段(1980—2015)

(一)"一孩"政策确立

党的十一届三中全会以后,以邓小平同志为核心的党的第二代中央领导集体将人口发展纳入现代化建设总体战略。1980年党中央发表《关于控制我国人口增长问题致全体共产党员共青团员的公开信》,提倡一对夫妇生育一个孩子。1981年3月6日,五届全国人大常委会第十七次会议决定,(第二次)设立国家计划生育委员会。1981年11月,五届全国人大第四次会议提出了"限制人口的数量,提高人口的素质"的人口政策。1982年9月,党的十二大把实行计划生育确定为基本国策,同年11月写入新修改的《中华人民共和国宪法》。但是严格的人口政策,未充分考虑到不同地区以及城乡的差别,在政策落实的过程中遇到了一些阻力,在充分考虑了地方实际和人民需求的情况下,1984年,党中央批转国家计划生育委员会党组《关于计划生育工作情况的汇报》,对生育政策作出了必要调整,适当放宽了生育限制。总的来说,这一时期的计划生育虽有波折,但仍然取得了很大成就,1990年总和生育率降至2.31,接近更替水平。

(二)稳定低生育水平政策

面对20世纪末学术界有关人口生育政策调整的争论,中共中央、国务院在2000年3月作出《关于加强人口与计划生育工作 稳定低生育水平的决定》(以下简称《决定》)。《决定》分为五个部分:(1)稳定低生育水平是今后一个时期重大而艰巨的任务;(2)今后十年人口与计划生育工作的目标和方针;(3)完善人口与计划生育工作的调控体系和相关社会经济政策;(4)建立适应社会主义市场经济体制的人口与计划生育工作管理机制;(5)切实加强党和政府对人口与计划生育工作的领导。《决定》指出:人口问题"是制约我国经济和社会发展的关键因素。控制人口数量,提高人口素质,是实现我国社会主义现代化建设宏伟目标和可持续发展的重大战略决策。……计划生育是我们必须长期坚持的基本国策。……全党全社会必须从我国社会主义现代化建设的大局和中华民族生存与发展的长远利益出发,进一步抓紧抓好人口与计划生育工作。"2001年12月,《中华人民共和国人口与计划生育法》公布,于2002年9月1日起施行,计划生育政策上升为国家专门的法律。2006年12月,中共中央、国务院公布《关于全面加强人口和计划生育工作 统筹解决人口问题的决定》,提出"千方百计稳定低生育水平",强调"必须坚持计划生育基本国策和稳定现行生育政策不动摇"。

(三)完善人口政策

2012年11月,党的十八大报告指出:"坚持计划生育的基本国策,提高出生人口素质,逐步完善政策,促进人口长期均衡发展。"2013年11月,党的十八届三中全会审议通过《中共中央关于全面深化改革若干重大问题的决定》,宣布了人口与生育政策的调整。"坚持计划生育的基本国策,启动实施一方是独生子女的夫妇可生育两个孩子的政策,逐步调整完善生育政策,促进人口长期均衡发展。"这标志着"单独二孩"政策的启动。

2015年10月,党的十八届五中全会公报提出:"促进人口均衡发展,坚持计划生育的基本国策,完善人口发展战略,全面实施一对夫妇可生育两个孩子政策,积极开展应对人口老龄化行动。"2016年1月1日,我国开始实施"全面二孩"政策,这标志着实施了30多年的"独生子女"政策的终结。

四、以人口高质量发展为导向的战略阶段(2016年至今)

党的十九大以来,中共中央高度重视中国人口发展战略问题。此后,国家接连出台了一系列文件调整人口发展战略。2021年7月发布的《中共中央 国务院关于优化生育政策促进人口长期均衡发展的决定》提出,"实施一对夫妻可以生育三个子女政策"及配套支持措施。同年8月,全国人民代表大会常务委员会会议表决通过了关于修改《中华人民共和国人口与计划生育法》的决定,修改后的《人口与计划生育法》规定,"国家提倡适龄婚育、优生优育,一对夫妻可以生育三个子女"。至此,"三孩"政策落地。2022年3月,《政府工作报告》指出:"完善三孩生育政策配套措施,将3岁以下婴幼儿照护费用纳入个人所得税专项附加扣除,发展普惠托育服务,减轻家庭养育负担。"同年10月,习近平总书记在党的二十大报告中指出:"优化人口发展战略,建立生育支持政策体系,降低生育、养育、教育成本。"可以看出,随着经济发展和社会进步,我国也在不断优化生育政策,促进人口发展工作。

第十四章 人口政策和人口发展战略

2023年5月5日,二十届中央财经委员会第一次会议召开,研究以人口高质量发展支撑中国式现代化问题。会议指出,要"着力提高人口整体素质,努力保持适度生育水平和人口规模,加快塑造素质优良、总量充裕、结构优化、分布合理的现代化人力资源,以人口高质量发展支撑中国式现代化"。中国式现代化是人口规模巨大的现代化。我国14亿多人口整体迈进现代化社会,人口规模超过现有发达国家人口的总和,人口问题的艰巨性和复杂性前所未有。"以人口高质量发展支撑中国式现代化"的提出标志着人口高质量发展成为我国未来人口发展战略的重要导向。

小 结

人口政策是由政府颁布的旨在影响人口增减、过程、结构和分布的一系列法律法规和措施,是社会政策的一部分。中国的计划生育政策有效地实现了控制生育的目标。目前,中国的人口政策更加强调生殖健康和人口质量,提出以人口高质量发展支撑中国式现代化。

思考题

1. 论述生殖健康概念的意义。
2. 论述中国人口政策的发展过程。

推荐阅读

田雪原:《大国之策——新中国人口政策回顾与展望》,福建人民出版社2020年版。
顾宝昌、李建新主编:《21世纪中国生育政策论争》,社会科学文献出版社2010年版。
顾宝昌、王丰主编:《八百万人的实践——来自二孩生育政策地区的调研报告》,社会科学文献出版社2009年版。
李建新:《毛泽东时代的人口政策与人口转变》,载任远主编:《历史的经验:中国人口发展报告(1949—2018)》,经济管理出版社2019年版,第94—118页。

附 录 中国的人口普查

在新中国成立前,具有近代意义的人口普查进行过两次。清光绪三十四年(1908),调查了全国18个省份,人口约为40 600万。民国十七年(1928),只对13个省进行了调查,根据这些数据,1931年推算出1928年的全国人口数为47 479万人。但这两次普查并没能涵盖全国各省,普查方法和组织都不健全,只是根据普查省份结果而得出的估计数,人口数量估计偏低。

1953—2020年,在中国共产党的领导下,我国共进行了七次全国人口普查。每次人口普查都进行了广泛的社会动员,由各级人民政府负责实施,有广大的群众参与,并有严格的质量控制。

1953年,新中国进行了第一次全国人口调查,调查结果第一次清楚地显示了我国有6亿人口。这次人口普查主要是为了配合各级人民代表的选举和制定国民经济第一个五年计划。当时成立了中央全国人口调查登记办公室,其下还设有省级和县级人口调查登记办公室。中央人民政府规定,以1953年6月30日24时为人口调查登记的计算标准时间,凡中华人民共和国国民均进行登记。每个人应在其常住地登记为常住人口。调查内容涉及:本户住址、姓名、性别、年龄、民族、与户主关系。这次全国人口调查已具备了现代人口普查的基本特征:(1)由政府发布命令统一进行;(2)包括所有国民;(3)逐人进行;(4)以一个特定时间为标准同时进行调查;(5)系统处理,资料编制成统一的统计表格。1953年的人口调查证实了中国是世界上人口最多的国家,且人口正在快速增长。此次调查对世界贡献巨大,因为在此以前人们只了解世界上约60%的人口增长、分布和结构状况,经过这次普查,世界上被普查过的人口比例增加到85%,使人们对世界上绝大多数国家的人口现状和增长趋势有了新的认识。但遗憾的是，当时没有对与社会和经济状况相关的职业、迁移等变量进行调查。

以1964年6月30日24时为标准时间，我国开始进行第二次全国人口普查，其目的是为制定第三个五年计划和今后的长远规划提供依据，并有利于建立和健全地方户口管理制度。人口普查的调查项目为九项，增加了本人成分、文化程度和职业三个项目。这次人口普查存在较多遗憾。第一，虽然调查了人口的职业，但却没有职业分类标准，致使资料无法汇总；第二，能够用来进行社会经济分析和计划的内容过少；第三，由于此次人口普查进行之时遇上"文化大革命"，原始的普查资料遗失，无法重新汇总，普查的结果难以得到利用。

1982年7月1日0时为我国第三次全国人口普查登记的标准时间。此次人口普查的特点表现为：（1）规模大。（2）调查项目增加到19项，增加了户的类别、本户人数、本户1981年出生人数、本户1981年死亡人数、有常住户口已外出一年以上的人数以及常住人口的户口登记状况、行业、不在业人口状况、婚姻状况、妇女生育的子女数和现在存活的子女数、1981年育龄妇女生育状况等项。使我国的劳动人口数据第一次能够同国际劳动人口数据相比较。（3）改进了数据处理手段，第一次使用电子计算机处理资料。（4）普查结果公布及时，对政府部门和学术研究具有十分重要的参考价值。它打破了几十年来一直把人口和统计数据视为国家机密资料不能对外公布的旧习惯，推动了中国社会科学的发展。

1990年7月1日0时为我国第四次全国人口普查登记的标准时间。登记项目增加到21项，增加了1985年7月1日常住地状况和迁来本地的原因，用以了解人口迁移和流动的状况。此次人口普查的特点表现为：（1）充分利用户口登记资料，减少漏登。（2）分散式的数据处理。采取了地区、省、中央"三级四步"[①]的分散式微机录入和分级汇总制表的方案，使人口普查结果能够及时地汇总出来。

在使用中国的人口普查资料，特别是在进行国际比较时应注意：一是有关文

---

① "三级四步"的分散式统计是指在统计汇总上第一级分为两步，第一步是以乡为单位的原始数据录入、复核、编辑和查错，第二步是产生以县为单位的县级原始数据文件；第二级是省级，完成人口普查数据处理的第三步工作，对全省各地区上报的县级综合文件进行检查验收，合格后转报中央，完成省级汇总制表工作；第三级是国家级，完成第四步工作，即对全国各省份报送的所有县级综合数据文件进行验收检查，并直接汇总出国家级综合数据。

化程度。1990年第四次人口普查文化程度项下包括七个细分类：(1)不识字或识字很少；(2)小学；(3)初中；(4)高中；(5)中专；(6)大学专科；(7)大学本科。实际上这种文化程度的分析包含了两个概念：一个是"识字状况"的概念，另一个是受教育程度。识字状况是指人们的读写能力，从国际比较的角度看，联合国教科文组织所用的概念是受教育程度、读写能力、学生入学情况和教育资格的统计。读写能力一般是调查15岁及以上人口的识字情况。而我国人口普查的统计是6周岁及以上，因此，在使用资料时造成了人为的困难。二是中国1990年的人口普查把经济活动人口分为在业人口和不在业人口，而联合国有关经济活动人口的概念在1982年国际劳工统计会议上作了一次修正，将经济活动人口称为劳动力，包括在普查前的某一时期内正在工作的人、虽然不工作但有意愿和有能力且正在寻找工作的人，以及没有工作但也不寻找工作的人。三是有关死亡统计，中国以往的人口普查的死亡统计都或多或少地存在问题，如死亡统计结果偏低等，应改进已有的死亡登记制度，解决死亡数据的来源问题。四是充分利用资料，应增加地理信息的利用。人口普查资料可以按最小的行政建制或小区进行汇总和统计，由此，普查信息与社区的经济、商业、交通、通信、生产、公共设施、地理形态等数据联系起来，把人口普查数据的分析和应用带进新的境界。

2000年11月1日0时为我国第五次全国人口普查登记的标准时间。2001年3月28日，国家统计局发布了《2000年第五次全国人口普查主要数据公报》。第五次全国人口普查的数据表明，全国总人口为129 533万人。从人口构成看：第一，总人口性别比为106.74，男性人口稍多于女性人口。第二，中国城镇人口在总人口中的比重上升到了36.09%。1990—2000年，中国城镇人口在总人口中的比重年均提高大约一个百分点。第三，2000年，中国人口的文盲率已经降低到了6.72%。但不同地区的文盲率存在显著的差异。第四，中国15—64岁的人口在总人口中所占的比重达到了70.15%。第五，农村人口的老龄化水平已经超过了城镇，农村为7.35%，城镇为6.30%。从家庭规模看，家庭户人口规模逐渐变小，为3.44。"五普"数据表明，农村的家庭户均人口规模较城镇家庭大。全国城镇户均人口规模为3.1人，农村平均户均人口规模为3.65人。

这次普查有许多新特点：一是增加了普查内容，共计49项，分为按户填报的项目和按人填报的项目,比上一次普查增加了28项;二是第一次采取长短表的技术;三是改变了常住人口的标准;四是改变了普查时间;五是增加了"暂住人口表";六是首次采用光电录入技术。

我国以2010年11月1日0时为标准时点,进行了第六次全国人口普查。2011年4月28日,国家统计局发布了《2010年第六次全国人口普查主要数据公报》。第六次全国人口普查的数据显示,全国总人口为1 370 536 875人(其中,普查登记的大陆31个省、自治区、直辖市和现役军人的人口共1 339 724 852人)。这次人口普查主要调查人口和住房的基本情况,内容包括:性别、年龄、民族、受教育程度、行业、职业、迁移流动、社会保障、婚姻生育、死亡、住房情况等。

从人口构成看:第一,总人口性别比由2000年第五次全国人口普查的106.74下降为105.20,男性人口占比为51.27%,女性人口占比为48.73%。第二,0—14岁人口占总人口的16.60%,15—59岁人口占比为70.14%,60岁及以上人口占比为13.26%(其中,65岁及以上人口占8.87%)。第三,汉族人口占比为91.51%,少数民族人口占8.49%。第四,文盲人口(15岁及以上不识字的人)为54 656 573人,同2000年第五次全国人口普查相比,文盲率由6.72%下降为4.08%,下降2.64个百分点。第五,城镇人口比重大幅上升,居住在城镇的人口占总人口的49.68%,居住在乡村的人口占50.32%。同2000年相比,城镇人口比重上升13.46个百分点。

从家庭规模看,平均每个家庭户的人口为3.10人,比2000年第五次全国人口普查的3.44人减少0.34人。

从人口流动看,居住地与户口登记地所在的乡镇街道不一致且离开户口登记地半年以上的人口为261 386 075人,其中市辖区内人户分离的人口为39 959 423人,不包括市辖区内人户分离的人口为221 426 652人。同2000年第五次全国人口普查相比,居住地与户口登记地所在的乡镇街道不一致且离开户口登记地半年以上的人口增加116 995 327人,增长81.03%。

第六次人口普查首次将外籍人口纳入普查对象。普查范围分成几类:我国境内的自然人,比如常住人口、港澳台侨人员、外籍人员;在境外但未定居的中国公民,比如驻外使馆人员、出国留学人员、外派劳务人员。已在国外定居的中国公民不属于普查对象;来华出差、旅游等短期停留的外籍人员也不是普查对象。

我国以2020年11月1日0时为标准时点进行了第七次全国人口普查。2021年5月11日,国家统计局发布了《第七次全国人口普查公报》。第七次人口普查的数据显示,全国总人口为1 443 497 378人(其中,普查登记的大陆31个省、自治区、直辖市和现役军人的人口共1 411 778 724人)。普查对象是普查标准时点在中华人民共和国境内的自然人以及在中华人民共和国境外但未定居的中国公民,不包括在中华人民共和国境内短期停留的境外人员。普查主要调查人口和住户的基本情况,内容包括:姓名、公民身份证号码、性别、年龄、民族、受教育程度、行业、职业、迁移流动、婚姻生育、死亡、住房情况等。

从人口构成看:第一,总人口性别比为105.07,与2010年基本持平,男性人口占51.24%,女性人口占48.76%。第二,0—14岁人口占总人口的17.95%,15—59岁人口占63.35%,60岁及以上人口占18.70%(其中,65岁及以上人口占13.50%)。第三,汉族人口占比为91.11%,少数民族人口占比为8.89%。与2010年相比,汉族人口增长了4.93%,少数民族人口增长了10.26%。第四,具有大学文化程度(指大专及以上)的人口为218 360 767人。与2010年相比,每10万人中拥有大学文化程度的由8930人上升为15 467人;15岁及以上人口的平均受教育年限由9.08年提高至9.91年;文盲率由4.08%下降为2.67%。第五,居住在城镇的人口为901 991 162人,占63.89%;居住在乡村的人口为509 787 562人,占36.11%。与2010年相比,城镇人口比重上升14.21个百分点。第六,东部地区人口占39.93%,中部地区人口占25.83%,西部地区人口占27.12%,东北地区人口占6.98%。与2010年相比,东部地区人口占比上升2.15个百分点,中部地区人口占比下降0.79个百分点,西部地区人口占比上升0.22个百分点,东北地区人口占比下降1.20个百分点。

从家庭规模看,全国共有家庭户494 157 423户,家庭户人口为1 292 809 300人;集体户28 531 842户,集体户人口为118 969 424人。平均每个家庭户的人口为2.62人,比2010年的3.10人减少0.48人。

从人口流动看,人户分离人口为492 762 506人。其中,市辖区内人户分离人口为116 945 747人,流动人口为375 816 759人;流动人口中,跨省流动人口为124 837 153人。与2010年相比,人户分离人口增长88.52%,市辖区内人户分离人口增长192.66%,流动人口增长69.73%。

第七次全国人口普查的新特点表现为:(1)采取互联网云技术、云服务和云应用部署等电子化方式开展普查登记,倡导普查对象自主填报的方式,鼓励大家使用手机等移动终端自行申报个人和家庭信息。(2)在数据采集处理过程中,建立完善的安全管理机制、安全防护体系和安全审计机制。(3)在应用系统研发中,采用多种安全技术。移动端和服务器端采取了严密的数据加密和脱敏技术,数据传输过程全程加密,保证公民个人信息安全。

后　记

　　从人口社会学的角度分析人口问题和社会问题,我常常感到社会制度安排和社会行动者之间互动关系的种种奇妙。在学术研究的过程中,日常生活中遇到的各种人口问题既可以以各种技术图表的形式理论化地展示出来,也可以超越技术图表的"呆板",用理解的方式展示出社会学的想象力。我为此着迷,也希望读者们为此着迷。

　　就在教材要出版之际,我的导师袁方教授却离开了我们。回想十几年来自己的学术历程,是袁先生把我引进社会学的大门,他以孜孜不倦的学术追求激励着我进行各项社会学研究。袁先生一生主张并身体力行地进行中国人口问题的社会学本土化研究。80岁高龄时还为研究生开设"人口问题"的课程。在先生的指导下,本科生的"人口社会学"课程顺利进行,也正是在先生的大力督促下,这本教材才能付梓。本书的出版凝结了先生的智慧和辛劳,感谢二字不足以表达我的心情,谨以此书献给袁方教授!

　　感谢教材编写过程中给予我大力支持的北京大学社会学系的师生们,特别感谢1997级社会学系的本科生们对教材提出的宝贵意见。还要感谢蔡文媚教授,她不仅对教材的大纲提出宝贵的意见,还给予我精神上极大的支持。感谢北京大学出版社的同仁,他们的负责精神令我感动。还要感谢家人们,无论是父母、爱人还是孩子,都无私地支持着我的事业,愿他们分享教材出版的喜悦。

作　者
2000 年 11 月

　　值此书更换版本之际,本人再次向所有关心此书的同仁及朋友们表示衷心的谢意! 又及。

2003 年 8 月

修订说明

自 2000 年写完《人口社会学》一书已经过去五年多了。面对此书有许多惭愧,不少读者指出了这样或那样的错误,这在第二版时得到了修正,也成为我认真做学问的鞭策力量。2004 年后,北京大学社会学系根据学校教育改革的总体精神,力求培养更为全面的人才,压缩了"人口社会学"课程的课时,希望有更多的学生能够选修双学位课程。同时,我也向其他一些使用本教材的同行和学生征求意见,反映课时不够的较多。为此,本次修订进行了两方面的工作:一方面,对教材的结构进行了修改,加强了对中国相关问题的关注,希望借此使更多的人能够了解和思考中国的人口问题;另一方面,压缩了篇幅——尽管难免挂一漏万,但强调了基本知识和理论。

作 者
2006 年 1 月 22 日于蔚秀园

第四版后记

大学教育永远无法和学术研究相分离。"人口社会学"的教学工作离不开对世界和中国现当代人口过程、人口结构和人口变迁的研究,正是这些研究不断增加相关知识的积累,成为人口社会学教材建设重要的食粮。

第四版《人口社会学》有较为重大的修订,主要是在结构上有重大变动,每一章都增加了对中国相关人口问题的介绍,并梳理了已有的研究。第三版各个章节中亦有对中国人口问题的介绍,但都不够系统。本次修订借助人口研究的知识积累,以及最近二十年中国人口社会学研究的长足发展,这一方面归功于中国人口普查数据的公开和相关统计资料的丰富翔实,另一方面归功于一批中青年学者对中国人口问题孜孜不倦地研究和深入思考。本人学识浅薄,介绍时难免挂一漏万、避重就轻。但这样的努力会一直坚持下去,不断跟上研究步伐,将优秀研究成果加以介绍。此次修订的目的,是希望激励更多的大学生和研究生关注和了解中国自身的人口问题和理论研究。

修订教材的感觉很特别,就像是看着自己种下的一棵树在成长,无数读者的关爱如园丁,为其剪枝,使其向上。在无痕的岁月中,读者的意见和批评促成了我的不断修订,使时间留下了成长的印迹,让我的内心充满感动。愿这棵树,伴着中国学者们的真知灼见、教师们的精心教学和未来成为栋梁的同学们一起成长。

佟 新

2010 年 6 月 25 日

第五版后记

本书从 2000 年第一版出版距今已经过去二十多年了。人们常常用沧海桑田来形容千年变迁，二十余年并不漫长，但这些年尤其是近十年发生的变化，特别是人口的变化，具有历史结构性意义。多个版本的出版本身就说明了其社会历史意义，它同样也是时代人口变迁的一个缩影。

这次改版邀请了李建新教授共同参与。他是人口学研究的资深专家，并一直在北京大学社会学系教授"人口社会学"的本科生必修课，贴近学生，了解需求；同时，数学专业出身的他，展现出对人口普查数据的敏感与逻辑分析的天赋。与李老师合作十分愉快，他爽朗的笑声极具感染力。

这次改版下了很大的功夫，作者和编辑付出了大量的时间和精力。第一，对章节篇目做了调整，删去了部分内容，调整了全书的结构，完备了人口社会学知识体系，使之更适合实际教学安排。第二，全面使用人口普查数据和联合国公布的相关人口数据，力求做一些基础性、结构性的全面描述分析，使对人口变迁的社会学分析得以充分彰显。第三，增加了对人口统计事实案例的分析，特别是增加了对 2020 年第七次全国人口普查数据的应用，呈现了当代中国人口变迁的一些新特征和新趋势。

感谢武岳编辑的认真负责，在她的督促下此书才得以付梓。感谢学生们对本书资料查证和图表修订所做的贡献。

最后，要特别感谢读者，从第一版到现在，不少读者指出书中的错误与不足，这鞭策我们做学问永远要精益求精。

佟 新

2024 年 6 月 16 日